"十三五"江苏省高等学校重点教材(编号：2020-1-099)

高等学校教师教育专业教材

教育研究方法

（第二版）

主　编　顾永安

副主编　钱　晶　张忠华　吉兆麟

参编人员　（以拼音为序）

　　　　　范微微　韩建光　吕寿伟

　　　　　李祖祥　孙金娟　吴济慧

　　　　　张　斌

南京大学出版社

图书在版编目(CIP)数据

教育研究方法／顾永安主编． — 2版． — 南京：南京大学出版社，2022.8
ISBN 978-7-305-25643-1

Ⅰ.①教… Ⅱ.①顾… Ⅲ.①教育科学－研究方法 Ⅳ.①G40-034

中国版本图书馆CIP数据核字(2022)第063447号

出版发行　南京大学出版社
社　　址　南京市汉口路22号　　邮　编　210093
出 版 人　金鑫荣

书　　名　**教育研究方法**
主　　编　顾永安
责任编辑　钱梦菊　　　　　　　编辑热线　025-83592146

照　　排　南京南琳图文制作有限公司
印　　刷　丹阳兴华印务有限公司
开　　本　787×1092　1/16　印张15.25　字数350千
版　　次　2022年8月第2版　2022年8月第1次印刷
ISBN 978-7-305-25643-1
定　　价　45.00元

网址：http://www.njupco.com
官方微博：http://weibo.com/njupco
官方微信号：njupress
销售咨询热线：(025) 83594756

* 版权所有，侵权必究
* 凡购买南大版图书，如有印装质量问题，请与所购
　图书销售部门联系调换

前　言

"教育研究方法"是普通高校教育学科各专业学生的必修课,是教师教育课程体系中一门具有很强基础性与应用性的课程,课程内容对培养学生学习掌握教育研究方法、指导学生完成毕业论文的撰写和今后开展教育科学研究工作与实践活动具有重要意义。本教材第一版为江苏省省内多所院校联合探索高校教师教育课程改革的成果之一,2014年被纳入高等学校"十二五"教师教育专业规划教材。教材自出版以来,被上海师范大学、吉林师范大学、内蒙古师范大学、云南师范大学、惠州学院等二十多所高校使用,深受许多高校教学一线教师的好评。据统计,截止到2021年1月,《教育研究方法》第一版已重印6次,总印数8 000余册。

为了使本教材更好地反映教育研究方法在理论及实践层面的新发展与新要求,更好地适应高等院校"教育研究方法"课程教学改革与发展的需要,2020年1月,我们编写组启动了教材的修订工作。

修订后的第二版教材将着力凸显以下编写理念与指导思想:一是聚焦"一个突出"。即突出国家教师教育专业标准和教师职业岗位需求对未来教师教育科研能力与素养提升的要求,充分体现教育研究过程与方法的实用性和操作性。二是体现"四个导向"。即研究导向、职业导向、实践取向和应用取向,基于基础教育实践领域的问题,面向基础教育研究的需求,适应师范生毕业要求中具有"反思研究能力"的要求和"教师成为研究者"的呼唤。三是注重"研以致用"。内容选取与编写本着"突出实用、学用结合、学生乐学、教师易教"的原则,尊重教育研究方法的学科知识逻辑体系,但不力求知识的系统性和完整性,尽可能以真实的案例研究来阐释研究方法,让学生通过对教育研究方法的学习,能够将研究方法应用到教育教学研究实践中去。

在教材结构上,第二版教材保持构建"一纵一横"的教材框架。从纵向上,本教材系统介绍从选题到教育科学研究成果的表述各阶段的基本理论与方法;从横向上,介绍教育科学研究中常用教育研究方法的原理、方法等。具体地说,教材结构与框架涵盖"概论、过程、方法、成果表述"四个部分:第一部分为概论,即第一章,主要阐述教育研究的内涵、特征、类型等；第二部分为过程，包括第二至五章，主要涉及研究选题、研究设计、文献收集与整理、资料分析等研究过程；第三部分为方法，包括第六至十二章，根据基础教育领域开展教育科研工作的实际需要，主要介绍教育观察、教育调查、教育叙事、经验总结、行动研究、个案研究、教育实验等研究方法；第四部分为成果表述，即第十三章，为突出本书的实用性与应用价值，将此部分从研究过程中抽出单列为一章。在修订中，第二版教材积极融入教育科研的新成果，引入相关内容，如强化校本研究特征，反映教育研究范式变革等。

在呈现方式上，第二版教材致力打造立足纸质、立体呈现的新形态教材，结合"互联网＋"配套丰富的数字资源与学习服务，通过微信扫码阅读，增加直观的微课、电子教案、试题等，打通传统纸质教材与现代化多媒体资源的壁垒，形成一套独具特色、集课内外内容于一体的立体化教学资源库。

第二版教材是江苏省内外多所高校教育学院（系）教师团队协作和集体智慧的结晶。由常熟理工学院应用型院校研究中心主任、博士生导师顾永安教授担任主编，常熟理工学院师范学院钱晶讲师、江苏大学教师教育学院张忠华教授、南通大学教育科学学院吉兆麟教授担任副主编。顾永安教授负责组织协调编写组成员研讨，提出教材修订的指导意见、修订思路和教材建设目标与要求，并负责部分章节的修订与整个教材的统稿工作；同时，钱晶老师作为"教育研究方法"课程团队骨干教师，具体负责协助主编开展教材第二版的修订工作。

第二版教材各章作者及相关信息如下：常熟理工学院师范学院顾永安教授、钱晶讲师（第一章），江苏理工学院教育学院吴济慧副教授（第二章），南通大学教育科学学院吉兆麟教授、李祖祥教授（第三章），常熟理工学院图书馆孙金娟副研究馆员、常熟理工学院钱晶讲师（第四章），南通大学教育科学学院李祖祥教授（第五章），吉林师范大学教育科学学院范微微副教授（第六、九章），江苏大学教师教育学院吕寿伟副教授（第七章），江苏省常熟市教育局教师发展中心韩建光正高级中学教师、特级教师（第八章），江苏第二师范学院张斌副教授（第十章），江苏大学教师教育学院张忠华教授（第十一、十三章），南通大学教育科学学院吉兆麟教授（第十二章）。

在第二版教材修订过程中，参编人员根据修订要求对各章节内容进行删减（删减过多的理论叙述与铺垫、删减过时的文献与案例）、补充（补充基础教育研究领域的新成果、新案例）。我们坚持边使用、边研究、边修订，该教材参与了学校、省级和国家级重点教材项目申报，以该教材为主体内容的"教育研究方法"课程参与了学校、省级和国家级一流课题申报。值得庆幸的是,在各项各级竞争异常激烈的严格评审中,2020年11月,《教育研究方法》教材(修订)被列为2020年江苏省高等学校重点教材立项建设;2020年12月,被江苏省教育厅评为江苏省本科优秀培育教材(是国家教材建设奖培育的重要基础);2021年,《教育研究方法》被评为江苏省一流课程并被推荐参加国家一流课程遴选。这些既是对我们第一版教材质量的充分肯定,也对我们做好第二版修订工作及课程建设提出了新的更高的要求。

在本教材第二版的修订过程中,我们广泛征求了南京大学出版社高校教材中心、部分地方教育主管部门、高校教育学院或师范学院负责人、教材使用单位教师和学生代表、常熟市中小学幼儿园教师代表等各方面对教材修订的意见与建议,得到了南京信息工程大学吴立保教授、江苏省在线开放课程中心主任王建平和常熟理工学院等的大力支持,得到了南京大学出版社高校教材中心钱梦菊编辑的热心指导。在此,一并致以衷心的感谢。

编 者

2022年3月1日

目录 CONTENTS

第一章 教育研究概论 / 1
  第一节 教育研究的内涵和特征 / 2
  第二节 教育研究的类型 / 4
  第三节 教育研究的基本过程 / 6

第二章 教育研究选题 / 9
  第一节 教育研究选题的含义与原则 / 10
  第二节 教育研究选题的来源与过程 / 13

第三章 教育研究设计 / 19
  第一节 教育研究设计概述 / 20
  第二节 教育研究假设 / 21
  第三节 确定研究类型和方法 / 25
  第四节 选择研究对象 / 26
  第五节 分析研究变量 / 30

第四章 教育文献收集与整理 / 34
  第一节 教育文献的概念与类型 / 35
  第二节 教育文献整理 / 38
  第三节 教育文献综述 / 49

第五章 教育研究资料分析 / 53
  第一节 定性分析 / 54
  第二节 定量分析 / 63

第六章 教育观察法 / 74
  第一节 教育观察法概述 / 75
  第二节 教育观察法的基本记录方法 / 81
  第三节 教育观察法的实施 / 87

第七章 教育调查法 / 93

第一节 教育调查法概述 / 94

第二节 问卷调查法 / 98

第三节 访谈法 / 108

第八章 教育叙事研究法 / 115

第一节 教育叙事研究概述 / 116

第二节 教育叙事的基本要素 / 119

第三节 教育叙事文本的五要素 / 126

第四节 教育叙事的基本模式 / 130

第九章 教育经验总结法 / 139

第一节 教育经验总结法概述 / 140

第二节 教育经验总结法的实施 / 142

第三节 教育经验总结报告的撰写 / 148

第十章 教育行动研究法 / 151

第一节 教育行动研究概述 / 152

第二节 教育行动研究的特征 / 156

第三节 教育行动研究的程序 / 162

第十一章 个案研究法 / 174

第一节 个案研究法概述 / 175

第二节 个案研究的分类与设计 / 178

第三节 个案研究法的步骤 / 181

第四节 个案研究法的评价及未来走向 / 185

第十二章 教育实验研究法 / 191

第一节 教育实验研究法概述 / 192

第二节 教育实验的设计 / 196

第三节 教育实验研究的实施 / 204

第十三章 教育科研成果的表达 / 207

第一节 教育科研成果的分类 / 208

第二节 教育学术论文的表达格式与规范 / 209

第三节 教育研究报告的表达格式与规范 / 217

主要参考文献 / 234

第一章
教育研究概论

微信扫码

配套数字资源

※ 内容提要

　　教育研究属于社会科学研究的范畴,由教育理论、教育现象、教育方法三个基本要素构成。学习和探讨教育研究的基本概念,有助于我们更好地了解教育研究的基本内涵、基本特点、基本过程,从而建立教育科学研究的知识体系。

※ 学习目标

1. 理解教育研究的内涵和特征;
2. 了解教育研究的研究过程与步骤;
3. 认识并领会从事教育科学研究的意义。

※ 关 键 词

　　教育研究;教育研究方法;教育研究内涵;教育研究类型

※ 知识导图

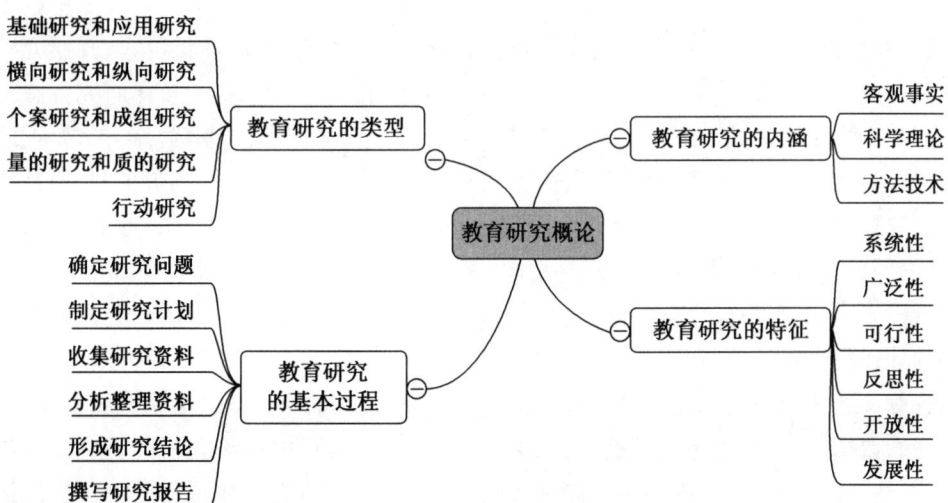

第一节 教育研究的内涵和特征

教育是推动人类文明发展的伟大动力,对教育现象及问题进行深入研究,探析教育发展的基本规律,进行教育改革,是每一位教育理论工作者和实践者的重要使命。教育科学是正确反映教育领域内客观事物的关系与规律的知识体系,是人类认识世界和改造世界的成果。随着时代的发展,教育研究的范围越来越广,从家庭教育到职业教育,从学前教育到老年教育,从基础教育到高等教育,教育研究分支越来越繁多。同时,教育研究与其他人文社会科学研究的关联也越来越紧密,产生了众多交叉学科。总之,教育科学研究实质上是一个异常丰富而多样化的研究领域,要展开科学合理的教育研究,必须要掌握正确的方法,才能取得良好的成效。因此,本章首先阐明教育研究的基本含义与特征,旨在让读者能从整体上认识教育研究方法的梗概,更好地学习和掌握研究方法的结构体系。

一、教育研究的内涵

什么是教育研究?教育研究的主要特点是什么?教育研究具有怎样的意义?这是我们学习教育研究首要回答的问题。"研究"本质上是一种探究活动,以发现事物、解决问题为目的;"研究"有一个周密计划的过程,不是随意进行的,而是有一套科学而严谨的操作程序;"研究"需要运用特定的方法指导活动的开展,并且这些方法是系统的、稳定的、规范的,决定着研究活动的成败。因此,要进行科学的"研究",必须要经过专业化的训练。

教育研究属于社会科学研究的范畴,因此与其他研究一样,由三个基本要素组成,即客观事实、科学理论和方法技术;同样以发现规律、探析真知、解决问题为基本目标,并承担着解释、描述、预测和改进的功能。综上所述,教育研究是指人们在教育领域中,根据一定的教育目的,采用有组织、有计划、有系统的研究程序,运用科学的方法去探析教育现象、揭示教育规律、促进问题解决的实践过程。教育研究的本质是创新,从教育研究和教育研究方法的关系来看,教育研究方法是进行教育研究的主要力量。教育研究方法是解决教育实践问题和发展教育基础理论的重要工具,既是一种知识体系(思维方式),同时也是一种行为规则(行为方式)。教育研究方法具有以下特点:一是确立研究的目的,从纷繁复杂的教育现象中,探析教育的本质。这就要求从事教育研究不是简单地收集资料、堆砌观点、罗列事实,而是要关注教育实践中的重点问题和热点问题,寻求解决现实问题的各种可行性方案。二是对所发现的问题进行科学的陈述,提出符合逻辑的研究假设。研究问题的陈述包含对抽象概念和可操作性概念的界定,确定自变量、因变量等基本因素,并提出有意义的研究假设。三是进行科学的研究设计,运用恰当的研究方法与研究工具,搜集可靠的数据资料,并进行合理处理。这一过程需要对实践中搜集获得的真实资料进行分析、归纳、推理、总结,而不能主观臆断、以偏概全地进行研究。四是强调具体方法运用的科学规范性。根据教育实践的实际需要,运用合理的研究方法,通过规范的过程获得资料、得出研究结果,其过程是真实可靠、可证伪的。五是研究过程具有创新性。在研究过程中，无论是研究方法、研究设计还是研究结果，须有所突破、有所创新，这是教育研究的终极目标。

二、教育研究的特征

教育研究的本质目的是推动教育改革、促进教师教育、提高学生的发展水平，因此在开展研究时，必须采用科学合理的设计方案，以考虑对教育实践的良好影响。因此，教育研究既具有科学研究的共同特征，又因其研究对象的特殊性而具有自身的特征。具体表现在以下几个方面：

（一）系统性

系统指的是若干个相互独立又相互依存的要素，按照一定的形式组成的具有特定功能的整体。教育研究一方面是教育系统中的重要组成部分，本身较为复杂。另一方面，教育系统内部各要素之间是相互影响、紧密联系的。教育研究的系统性要求研究者在研究过程中既要关注研究问题的特点，也要考察该问题与其他问题之间的联系性，在整体中把握问题、寻求突破。同时也要求研究者在进行教育研究的过程中运用全面的、整体的视角来观察问题、分析问题和解决问题。这一特点要求研究者在提出假设、制定研究计划时，要进行整体性、科学性规划，对研究条件的可行性、研究过程的合理性等因素进行认真考量，将自身研究作为补充纳入已有的教育研究成果中，以便进一步完善教育研究的知识体系。

（二）广泛性

教育活动本身是一种多层次的复杂的社会实践活动，其广泛性主要体现在四个方面：一是教育研究的对象具有广泛性。一切教育现象、教育问题都可作为研究对象。比如学前教育的对象包括0～6岁年龄阶段的婴幼儿，中小学心理健康教育的研究对象为6，7岁～18岁的孩子；不同年龄阶段的儿童体现着不同的身心发展特点，具有不同的研究切入点。二是教育研究的主体具有广泛性。教育研究主体来源广泛，有教师、教育行政工作者、其他领域的研究者，不同领域的研究者选择不同的教育问题与现象进行研究，得出各种不同的研究结果。三是教育研究的内容包罗万象。从学校/幼儿园管理、教师专业成长、课程的设计与实施、中外教育的历史与发展、教育评价、教育法律法规、特殊儿童教育等方面，为研究者提供了非常广泛的研究空间。四是教育活动的开展受多种因素的影响。不仅涉及学习者本身、教育者、教育内容、教育方法等内部因素，而且还受社会政治、经济、文化等外部因素的影响，内因与外因相互作用、相互制约，共同决定着教育活动的发展方向。再加上各学科之间的交叉融合发展，涌现出大量值得探讨的教育新问题。如认知神经科学、人工智能等学科与教育领域的互动，启发研究者运用新的研究方法与研究工具，探寻更为丰富的可能性答案。

(三) 可行性

研究者在选择研究问题和研究对象、设计研究方案时，须考察人员、设备、经费、场地等具体条件，以及研究者本身的时间、科研能力等。研究者需要全方位考虑到研究所需的主客观条件，以确保设计方案的有效性，研究过程能顺利展开，收集到真实可靠的研究资料，得出科学有价值的研究结果。这个过程中，研究者需要提前做好各种准备，及时与研究合作者或同领域专家反复研讨，以确保整个研究的可行性。

(四) 反思性

研究者在实践中研究教育现象与教育问题，并总结经验进行研究反思。这一过程不仅是对教育实践的不断反思、探究、评价，也是对教育理论的反思、创新。例如幼儿园大班学习故事的研究，教师通过自己所观察到的儿童学习和成长中的细微时刻(学习故事中所记录的稍纵即逝的小事件)，连接幼儿与自身(情感、认知、经验)，在这一过程中进行反思和探究某些宏大的叙事主题(如包容和公平)，并提出未来研究的可能性方向。新理论的应用需要根据实际教育工作的开展进行不断的反思、评价、改进，从而进行改革、创新。

(五) 开放性

教育活动本身作为人类社会中的一种实践活动，与社会经济、政治、文化等方面的发展密切相关。教育领域的研究问题直接与社会其他领域相关联。例如，教师队伍的稳定性不可避免地受到社会经济发展的制约，家庭收入差异对家庭教育投入的影响，不同经济发展地区留守儿童关爱与保护机制的建立与发展等。此外，教育研究的对象本身是生长和发展速度较快的孩子，与学校、幼儿园教育紧密相关的还有家庭教育、社区教育等，因此教育研究活动必须在更为广阔、开放的背景中进行研究。

(六) 发展性

教育研究的本质是不断发展和创新，这就要求研究者在进行研究时需要了解教育领域的前沿动态，掌握最新的研究资料，学习新的研究方法与研究工具，着力于具有前瞻性和开拓性的教育问题，这是对研究者本身的要求和挑战。并且，当前的教育研究正从单一的研究者逐步发展为跨学科合作的科研团体，研究者可以跳出自身相对狭小的研究领域，围绕国家教育改革所面临的重要问题，多学科联合科研合作，进行广泛、深入、持续的研讨与实践。只有这样，教育研究才能推向纵深发展，教育理论体系才能不断地完善。

第二节　教育研究的类型

教育科学研究根据不同的标准可以划分为不同的类型，了解这些类别和特点，是我们开始实践教育研究必要的知识准备。

一、基础研究和应用研究

根据研究目的的指向不同,可以将教育研究分为理论研究和基础研究。基础研究的主要目的在于发展和完善理论,通过研究阐明新的理论或者评价原有理论。它回答"是什么"的问题,如对教师教育观、儿童观和教师观的研究,对幼儿园课程理论的研究等,基础研究的内容往往概括性比较强。

应用研究主要用于应用或者检验理论,评价其解决教育实际问题的作用。应用研究具有直接的实际应用价值,解决某些特定的实际问题。目前绝大多数教育研究属于应用研究,如独生子女家庭教育研究的现状、小学生学习兴趣与学业表现的研究、幼儿教师角色意识与专业发展的研究等。基础研究与应用研究常常互为补充、互相促进。

二、横向研究和纵向研究

根据研究持续的时间和研究对象所处的状态,可以将教育研究分为横向研究和纵向研究。横向研究是研究者就某一个教育现象(问题),在同一时间内对某一年龄组或几个年龄组的儿童行为表现进行考察或者比较的研究。比如对大班幼儿的特质理解及其对同伴选择偏好的影响研究,对经济发达地区和经济欠发达地区儿童体质情况的对比研究等。在横向研究中研究者注重的是考察和分析某个特定年龄阶段的儿童或儿童在某个特定年龄阶段中的行为的性质、特点、差异和变化。它的优点是在较短时间里能形成研究结论,缺点在于不能展示发展的连续性和转折点,不能全面地反映问题。

纵向研究是指在一个相对较长的时间里对某一个教育现象(问题)进行系统的定期研究,因而也叫追踪研究。最早采用纵向研究方法对儿童发展问题进行探讨的是科学儿童心理学的奠基人、德国心理学家普莱尔(W. T. Preyer)。他以对自己儿子进行为期三年的追踪观察记录为研究基础,于1882年撰写并出版了世界上第一本儿童心理学著作《儿童心理》。纵向研究的优势在于对事物产生和发展变化的全过程进行系统的考察,能全面认识事物变化的过程。不足之处是研究周期长,研究对象容易缺失。

三、个案研究和成组研究

根据研究对象的数量,可以分为个案研究与成组研究。个案研究,指对一个或几个研究对象进行全面深入考察的研究。例如,幼儿入园焦虑的个案研究、小学语文学科实践活动的个案研究、特级教师专业发展的个案研究等,所涉及的研究对象比较少。个案研究是对研究对象的深入考察,但研究结果的代表性较差、普遍性意义较弱。

成组研究,指研究者选择较多的研究对象组成若干被试组,对被试组中的每个个体都进行系统性考察的研究。例如,中班幼儿在建构游戏中合作行为的研究、小班幼儿同伴冲突行为的研究等,这类研究取样较大、被试多、结果可以对照比较。成组研究又可以分为大样本研究和小样本研究。从统计学角度分析,60个被试以下属于小样本组,60个被试以上属于大样本组。因样本数量较多,可以进行统计分析,所以这类研究的科学性和代表性较强,但不适合对被试进行深入的研究。

四、量的研究和质的研究

所谓量的研究,就是运用统计技术和方法,对所收集到的量化的资料与数据,进行统计处理、检验与解释。对教育现象进行数量化,是社会科学借鉴自然科学的一个重要举措,主要原因有三个方面:第一,数据具有稳定性,不会因情境变化而发生意义上的改变,方便进一步的分析和检验;第二,数据具有客观性,不会受到研究者主观因素的影响;第三,数据具有精确性,便于取得确定的结果。量的分析强调的是实证研究的方法(如问卷调查法、观察法等),强调研究过程的控制性。

质的研究,就是采用质化方法所进行的教育研究。质化研究就是研究者对教育实践中所获取的资料进行整理、归纳与提炼,从而揭示研究对象的本质特征与规律。质的研究强调自然情境的背景,强调归纳分析的过程,强调研究过程的程序性与科学性。

五、行动研究

行动研究法是一种适应小范围内教育改革的探索性的研究方法,其目的不在于建立理论、归纳规律,而是针对教育活动和教育实践中的问题,在行动研究中不断地探索、改进工作,解决教育实际问题。行动研究将改革行动与研究工作相结合,与教育实践的具体改革行动紧密相连(特点是边执行、边评价、边修改)。

行动研究是一种综合性活动,所以它既不同于单纯的研究方法(比如访谈、观察、问卷调查),也不同于某一个具体的研究类型(比如应用研究、定性研究),行动研究是立足于改变现实的研究。其基本模式是计划—行动—考察—反思(即总结评价)。研究可以采取如实验法、问卷调查等量的研究方法,也可以采取作品分析法、访谈法等质的研究方法。行动研究将教育理论和教育实践融为一体,将教育者和教育现实问题紧密结合,强调在"行动"中研究、在"情境"中研究、在"做"中研究,是一种综合性的研究方法。

第三节 教育研究的基本过程

根据科学研究的一般过程,教育研究由开始到结束一般包括以下几个步骤:确定研究问题,制定研究计划,搜集研究资料,分析整理资料,形成研究结论,撰写研究报告。

一、确定研究问题

研究工作的第一步就是确定研究问题,简单地说就是选题。选择对哪一类教育问题或教育现象进行研究,这涉及研究者的时间、精力、研究条件等问题。对于中小学教师、幼儿园教师来说,在日常教学工作中遇到的问题很多,有教学方面的问题、班级管理方面的问题、儿童教育的问题等。首先,在确定研究问题的过程中,研究者需要反复论证和思考,从宽泛到具体,从发散到聚焦,逐步明确研究问题——在这一过程中,研究者需要进行检索、查阅大量的相关文献,及时了解这一领域中的最新研究和发展趋势,以确保研究问题的价值性。其次，要对研究问题做一个清晰的界定。例如，中学教师教学胜任力的现状研究，对于这个选题首先要确定什么是教学胜任力，其内涵、外延、特点是什么，在此基础上进行下一步研究。

二、制定研究计划

明确选题后，研究者接下来需要做的事情就是制定切实可行的研究计划。包括：确定研究问题、选择研究对象、明确研究内容、选择研究方法、选择数据收集与处理的方式、确定研究时间和经费的分配等。在研究计划的实施中，核心工作是研究资料的收集，因此收集资料的途径与工具、研究现场的干扰因素、资料的整理方式、数据处理的工具等都需要特别关注。研究计划能避免研究的盲目性，合理分配人力与物力，是保证研究有序进行的重要基础。

三、收集研究资料

根据研究计划在既定的时间与地点，选用确定的研究方法，收集研究资料。研究资料既包括已有的相关研究资料，也包括现场调研获得的资料，如运用问卷调查、访谈、观察等方式收集的资料。既有文字资料、数据资料，也有影音资料等。收集资料时要注意两个问题：一是资料的客观性。研究者在收集资料过程中，不能对研究资料进行主观猜测。例如在沙坑游戏活动中，研究者观察到一位幼儿把小铲子扔出沙坑外，那么研究者在观察记录表中所记录的内容应是幼儿抛铲子的背景、过程、表情、与其他幼儿互动情况等各种细节资料，而不是加入自己的推测"该幼儿心情不好、合作性差"等内容，观察者应客观记录事件发生的起因、过程和结果，如果条件许可，将影像资料保存下来以便进行后续全面的观察和分析。二是资料的系统性，即收集到的资料要系统和完整。例如，研究者调查幼儿园游戏材料投入的情况，所设计的调查表格既要包括游戏材料的种类、数量、来源、更新频次等基础信息，也要包括教师对材料的使用方式、使用体验等，这些资料的收集使研究更加丰富。

四、分析整理资料

整理研究资料指研究者对于收集到的资料，进行汇总、分类、筛选，使之系统化。分析研究资料是研究者在对资料整理的基础上，对研究资料的特点、资料之间的相关性等方面进行探析，从而发现问题和解决问题。在这个过程中，研究者首先需要认真阅读资料，对已有资料的可靠性和价值性进行评估，剔除无用的资料，选择合适的分析方法与工具，对资料进行深入分析。这项工作需要耗费大量时间，也考验研究者的研究水平，即如何在纷繁复杂的资料中，提炼出研究的各个维度，将内容按一定的逻辑贯连起来，形成研究的基本结构，并揭示其中蕴含的教育现象之间的关系，探索出一定的规律性。这一过程需要研究者对资料进行抽丝剥茧式的分析与处理，特别考验研究者的研究能力与耐心。

五、形成研究结论

在对资料进行加工整理、梳理分析之后,研究者需要根据研究目的、研究假设,在此基础上形成所研究问题的结论。通常使用各种综合的思维方法,如分析、综合、比较、归纳等对资料进行处理,在此过程中研究者需要综合考虑研究的背景、实验/实践展开的条件、研究对象有无特殊性等问题,从而做出科学的结论。

六、撰写研究报告

撰写研究报告是研究工作的尾声。研究报告是对研究成果的表述,是对研究的目的、方法、过程、结论等方面的概括与总结。研究报告的形式多样化,有研究论文、调查报告、教育叙事等。研究报告必须严格遵守相应的写作规范与要求,包括写作语言、注释与引文的方式等。不管哪种形式的研究报告,其内容都是研究者对研究过程的回顾与梳理,总结研究的经验与教训,展示自己的研究成果,为后续研究者提供可资参考的依据。撰写研究报告便于研究成果的推广与交流。

思考与练习

1. 教育研究方法具有哪些特点?
2. 中小学教育研究/学前教育研究有哪些特征?
3. 中小学教师、幼儿园教师从事教育研究的意义是什么?

第二章 教育研究选题

微信扫码
配套数字资源

※ 内容提要

选题是一个预研究工作,就是研究者选择一个亟待发现、验证、澄清或解决的问题,并将之加以明确化和具体化的过程。选定研究问题是教育科学研究工作的初始环节,决定着研究工作的方向、目标和价值,同时也有助于提升研究者的科学研究能力。

选题也直接决定着教育科研工作的成败,选题的质量直接决定着研究的质量。为了使读者能更好地理解选题的重要性,本章在第一节着重讨论了选题的含义与原则;接着,在第二节讨论了选题的来源、途径,以及选题的基本过程。

※ 学习目标

1. 理解和领会选题的意义和价值;了解选题的主要原则;
2. 掌握选题的主要来源;
3. 知道选题的基本程序;
4. 理解并熟练掌握选题的相关策略。

※ 关 键 词

选题;意义;来源;过程;策略

※ 知识导图

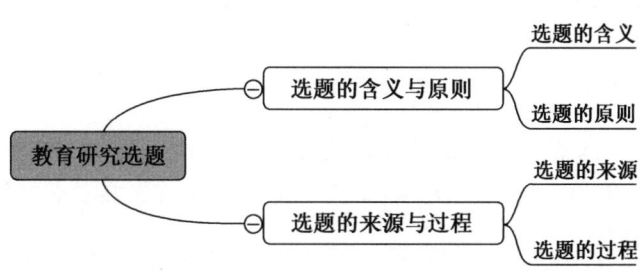

20世纪伟大科学家爱因斯坦认为"提出问题比解决问题更困难"。也有人说,选择好了一个课题,就意味着研究工作成功了一半。可见,选择一个好的课题对于科学研究而言具有非常重要的价值和意义。选题工作的好坏直接关系到教育科研的成败,选得好事半功倍,选不好则劳而无功。那么,怎样的课题算是一个好的课题呢?进行教育科学研究究竟该如何选题呢?选题应遵循怎样的原则和程序?又有一些怎样的选题策略呢?

第一节 教育研究选题的含义与原则

一、选题的含义

教育科学研究工作要想取得成效和突破,除了研究者严肃认真的工作态度以及必备的研究条件之外,最为重要的前提就是选取一个具有研究价值并且适合自己的主题。选题是任何一项研究的起点,是科研工作中最具决定意义的一步。

所谓选题就是一个选择研究方向或研究主题、初步确定研究内容和研究对象的过程。选题工作看似简单,但要做好真正有效的选题工作却并不简单。选题过程必须综合考虑多方面因素,比如要考虑研究者自身的知识、经验及能力水平、研究方法、研究思路、研究条件、研究所需的物力财力等等。可见,教育科研选题是一个涉及因素非常广泛而复杂的系统工程,研究工作过程中可能需要涉及的所有因素都需要在选题的过程中尽可能地考虑到。从这个意义而言,教育科学研究的选题过程实质上就是一个预研究的过程。

需要指出的是,源于不同的研究目标和实际情况,选题中"题"的内涵大小是不一样的。从宏观层面而言,选题是指选定一个研究领域或研究方向;从中观层面而言,选题是指选定一个研究课题的题目或研究项目名称;从微观层面而言,选题是指选定一篇论文的题目。

二、选题的原则

(一) 价值性原则

所谓价值性原则指的是选择的研究主题必须具备研究的价值和意义。选题的价值包含理论价值和实践价值。选题是否具备研究价值是选题首先要考虑的先行条件,是整个科研工作的价值取向。

1. 选题的实践价值

教育科学研究是为教育教学实践服务的。选题的实践价值是研究工作必须考虑的一个重要方面。即便是基础性的理论研究,其最终目的还是要服务教育教学实践。中小学教师的教育科学研究工作更多的是从自身的教育教学实践出发,其研究更多地针对实际工作中的问题,是为了能提高自己在教育教学工作中的实效,研究的实践价值目标无疑是他们从事研究工作的直接目标。相对于理论价值而言,实践价值是多数中小学教师从事研究工作的主要目的。

选题的实践价值大小会受很多因素的影响。第一,选题的需要性。现实需要体现价值。需要也是人们从事某项活动的直接而持久的动因。选择在现实的教育教学工作中更亟须解释和解决的现象、困惑和困难进行研究,选题的现实价值越大。反之亦然。另外,现实中的需求越强烈,则其从事科研工作的愿望越强烈,投入的精力、物力和财力越多,研究的条件越能得到保障,研究成果的质量也就越高,其研究价值也就越大。第二,选题的针对性。选择的主题要切合研究者本身的实际,既要针对教育教学发展过程中的实际问题,也要针对自身的知识、经验、水平和研究能力等主客观条件。针对性越强,研究价值才可能越大。第三,选题的普遍性。选择的课题要考虑其研究成果是否具有客观规律性和推广的普遍性。普遍性愈强,课题的研究价值就愈大。

2. 选题的理论价值

理论来源于实践,理论反过来指导普遍的实践工作。教育科学研究应有利于教育理论的创新与发展。这就要求研究者选择的研究主题要么是对教育科学理论的创新与突破,要么是对原有教育科学理论的修正、补充或进一步完善。选题的理论价值表现在多个方面,比如是否填补某一方面的教育理论空白,是否对原有教育研究理论的突破或完善,是否对原有研究成果的修正,是否在研究方法或研究视角等方面有新的突破,等等。

(二) 创新性原则

创新是科学研究的灵魂,创新也是科学研究的本质要求,创新更是科学研究的价值体现。选题的创新性主要表现在以下几个方面:一是内容新,指研究主题的内容是前人没有研究或需要继续研究加以弥补的。教育科学研究的创新性具体表现在若干方面,如是否发现了新的问题、提出了新的理论及新观点、发现了新的因素或发现了新的解决问题的对策等等。二是方法新,指研究的主题可能没有创新,但采用的研究方法是前面的研究所没有用到的新方法。同样的研究主题,采用不同的研究方法,得出的结论和获得的研究价值会呈现差异。三是视角新,指研究问题的角度或者说切入点是全新的。对同一个主题的研究,可以尝试从不同的学科视角、不同的方法论视角、不同的研究范式视角、不同的切入点去研究,不仅得出的研究结论和研究价值会有很大的不同,更重要的是可以对同一个研究主题进行全方位、立体式研究,从而使得研究工作更加全面、深入,最终实现理想的研究目标。

一般而言,在实际的研究工作中,一般的研究者往往难以在研究主题的内容方面实现全面创新,也就是所谓的填补理论空白。但是,可以尝试采用不同的方法、不同的视角去对"旧"的主题进行"新"的研究,这样的研究也是非常必要和有价值的。

(三) 可行性原则

可行性原则指的是选题必须考虑研究者的主观条件和客观条件是否能满足研究工作的需要,这些条件是否能保证研究工作的顺利进行和研究结果的成功实现。美国贝尔研究所前所长莫顿说过:"选择题目不能草率,如果根本没有实现可能,选题就等于零。"一般而言,影响教育科学研究可行性的因素主要包括主观条件和客观条件。

1. 主观条件

研究者的主观条件是选题时必须考虑的前提条件。研究者选择某一个主题展开研究,首先应该考虑自身是否具备该领域范围内的理论知识储备;是否具备必要的经验积累;是否掌握相关的研究方法;研究所需要的时间和精力能否得到保障;研究者本人对某个主题是否有比较浓厚的兴趣;等等。对于中小学教师而言,在教育科学研究选题的时候必须考虑自身的相关主观条件,需要考虑研究者本人的知识结构特征、研究能力、某个领域的实践经验及研究经验等,选择能发挥自己优势特长的研究主题。中小学教师往往具有相对丰富的教育教学经验,适合于进行实践性较强的研究,而对理论性强的基础性研究问题就不一定合适。而擅长于理论思维的工作者,就可能选择理论性较强的问题进行研究。对于刚开始从事教育研究的青年教师而言,一开始最好不要轻易尝试理论性很强、综合性较强、涉及范围很广的主题进行研究,应该基于自身的知识基础、兴趣和实践经验尝试研究,最好先参与别人的课题研究,慢慢积累研究经验。

2. 客观条件

研究的客观条件是选题时必须考虑的现实条件。教育科学研究工作是一个系统工程,需要同时做好多方面的准备,准备好研究工作顺利进行的客观条件。研究的客观条件主要包括与研究主题相关的研究资料、教育设备、测试工具与手段、技术准备、研究团队(必要时)等方面的条件。

可行性还包括研究主题具体实施的可能性,比如问题本身是否可行,研究方法是否可行,伦理上是否可行,同时也包括进行研究的科学上的可能性等方面。总体而言,选题的过程相对于一个预论证的过程,需要综合考虑、合理权衡研究的主观条件和客观条件是否具备。

(四) 科学性原则

科学性原则指研究选题应有一定的科学理论指导,选题过程科学合理,选题内容科学准确,从而保证研究能取得成功。选题的科学性具体表现在这样几个方面:一是选题的表述要科学准确。题目的表述应力求精练、准确,符合语法规范,不会产生歧义。二是选题的依据必须充分。选题的依据包括理论依据和实践依据。选题必须建立在相关学科的原理基础上,这是保证选题科学性的理论依据。选题还必须建立在一定的实践经验基础之上,选题最好源自研究者自身的工作实践以及研究实践,富有实践经验是研究工作按照正确方向前行的现实基础。

第二节　教育研究选题的来源与过程

一、选题的来源

(一) 来源于教育教学的实践

研究源于问题,问题源于实践。教育教学实践是教育研究选题的现实土壤,是中小学教师教育研究最为直接、最为重要的选题来源。作为基层管理人员及一线教师来说,搞科研最迫切、最有价值、最具可行性的是在自身的实际工作中寻找亟待解决的问题,特别是有一些在理论上亟须得到解决的现实问题。从教育教学的实践中选题,围绕实际工作中的问题展开研究,能有效激发教师参与研究的动机和兴趣,提高研究的针对性和实效性。另外,教师选择自己感兴趣、熟悉的研究主题开展研究工作,也有利于保障研究工作的顺利推进,切实提高研究的质量。具体来讲,中小学教师的实践选题包括以下几个方面。

1. 来源于教育教学实践工作中的困惑及问题

教师在长期的教育教学实践中,必然会遇到各种各样的困境或困难。而教师在实践工作中所面临的问题,恰恰就可以成为教师进行教育科学研究的选题。

教师选择实践工作中遇到的问题作为选题,具有积极的意义。第一,教师实际工作中面临的问题,有利于激发教师从事课题研究的兴趣。实际中的问题往往需要及时得到破解,最容易引起教师关注和深入研究的兴趣,而兴趣是最好的老师,可以激发教师持久的研究热情和动力。第二,教师具备与研究问题相关的知识和经验基础,这是做好科研的重要前提。第三,可以通过教育科学研究的方式,寻找到更加科学有效的问题解决策略。教育科学研究能从专业理论视角,采用严谨而细致的研究方法,对教育教学实践工作中所面临的问题进行系统的梳理和分析,从而寻找到解决问题的科学对策。第四,教师在教育教学过程中发现的问题,很多都是急需研究的真问题。在众多的教育研究课题中,有些主题可能是富有研究价值的真问题,有些研究主题可能缺乏研究价值,甚至研究主题本身就是一个伪命题。如何才能辨别研究主题的真伪及其价值大小,往往成为教师在选题过程中最为头疼的事情。而以教育教学实践中存在的真实问题作为选题,则从一定程度上保证了研究主题的真实性和价值性。

作为教师而言,遇到的问题多种多样,有些问题是共性的问题,也有些问题是特殊的;有些问题是老生常谈的,也有些问题是新时期或新情景下出现的新问题。教师在教育教学实践工作中经常遇到的问题主要有:① 教学管理中存在的问题,比如教学管理制度问题、教学计划问题、课程设置问题等;② 具体的学科教学中存在的普遍问题,比如对待主科与副科的态度问题、具体的某一门学科教学中存在的普遍问题等;③ 教师的教方面的问题,比如教师的教学理念、教学设计、教学调控、教学评价、教学方法、教学手段等方面存在的问题;④ 学生的学方面的问题,比如学生学习动机与学习兴趣问题、师生互动问题、学习方式方法问题等;⑤ 学生管理方面的问题,比如班主任工作中的问题、德育工作中的问题、学生心理辅导问题等;⑥ 教师职业发展中遇到的问题;⑦ 教育教学中出现的新问题、新现象;等等。

2. 来源于教师对教育教学工作的总结与反思

美国心理学家波斯纳(P. J. Posner)曾经指出"教师成长＝经验＋反思";我国学者林崇德教授也认为"优秀教师＝教学过程＋反思";叶澜教授也曾指出"一个教师写一辈子教案不一定成为名师,如果一个教师写三年反思有可能成为名师"。可见,对教育教学实践经验的不断总结和反思是促进教师自我专业发展的重要途径。很多教师的成长经验表明:对自身教育教学实践经验的总结和反思内容,可以成为教师进行教育科研的最合适选题。

首先,对教育教学工作的实践总结是教师科研选题的重要来源。教师在教育教学的工作过程中,会自觉或不自觉地渗透着自己的思路和想法,并尝试着采用新的教育教学思路、举措、对策进行探索或改革。而不管是有意的尝试还是无意的教育教学过程,其中都会有一些成功或失败的教育教学经验。对这些成功或失败的教育教学经验或体会进行研究,不仅符合教育教学改革的实际需要,也符合教师的实际需求、兴趣以及他们的知识和经验基础。从现实的层面考虑,对成功或失败的经验进行科学研究与探索,对于教师自身的专业化发展具有非常重要的意义。

其次,教育教学反思是教师科研选题的直接来源。教育反思或教学反思是教师在实践工作经验的基础上,对教育教学工作的理性思考。能作为教师自觉反思的内容,往往是教师比较熟悉,甚至反思内容已经是教师的研究内容了。所以以教育反思或教学反思作为自己的选题,既符合教师的实际工作需求,也有着比较扎实的理论基础和经验基础。以教育教学反思作为科研的选题,不仅研究工作具备了比较扎实的基础,而且有利于确保研究工作的顺利进行以及研究目标的实现。从教育反思或教学反思的内容这个角度来分的话,包括对教师自身角色定位的反思,对教师自身智能结构的反思,对教学过程的反思,对教育教学具体的行为、方式、方法的反思,等等。从教育教学反思的具体方式来看的话①,包括反思日记、教育叙事、教后记、交流对话反思法、小组合作反思法、行动研究反思法等等。

3. 来源于教师的教育灵感

教师在长期累积的教育教学经验和教育教学反思的基础上,会突然在脑海中迸发出关于某个问题的新发现、新观点、新理论、新视角、新方法、新策略等,也就是俗称的教育灵感。教育灵感也是教师教育科研的选题来源之一。一方面,以教育灵感作为科研选题,教师具备了从事该项研究的经验、知识和能力基础。事实上,教育灵感并不是教师的凭空臆想或脑子发热,而是多年的教育经验、教育理论、教育思考在脑海中的突然融合,是一种长期的潜意识转化为显性认识的过程。可以说,教育灵感是教师在长期教育实践和教育思

---

① 陈静静.教师实践性知识及其生成机制研究[D].华东师范大学,2009:5.

考的基础上产生的,是教师对某一个教育问题长期实践和思考的结果。另一方面,以教育灵感作为科研选题,选题具有一定的创新性。"突然发现""突然顿悟"是教育灵感显现的基本状态,教育灵感所感悟到的往往是教师以前没有想到的新问题、新思路、新措施、新对策等,创新是教育灵感的重要特征。需要指出的是,教育灵感的"创新"可能仅仅限于个人经验范畴内的"创新",在某一研究领域内是否"创新",需要进一步查新和论证。

4. 来源于教师的各种交流活动

教师与同行或外界的交流是教师发现新的选题的来源之一。教师通过交流获得选题有多种途径。一是在教师与教师之间的交流中选题。教师之间围绕实际工作中的话题展开交流,在交流的过程中可能会进一步深化对某个问题的认识,在思维交锋及思想碰撞的过程中得到新的启发、新的发现、新的认识,发现某一个主题或问题的研究价值和意义,进而选择该问题进行系统研究。二是在教师与专家的交流中发现并确定研究的选题。教师在与同行专家交流的过程中,能在专家的点拨提示下,发现问题或者深化对某一个问题的认识,从而选择该主题作为选题。三是在学术交流活动中选题。参加学术交流活动是教师的权利,也是教师提升研究能力和选择研究主题的重要机会。学术交流活动是整个教育科学研究活动的重要舞台,参加某一学术活动的人员往往都是某一个研究领域内较为权威、水平较高的研究人员。而且,学术交流活动的主题往往都是某一个学科领域最为前沿的问题或者当前最为突出的问题。以学术交流活动中的主题作为选题,选题无疑具有较强的研究价值。四是教师在日常交流中获得选题灵感。当代社会,人与人的交流方式日益丰富,除了传统的交流方式外,微博、QQ、微信等现代化的交流平台,更加有利于提高教育信息来源的广泛性和丰富性。教师可以在经意与不经意间获得大量教育方面的信息,获得选题的灵感。

5. 来源于教师参与的教育教学改革专题

伴随着社会的不断发展,教育教学改革发展的步伐也在不断加速。教育科研的终极目标在于为教育实践服务,尤其是为当前的教育教学改革发展服务。而教育教学改革的热点问题以及社会关注的热点教育问题应成为教育科研选题的主要内容。

教师参与教育教学改革的方式有很多种,但主要的有两种。一种是教师作为研究者的身份参与改革,即教师通过参与课题、撰写论文等教育科学研究的方式来参与;另一种是作为教育改革的主体直接参与,即教师作为教育教学改革的制定者、实施者、评价者的方式来参与。这里所指的教师参与教育改革活动指的是第二种方式。具体而言,教育教学改革包括宏观层面的教育方针、教育规划、教育政策调整与改革,中观层面的教育机构改革以及微观层面的校内教育教学改革。事实上,除了少数教师能够参与到国家宏观、中观层面的教育改革,绝大多数教师主要是参与微观层面的教育教学改革。作为教育改革的实践者,教师能在参与教育教学改革专题活动中,除了对教育教学改革的内容有更深、更全面的认识,还可以在获得知识和能力等方面得到全面提升。更重要的是,教师可以从当前教育教学改革的专题活动中选择某一个方面作为自己的研究方向、课题题目、论文题目。总而言之,教育教学改革专题活动是教师教育科研选题的重要来源之一。

(二)来源于对现有教育理论的分析和质疑

在查阅现有教育文献的基础上,对现有的教育理论进行有效分析,这是教育科研选题的又一个重要来源。在对现有教育理论进行分析的基础上选题,主要有三种方式。第一,从现有教育理论空白中选题。在一定的范围内,对相关的教育文献进行全面查新,发现现有研究的空白,填补理论上的空白。需要说明的是,填补理论空白的选题,其研究价值非常高。然而此类选题对研究者的研究水平和研究能力要求非常高,尤其是对研究者的理论功底要求很高,研究的难度非常大。第二,从现有教育理论的"空隙"处选题。在查阅文献的基础上,对现有教育理论的深度、广度做进一步拓展,或者从新的视角对教育理论进一步完善,这也是选题的重要来源。第三,从对现有教育理论的质疑中选题。事物总是在质疑和批判的过程中得到发展的。即便是自然科学范畴的相关理论,也会因为时代或其他条件的局限性而出现偏差或错误。作为人文社会科研领域范畴的教育理论,就更加会因为不同历史时期、不同民族、不同地域、不同意识形态而出现一些极具争议的理论问题。这就要求教师在学习和认识教育理论的时候不仅应具有质疑精神,还应该具备质疑的能力,更应该将这种质疑作为研究选题。这样的质疑型选题越多,人们对教育理论的认识才可能更加深刻和全面。

(三)来源于各级各类与教育科学有关的规划课题(基金项目)

课题研究是教育科学研究的一种非常主要的研究方式。除了从教育实践和教育理论分析中选题,研究者还可以从教育行政部门、科研机构或学术团体等有关部门组织的教育规划课题中选题。教育科学规划课题当中的系列命题是由高水平的教育专家队伍经过严密的讨论后才公布出来的,这些选题不是反映当前教育实践当中亟待解决的现实问题,就是反映当前教育理论研究当中的最前沿的问题,具有很强的前沿性和权威性。

当前我国的教育科学课题的来源比较复杂,管理部门比较多,不过主要的来源有以下几个方面。第一,来自各级教育科学规划办公室发布的课题指南。此类课题指南主要由国家、省、市三级教育科学规划办公室组织发布,包括全国教育科学规划课题指南、各省教育科学规划课题指南和各市(地区)课题规划指南等。第二,来自各级教育行政部门组织发布的课题指南。包括国务院各部委、各省、各市、各县(区)教育行政部门组织发布的与教育科学有关的各类课题(基金项目)。第三,来自社会各级各类学术团体及机构组织发布的与教育科学有关的各类课题(基金项目)。比如国家基础教育实验研究中心和中国基础教育学会共同组织发布的中国基础教育学会"十二五"教育科研规划课题指南,江苏省中小学教学研究室组织发布的江苏省中小学教学研究课题指南,等等。

(四)来源于媒体发布的相关教育信息

具备较强的信息能力,是教育科学研究者应当具备的基础研究能力之一。当今社会处于信息时代,研究者应能善于利用各种媒体,及时捕捉和发现各类教育信息,搜集有利于研究工作的材料。尤其是当研究者为选题而感到苦恼的时候,有时候媒体发布的教育信息就很可能为研究者提供一个非常好的选题,或者从中获得选题的启示和灵感。

值得指出的是,来源于媒体信息的选题,要么是非常新颖的教育"新"题,要么是非常重要的教育"要"题,要么是非常棘手的教育"难"题,往往都具有较强的研究价值。首先,应该关注教育类的期刊、教育报、教育电视台、教育网等。比如教育类的期刊上发布的征稿选题、教育报和教育电视台经常关注的教育新闻、教育网站上公布的教育选题指南和各类教育新闻热点等等。其次,应从社会公众媒体或个人社交信息平台共同关注的教育话题中获得选题。教育发展与改革一直都是社会公众媒体所关注和讨论的一个非常热门的话题,另外,QQ,微信,微博等个人信息交流平台上也经常发现有关教育方面的信息,这些教育信息往往都可以启发教师选题的灵感或思路。

二、教育科学研究选题的过程

(一) 确定研究方向,初步确定选题

选题的过程实际上就是一个预研究、预论证的过程。选定自己的研究方向,是做好具体选题工作的前提和基础。只有确定研究方向后,研究者才能集中精力在某一个研究领域或范畴开展研究。研究者没有相对集中的研究方向,其研究工作势必难以深入,研究水平势必难以真正提高。

确定研究方向,既要考虑到研究者的研究兴趣和价值,也要注重自身的实际情况。研究者应该结合自己的实际情况,比如自己的学科基础知识、工作实际经验体会和思考、自己的专长和兴趣、所具备的研究条件等因素,选择一个研究领域作为自己的主攻方向,并对该研究领域的研究现状长期持续跟踪。确定研究方向必须考虑各方面因素,只有在各方面条件都具备的情况下,确定研究方向才有利于自己进一步研究。

当研究方向确定之后,研究者最好在自己经常关注的领域内进行课题的选择,可以结合自己的研究兴趣、研究专长、研究条件等因素,综合考虑研究选题的研究价值和研究目标等因素,初步确定选题。研究者可以在自己比较熟悉的研究领域,根据自己的兴趣和认识,先初步选定一个或几个主题作为进一步论证的选题。

(二) 广泛查阅文献,验证选题价值

文献是用文字、图形、符号、音频和视频等技术手段记录人类知识的一种载体。文献是理论和知识记录和传承的方式,也是反映人类知识发展现状的载体和手段。研究者可以通过查阅文献,真实全面地了解某一个研究领域或研究主题的基本研究现状。可以说,充分地查阅已有的文献资料,是验证和论证选题创新程度和研究价值的基础。选题是否对已有研究的进一步完善与补充?创新程度究竟如何?选题的理论价值究竟有多大?要准确地回答这些问题,就必须依赖文献资料的全面搜集和有效分析。在文献搜集和分析的基础上,还需要系统地对选题的研究目标、选题的理论价值和实践价值等方面进行全面论证。

(三) 审查研究条件，检验是否可行

研究条件是保障研究工作顺利进行的客观基础。研究条件包括主观条件和客观条件。在选题初步确定之后，就必须根据研究的价值和目标，对照自身所具备的主观和客观条件，进行全面分析。

(四) 精心文字提炼，确定研究选题

对题目的文字提炼也是选题工作中非常重要的一项工作。题目也称文题、标题。题目是一个课题、一篇论文的灵魂，题目的表述和提炼非常重要。好的题目，能简明、准确、形象地体现研究的对象、内容、目标等主要研究信息，能迅速吸引人的眼球。题目的文字表述应注意以下几个方面：第一，要准确达意，最好包括研究变量。题目应非常准确并且非常简单地指向或反映研究的对象、主要内容等基本信息。另外，研究变量宜尽可能地在题目中得到体现。第二，要简洁规范，避免赘语。题目应尽可能简短，不宜太长；不宜出现重复啰唆的文字；题目的用词语法应符合规范，不宜用一些俚语或俗语等非规范化的词语。第三，要避免产生歧义。

思考与练习

1. 什么叫选题？你是如何理解选题的重要性的？
2. 选题的来源途径有哪些方面？
3. 选题需要经历的几个过程分别是什么？
4. 试述选题的方法和策略。

第三章
教育研究设计

微信扫码
配套数字资源

※ 内容提要

简单而言,教育研究设计是对教育研究过程的构思和计划。研究设计对保证一项研究的质量起到至关重要的作用。研究设计必须是科学的、适宜的,体现"真题真做"的原则。

本章主要讲述五个方面的内容,分别是教育研究设计概述、教育研究假设、确定研究类型和方法、选择研究对象、分析研究变量。教育研究设计概述主要包括教育研究设计的概念、基本任务、目的与意义。教育研究假设对研究假设的成因、好的假设的特征、假设的类型及研究假设的形成进行了说明。选择研究对象主要讲述了选取样本的基本要求、抽样的基本方法和常出现的错误。分析研究变量主要介绍了自变量、因变量和无关变量的含义、选取及其关系。

※ 学习目标

1. 了解好的教育研究假设的特征;
2. 理解教育研究假设的类型;
3. 学会选择和分析研究变量。

※ 关键词

教育研究设计;研究变量;研究假设;抽样;变量

※ 知识导图

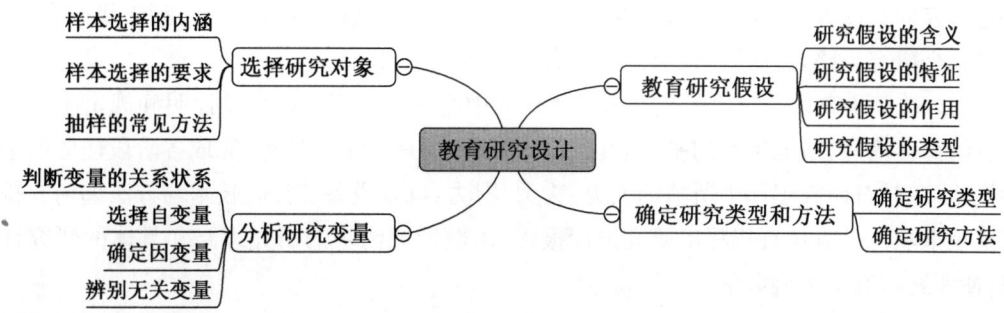

"凡事预则立,不预则废。"教育研究需要设计研究方案。研究方案的完善与否直接影响预定目标能否实现,影响研究工作的效率,影响研究结果的科学性。教育研究设计主要包括研究类型及研究方法的确定、研究对象的选择、研究假设的确立,以及研究因子的确定等方面的工作。

第一节 教育研究设计概述

一、教育研究设计的含义

广义的教育研究设计是指为解决研究问题所拟定的比较详细的规划及付诸实施的全部过程;狭义的教育研究设计是指研究者根据所要研究的问题,说明研究中各种变量如何控制的一种简要的计划、结构、方法和策略等,即资料搜集与分析的程序。简单讲,教育研究设计就是教育研究活动全过程的设计,即对教育研究全过程做完整而详尽的规划。

教育研究设计是一个系统的计划,是需要完成的研究目标以及为了实现这个目标而打算采取的行动方案的总和;教育研究设计是一个思维过程,是研究行为发生之前关于整项研究的思考、构思。

研究设计是确保教育研究质量的关键环节。教育研究设计是教育研究活动开始前的完整而详尽的计划,要设计和回答"研究什么""为什么研究""怎样开展研究"等基本问题。

教育研究设计的基本任务主要有二:其一,选择、确定收集和分析研究数据的方式方法,保证研究采用的方式方法是合理的、可靠的和经济的;其二,构思、制定实现研究目的的操作程序和控制方案,保证研究是有效的、客观的和明确的。

二、教育研究设计的必要性、目的与意义

(一)教育研究设计的必要性

教育研究设计是课题进入实施阶段使课题落实并能高效率进行的保证。教育研究设计水平的高低,是教育研究课题质量与水平的重要反映。

(1)教育研究设计是保证教育研究顺利进行的必要措施。教育研究设计是如何进行课题研究的具体设想,是开始进行课题研究的工作框架。做好研究设计有利于我们明确、清晰整个研究思路,使研究者能有计划、有系统地进行研究。

(2)教育研究设计是使研究课题具体化的中心环节。教育研究设计明确规定了课题研究的具体内容,研究工作的基本阶段及各阶段应完成的主要任务,完成各阶段任务的主要措施,在教育研究工作中所需的人力、物力、财力,以及设备、时间、技术与方法如何安排等诸项事项。只有认真撰写出研究设计报告,才能形成清晰的研究思路和具体的研究计划,使课题研究真正得以落实。

(3)教育研究设计是课题研究成果的重要保证。教育研究设计为课题研究提供研究

范围、研究内容、研究动态、研究思路、研究方法、研究步骤等具体的研究计划,使研究者明确研究目的、预见可能问题、形成研究方案,避免重复研究、无关研究,保证课题按研究设计方案顺利实施和如期完成。因此,科学、具体的研究设计,是课题研究成功的一半,没有充分、科学的研究计划,就没有科学而有价值的研究成果。

(二)教育研究设计的目的与意义

从根本上说,教育研究设计就是为了实现用最少的人力、物力和时间去获得最客观、最充分、最有效的研究资料与数据,以取得可靠的研究结论,而制定出周密的科学研究计划(方案)和安排。

任何一项研究,人们总是想使有关的资源得到合理的分配和有效利用,并追求最大效益。教育研究设计如同一份工作蓝图,能够提供研究者符合逻辑的推理流程,突出研究工作的重点,指引研究者明确、顺利、经济地完成研究任务。研究设计不仅是一项规划,也是一种策略。事先严密的研究设计,有助于使研究具有一定的效度和信度。效度是指研究结果在回答课题提出的问题方面的正确程度,及研究结果反映事物间存在的因果关系或特征的真实程度。信度是指研究所得结果的可靠、精确与稳定程度。效度与信度的高低是研究自身价值高低的反映。没有效度、信度的研究是没有实际价值的研究,没有价值的研究是无意义的。任何具有高水平的研究工作依赖研究的客观性、系统性和科学性,涉及理论构思与科学方法、周密规划与严谨实施等诸多问题,不能是随意性的,需要进行研究设计。同时,研究设计本身是否科学、合理和完善,直接关系到研究的进程、代价,研究结论的可靠性、科学性等,所以,在进行教育科学研究之前,严密、审慎地做好研究设计工作是十分必要的。一个好的教育科学研究设计,对研究工作具有一定的保证作用,如同事物有了好的开头和发现了一条顺利达到目的的科学"捷径",能够收到事半功倍的效果。

第二节 教育研究假设

一、教育研究假设概述

(一)研究假设的含义

假设,即假使、假定,在某种意义上含有虚构之意。而教育研究假设是指根据一定的科学研究、一定的事实材料和理论知识,对客观事物的假定、对研究对象的未知性质及其原因或规律做出的一种推测性论断和假定性解释,是在研究开始之前对研究结果预先在头脑中形成的暂定的、设想的理论。假设要根据事实提出,经过实践证明是正确的,是一种将认识由已知推向未知,进而变未知为已知的一种思维方法。总的来说,假设的成因主要来自理论、实践和国内外教育研究的先进经验。

(二) 好的研究假设的特征

1. 猜测性、假定性和偶然性

既然是假设就都会带有一定的猜测、假设成分，其结果也具有一定的偶然性，或许是与之前的假设相一致，或许是与之前的假设相悖，又或者是有些许差异，但这都不会影响研究的进行，因为就是这一次次对假设的验证过程才形成了科学的教育研究。

2. 科学性

在收集和分析信息的基础上，要通过对相同问题的系统研究，弄清楚社会发展的需要、趋势和现实存在的弊端，了解国内外研究的基本情况和研究成果，一切的研究假设都要基于科学的观察和经验的总结，要与大多数已知的事实相符合，这是形成假设的客观依据。

3. 验证性

研究假设是可以验证的，不能加以验证的假设，就无法进行科学的研究。可验证性实际上就是说假设的可重复性，也就是说在相同的条件下进行的同一研究假设可以得出相同的研究结果。相反的，如果一种现象只能出现一次，经不起重复性验证，那就说明这一假设是不科学、不正确，不能再继续进行的。

4. 限定性和简洁性

研究假设的叙述要限定范围，表述要简洁，避免采用不必要的复杂概念，让人一看就明白。

(三) 研究假设的作用

假设的作用主要在于它是理论的先导，在教育研究中起着核心作用。

首先，能帮助研究者明确研究内容、方向和目的，研究者以此来确定研究的方法和收集相关的资料，避免研究者在进行研究时出现盲目和无头绪的现象，指导教育研究向着更深入、更科学、更有价值的方向发展。

其次，研究者可以根据假设的内容，设计具体的研究方案，收集数据，进而验证假设。

最后，研究假设有利于研究者对研究变量进行有效控制，避免研究的盲目性，保证研究结果的质量和价值。

二、研究假设的类型

按照不同的分类标准，可将教育研究的假设分为不同的类型。

(一) 归纳假设与演绎假设

按假设的形成分，可分为归纳假设和演绎假设两种。

归纳假设是在观察基础上的概括，是人们通过对一些个别经验事实材料的观察得到启示进而概括、推论提出的经验定律。如黎世法对"六课型单元教学法"的研究，通过对一万多名各类中学生的学习方法的调查,尤其是三百多名优秀生的学习方法特点的深入研究,将学生的"八环节系统学习方法"从心理活动上概括出十条学习心理规律,并将八环节学习和十条心理规律作为中学生学习的本质学情。以此为依据,将现成教材分成若干单元,每单元按照自学课—启发课—复习课—作业课—改错课—小结课等六种前后紧密联系的课型进行教学,以提高教学质量,达到优化教学的效果。

演绎假设是从教育科学的某一理论或一般性陈述出发推出新结论,推论出某特定假设。演绎假设是根据不可直接观察的事物现象或属性之间的某种联系的普遍性,通过理论综合和逻辑推演而提出的理论定律和原理的假设。如北京师范大学冯忠良教授的"结构—定向教学实验",依据能力、品德的类化经验说、学习的"接受—构造"说、教育的系统论观点和教育的经验传递说,推论出"结构—定向教学实验"研究的一系列假设。

(二) 定向假设、非定向假设与零假设

按假设中所预测的变量间有无相关、相关的特点来划分,可以把研究假设分为定向假设、非定向假设和零假设。

定向假设和非定向假设都是在假定变量间存在相关的情况下做出的。其中定向假设指出了相关或差异的趋向。非定向假设则没有表明这种相关或差异的趋向,而只是指出在变量间可能存在差异和相关。例如,"思维能力上男生的推理能力强于女生",就是一个定向假设。而"思维能力上男生和女生有差异"则是一个非定向假设。零假设是一种假定变量间无差异或无关系的假设。例如,"运用方法 a 教学的 3 年级学生的平均阅读成绩等于通过方法 b 教学的",就是一个零假设。

假设是采用定向的形式还是非定向的形式呢?采用不同的形式会产生差别吗?这首先取决于前期理论研究的结果。如果研究领域的文献表明,在所研究的问题上我们可以期望一个有方向的结果,我们应采用定向假设;而当我们对所研究对象的内在关系不甚了解,凭借已有知识经验只能肯定研究对象内在诸变量之间有相关,但不能肯定是何种相关时,则应采用非定向假设。

对于一个具体问题,我们可以根据理论构思的结果,建立一个我们最可预期的假定作为原假设,它可能是一个定向假设,也可能是非定向假设乃至零假设,然后在除此之外的其他可能中建立选择性假设。这样,原假设加上选择性假设就涵盖了所有的可能。例如,如果我们最初假设"接受方法 a 教学的 3 年级学生比接受方法 b 教学的学生的阅读成绩要高",那么可能的选择性的假设是"接受方法 a 教学的 3 年级学生比接受方法 b 教学的学生的阅读成绩要低"和"接受方法 a 和方法 b 的 3 年级学生阅读成绩相等",其中,最后一个选择性假设是零假设。这样所有可能的结果就都被覆盖了。

(三) 描述性假设、解释性假设和预测性假设

依据假设的性质和复杂程度可分为描述性假设、解释性假设和预测性假设。

在科学探索的最初阶段,常用到描述性假设。它可以向我们描述认识对象的结构,提供关于事物的外部联系和大致的数量关系的推测,使我们对研究对象的大致轮廓或外部

表象有粗略的了解。

例如，画出几何图形中的线段，研究初中生对图形认知结构的心理特征。这一研究带有实证研究的特色。调查结果表明，初学几何的初中生，在分析观察复合图形时，认知结构上可能具有"顺序""对称""封闭"及其组合的某种认知特征，这种特征对学习效果起着积极作用。统计表明，在该实验中，认知特征较强者，相对误答率低；相反，认知结构上特征不显著者，相对误答率较高。从几何教学的经验中归纳出假设命题："学生认知图形是存在着结构性心理特点的。不同认知结构对学习效率有不同影响。"这就是一个从对现象的描述中提出的假设。

解释性假设是揭示事物的内部联系，指出现象质的方面，说明事物原因的一种更复杂、更重要的假设。这是比描述性假设高一级的形式。在研究中，处于解释这个层次的假设，是从整体上揭示事物各部分相互作用的机制，揭示条件与结果、研究主体的最初状态与最终状态的因果关系原理。

预测性假设是对事情未来的发展趋势的科学推测，它是基于对现实事物的更深入、更全面的了解基础上提出的更复杂更困难的一种假设。

（四）条件式、差异式和函数式假设

按照假设中变量关系变化的方向可将研究假设分为条件式、差异式和函数式假设。

条件式假设是假设两个变量有条件关系。即假如 a 成立，则 b 也成立（即 If a, then b）。这是这种假设的典型模式，在表述上采用"如果……，那么……"的句型。例如，如果教师采用言语强化的方式来教学，那么学生的课堂行为就会改变。

差异式假设是假设两个变量之间在程度上存在差异关系。如，可假设 $a=b$，也可假设 $a \neq b$；可假设 $a>b$，也可假设 $a<b$。如果 a 代表讲授式教学方法，b 代表讨论式教学方法，我们可以分别做如下假设：

① 讲授式教学方法的效果等于讨论式教学方法的效果。（$a=b$）
② 讲授式教学方法的效果不等于讨论式教学方法的效果。（$a \neq b$）
③ 讲授式教学方法的效果优于讨论式教学方法的效果。（$a>b$）
④ 讲授式教学方法的效果差于讨论式教学方法的效果。（$a<b$）

函数式假设是假设两个变量之间存在因果共变关系，并且用数学形式表达。如果 x 表示原因，y 表示结果，那么函数公式就是 $y=f(x)$，表示"y 随 x 的变化而变化"的函数关系。即，如果"x"是这个值，那么"y"是那个值。例如，男孩的侵犯性行为是女孩侵犯性行为的二倍。需要指出，上述有关假设及其分类的论述多是基于量化研究的角度，对于在教育研究中日益兴起的质化研究，情况则有所不同。例如，在量化研究中，假设的确定一般在研究之初，资料搜集之前，和问题修改变动不大的情况下。而质化研究的假设，大多产生于研究的过程中。在研究之初，或许没有尝试性的或一般性的假设。但当资料被搜集和分析时，从事质化研究者希望增加、减少、修改和精炼假设。另外，作为对假设的重要补充，在质化的研究中，例如在人种学的研究中，往往会提出有助于研究者进一步考查有关研究问题的某些因素的预言的问题。例如，"对正常的和学习能力丧失的学生的学校环

境进行人种学研究,以确定有关潜在的辍学因素"这一问题陈述,与之相关我们可以列出如下预言的问题:

在教学中,正常的学生与学习能力丧失的学生之间的相互影响;

教师的角色促进学生的学习;

学生的社会系统;

学生在学术科目中获得成功的机会。

第三节 确定研究类型和方法

一、确定研究类型

根据教育研究目的、功能和作用,教育研究类型可分为基础研究、应用研究、发展研究、评价研究和预测研究。选择何种研究类型,要看研究目的,即研究是为了发展和完善教育科学理论,还是为了应用和检验教育科学理论,是为了开发有效教育策略,还是为了评价教育行动方案实施效果,或是为了预测教育发展趋势等。选择研究类型,还要考虑研究者的研究专长和研究能力。一般来说,中小学一线教师的教育研究多为应用研究和发展研究,极少量其他类型的研究。

二、确定研究方法

在各种各样教育研究方法中,不存在谁是最优的方法,各种研究方法都有各自的特点和不同的适用条件和范围。因此,选择研究方法就是整个研究设计中最为关键的一个环节。研究方法选择得当与否,将直接影响研究的水平和质量。确定研究类型后,再选择最合适的研究方法。如为现状的研究,主要运用"调查法""观察法""测量法"等;如为相关关系研究,主要运用"调查法""测量法""理论研究法""统计分析法"等;如为因果关系研究,则主要运用"实验法""统计分析法""理论研究法"等。总之,在研究方法的选择上,一定要将研究类型、研究目的、研究对象的特点、研究信度和效度的要求,以及研究的一些主客观条件等因素考虑其中。

具体的研究方法主要涉及怎样收集研究资料和怎样分析研究资料。一般来说,一项研究往往综合运用多种研究方法。特别是那些综合性的、难度较大的课题更是如此。在研究中要恰当运用各种研究方法,把握它们的内在联系,进行优化组合。例如,研究如何提高某班的语文学习成绩,要运用观察法了解师生在课堂上的相互作用情况,要运用问卷法分别了解教师和学生对这一门学科教学的各种看法和意见,同时还要通过问卷调查来了解学生对授课教师等的看法和意见,要运用文献分析法和比较法来对本班过去运用的语文教学中的教材、资料进行分析,必要时还要运用实验法去探索和试验最佳的教学方法和教学资料等。只有这样,我们的研究才能卓有成效,才能使研究结果更具说服力和价值性。

因此，在选择研究方法时我们必须谨记：教育研究的每类方法各有特点和不同的适用条件，不能互相代替。在认识每种方法独立性的基础上，更要关注各种方法之间的联系性，尤其是在难度较大的研究课题中，往往需要的不止一种方法，而是要将多种方法互相结合，综合运用。此外，研究方法的选择还需要考虑研究对象的特点以及研究的主客观条件。

第四节 选择研究对象

一、总体、样本与抽样

抽样是从所研究对象的全体中，按照某种规则抽取一部分被试的方法。在进行调查、观察、实验等研究时，研究者总是想使自己的研究结果具有普遍意义，但往往研究对象的全体数量很大，不可能对全体研究对象进行研究，只能对其中一部分对象进行研究。这一部分对象如何选择，怎样才能保证对这一部分对象的研究得出的结论可以适用于他们所代表的全体，这在很大程度上取决于采用什么样的方法选取研究样本。无论是量化研究还是质化研究，抽取合理样本都是十分重要的问题。

在一项研究中，研究对象的全体叫作总体，组成总体的每一个基本单位叫作个体。总体是由具有某种相同性质特征的每一个个体共同组成的。在实际研究中，总是要根据具体的研究内容，确定所研究问题的范围，规定研究的对象。研究问题的性质不同，所确定的总体也不一样。

每一项具体的研究都有一个特定的总体。总体可以是一个学校的全体学生，也可以是一个地区、一个国家的全体学生。总体可以是不同年级、不同性别的学生，也可以是不同层次、不同职业的成人。总之，总体可以是任何具有某种共同特点的单个个体组成的全体。在实际研究中，总体的范围有大有小，大到一个省、一个国家的全体学生，甚至几个国家的学生，小到一个市、一个县、一个区的学生。确定研究总体的时候要特别注意，并不是总体越大越好，而是应该考虑研究者所选择的样本是否能够代表这个总体。因为总体的范围越大，在选择样本的时候，其代表性就应该越广。如果我们只能在一个比较小的范围内选择样本，那么就不能希望能够代表更大的总体。一些研究者在对自己的研究结果做推论时常犯的一个错误就是夸大了研究结果的代表性。比如，对中学生的网络道德现状进行调查，只是在某地级市区内选择几所重点中学进行调查，却对调查的结果冠以"某省中学生网络道德现状"，就属于夸大了研究结果的代表性。如果要想使调查结果可以代表更大的范围，研究者就必须在更大的范围内选择样本，或采取一些必要的措施，来证明研究结果具有更广泛的意义。

样本是从总体中按照某种方法确定的若干个体的集合。样本所包含的个体的数量叫作样本的容量。

抽样是遵循一定的规则，从一个总体中抽取有代表性的一定数量的个体的过程。目的在于用一个样本得到关于这个总体的信息及一般性的结论,或从样本的特征推断总体,从而对相应的研究做出结论。

从一个总体中确定一个样本,就必须解决两个问题。一是好的样本选择应具有什么样的特征;二是采用何种方法能够抽取到合理的样本。

二、选择样本的基本要求

(一)明确规定总体

抽样的目的是要选择出能够代表总体的样本,因此,合理抽样要首先从确定总体开始,要从内涵和外延两方面明确总体界限。如,研究的对象是"小学生",是否包括特殊学校的学生和在小学读书的超龄儿童;调查的对象若是"小学教师",是否包括已退休但还在校工作的教师和代课教师。总而言之,总体要明确具体,不能含糊。譬如,"初中学习困难学生教育的研究",总体是城乡初中学习困难的学生。当然还必须对"学习困难"的含义加以明确界定。

此外,要保证抽样的随机性。要尽可能使每个被抽取的个体具有均等的机会,也就是说使被抽取的任何个体与个体之间是彼此独立的,在选择上没有联系。这里不存在任何选择的标准,不带有任何有意义的成分,从而尽可能使样本保持和总体有相同的结构。

(二)使抽样具有代表性

要尽可能使抽取的样本能代表总体。如某市对小学生学习方法现状进行调查研究,全市小学六个年级共 50 万学生,可以从中抽选 1 000 人来说明 50 万人的情况,因此这 1 000 人的代表性就非常重要了。只有样本具有代表性,那么由样本特征推断的总体特征才有一般性,对总体的研究结果才有推广价值。样本的代表性正是由部分推断整体做法的理论根据。

抽样的偏差将导致结论的无效。一个非常著名的例子是 1936 年美国全国新闻杂志联合会就总统候选人进行选民民意测验,取样对象是各州交通处登记在案的汽车主人和各城市的电话用户两类人。正式开票结果是罗斯福当选,而民意测验的结果与此则不相吻合。民意测验为何不准确呢?从抽样的角度看,这是取样偏差所致。该调查的总体应为所有参与投票的选民,而实际抽样中,却只抽取了拥有汽车和使用电话的个体,把多数没有汽车、电话的选民排除于调查对象之外,由此得出的结论自然不能推广至全体选民。

要使取样具有代表性,还必须对取样误差进行正确估计。取样误差是指样本的指标数值与总体的指标数值之间所存在的离差。这种差异值越小,就说明抽取的样本能比较正确地反映总体。因此,为了保证取样的代表性,研究者要分析影响误差大小的因素,通过计算取样的标准误差值测定出来,并努力使误差控制在最低的程度。

(三)确定合理的样本容量

样本的容量取决于研究方法的性质、研究采用的统计分析的方法以及研究者所具备的条件。也就是说,要科学地确定样本的大小,既要满足统计学上的要求,又要考虑实际上搜集资料的可能性,并使误差减到最低限度。从理论上看,样本容量与样本代表性呈正相关,采取尽可能大的样本更能保证研究结果的可靠性。但是大的样本会花费更多的人力物力。假如在较小的样本中进行研究就能得到满意的结果,那么就没有必要用较大的样本去研究。因此,确定样本的容量是关系到研究效果和研究成本的重要问题。样本容量的确定取决于以下诸方面因素:① 研究的不同类型;② 预定分析的精确程度;③ 允许误差的大小;④ 总体的同质性;⑤ 研究者的人力、时间和物力;⑥ 取样的方法等。在研究中,如果要求的精确度高,允许的误差值小,总体的异质性很大,许多未控制因素会混淆研究结果,或研究的因变量在测量上的信度较低时,就要考虑使用较大的样本。

根据以上分析,以及有经验的研究者提供的一些实践经验,如下的一些取样值可供参考。在描述研究、调查研究中,样本应占总体的10%。除了少数情况外,调查研究的样本容量一般不能少于100。相关、比较研究的满意样本每组至少30。实验研究中,条件控制较严密的研究,每组可以15人;条件控制不严密的教育实验,最好是一个自然教学班,不少于30人。

抽取的样本是否有代表性,最后要通过对结果的检验来证明。由样本得到的结果必须做统计学上的显著性检验。例如,在某种实验研究中,实验班成绩高于对比班成绩,那么这种差异是否真实呢?这就必须做实验结果的显著性检验,目的是说明由实验样本所取得的结论能否推论到整体。如果样本具有代表性,那么这种结论也适用于总体,因而具有一般性。而某种统计量的计算和各种不同的显著性检验,如平均数、标准差、相关系数以及 U 检验、t 检验等,都有各自的标准来估计样本可能产生的误差,样本容量大小将会影响上述误差和由样本估计总体的真实价值。

三、抽取样本的常用方法

(一) 简单随机抽样

使总体中所有的个体都有相等的和独立的机会被抽作样本,这样的抽样方法叫作简单随机抽样。在这里,所谓"相等的"是指总体中的每一个个体被抽取的可能性是一样的。"独立的"是指某一个个体的抽取与否,不影响其他个体的抽取。比如,要从1 000个六年级学生中抽出50人作为一项研究的被试,选第一个人时,1 000个人中每一个人都有千分之一的机会被抽到。一旦一个学生被抽到了,并不影响其余的学生下次是否可以被抽到。抽第二个人时,剩下的999人,每一个人都有1/999的可能被抽到。依此类推,直到抽取第50个人时,从总体上看,每一个人所得到的机会都是一样的,并且是互相不影响的。

简单随机抽样从理论上说是一种最好的抽样方法,它可以最大限度地做到机会均等和独立性。因此,在条件许可的情况下,最好采用简单随机抽样的方法。但其他一些抽样方法也是很有用的。

(二) 等距抽样

等距抽样也叫机械抽样或系统抽样。这种抽样方法是,先把总体从 1 到 N 排序,再把总体分成若干个含有相等个体的小组,最后随机从每一个小组中抽取一个个体。这样所组成的样本就是所需要的样本。在等距抽样时,先要确定每一组的大小,如果用 R 代表组的大小,那么 R=总体数÷样本数。例如总体数为 1 000,样本数为 100,那么组数就等于 1 000÷100=10,每一组中就有 10 个个体。然后再随机确定一个小于等于 R 的数 P,在每组中抽取第 P 个,就构成了我们所需要的样本。等距抽样比简单随机抽样操作起来要容易一些,并且不易出现错误。但在运用等距抽样时,要特别注意,总体的排列应该是随机的,不能使被排列的个体在某些特征上具有规律性,否则将造成取样的偏差。例如,国外有一项研究要在士兵中进行调查,因为每个班都是 10 个人,就以班为单位分组,然后在每一个组里确定一个人为被试。在确定每组中抽取哪个人时,恰好第一个人被抽中,而每个班里的第一个人又恰好是班长。用这样的样本得出的结果对于总体将不具有代表性。因此,采用等距抽样的方法时,确定总体排列的随机性是十分重要的。

(三) 分层抽样

分层抽样是先把包含 N 个单位的总体分成互不重复的若干个子总体。每一个子总体具有较总体更为集中的特性。把一个子总体作为一层,从每一层中再按一定的方法抽取样本。如果采用的方法是简单随机抽样,就叫作分层随机抽样。

在分层抽样中,要确定分层的标准。这种标准可由研究者根据课题的性质和研究的需要自行确定,可以是研究对象的性别、年龄、学校的类型等。例如在一项抽样调查中研究者希望男生的人数与女生的人数形成一定的比例。如果将男、女生混在一起进行简单随机抽样,就难以保证这样的比例。假如把男、女生各作为一个子总体,按照简单随机抽样的方法分别在两个子总体中抽取规定数量的样本,这样就可以保证在样本的总数中,男、女生所占的比例合乎要求。这种抽样方法就是分层抽样。

有时在一项研究中,要求被试的性别和能力两个方面都比较均衡,可以先把学生按一般发展水平和学习成绩分成三类,即高、中、低三个层次。再按性别把这三个能力层次的学生分别分成两个组。这样就形成了六个子总体,见表 3-1:

表 3-1 分层抽样

学习成绩 性别	高	中	低
男	总体 1:男高	总体 2:男中	总体 3:男低
女	总体 4:女高	总体 5:女中	总体 6:女低

具体在每一层中抽样的数量,可以按每一层中的人数占总体的百分比来分配。例如,如果总体 2 占总体人数的 25%,就在这一层中抽取所需样本数的 25%。

分层抽样的优点在于,可以将一个内部差异比较大的总体分成若干个内部差异较小的子总体,然后再从每一个子总体中分别抽取样本。这样就可以使抽到的样本与总体的差异减到最小,提高研究的精确性。

(四) 整群抽样

整群抽样是以个体的自然组为单位进行抽样的方法。在具体的研究中,有时由于总体的数量比较大等,以个体为单位抽样不方便,甚至不可能,而以一个组为单位抽样更方便。这时可采用整群抽样的方法。

作为整群抽样中的样本单位,可以是一个教学班、一所学校、一个区、一个市县等。如一项研究课题是"小学二年级学生识字能力的培养",研究对象显然是小学二年级的学生。而作为教学研究,由于我们通常采用班级授课制的教学制度,所以以教学班为单位进行研究较为适宜。因此,若在一个区或一个县进行研究,就不宜以学生个体为单位进行抽样,而应采取以班为单位的整群抽样的方法来确定研究对象。

整群抽样先要确定划分群的标准。上面所举的例子中就是以班为单位划分出基本的群,然后采取分步逐级的方法进行抽样。如研究的总体是一个城市的二年级学生,从中抽取六个班作为研究对象,就可以先把这个城市分成20个区,从20个区里随机抽取6个区,从这6个区里,每个区再随机抽取一个班为样本。这样便可以比较容易地确定研究的对象。

整群抽样的优点是省时省力,可以比较快地确定研究对象。但由于在抽样中没有充分考虑每一个体的情况,因此抽样的精确度相对来说要低一些。

(五) 个案抽样

个案抽样是从总体中选择研究个案的方法,包括极端个案抽样和典型个案抽样。

极端个案抽样是在总体中抽取具有独特个性或者在某一维度上统计值在极端位置的样本个体。例如,对示范学校的研究通常采用这种抽样方式,就是通过对学校间的比较,确定一所符合示范学校标准的、成功的学校来研究。

典型个案抽样与极端个案抽样不同,走的是"中间道路",选择总体中具有代表意义的个体单位,换句话说就是选取能代表总体的个体为研究样本。比如,在有关一个学校的办学水平的研究中,选择的班级既非学业最好也非学业最差,而是典型班级。

第五节 分析研究变量

一、初步判断自变量与因变量的关系状态

变量是指在质或量上可以变化的概念或属性,即会变化的、有差异的因素。变量是相对于常量的概念。研究变量是指某一群体的组成部分在数量和性质上是可以变化的,具有可操纵、可测量的条件、现象或事物的特征。选择研究变量时,需要根据研究目标和研

究条件,客观地确定研究变量的数目,并列出研究变量表。教育研究的变量依据其相互关系可分为自变量、因变量和控制变量。一般认为因变量的价值取决于自变量。因变量是我们可以测量的变量,如学科成绩。自变量仅仅是一个分类变量,它对研究的个体进行分类。

(一) 自变量

自变量是研究者依据研究目的主动操纵而变化的变量,是能独立地变化并能引起因变量变化的条件、因素及其组合,通常是指研究者欲达到研究目的所采取的措施与办法。例如,在研究不同的教学方法对同一教学对象和教学内容,将产生怎样的教学效果时,各种不同的教学方法就是自变量。

自变量通常具有以下特征:
① 它的变化通常会导致研究对象发生反应。
② 它的变化能够被研究者所操纵、控制。
③ 它的变化是受计划安排,系统性变化的。
通常我们把自变量的一系列的变化值称为自变数。

(二) 因变量

因变量又称应变量或依变量,是由自变量变化而引起被试行为或相关因素特征的变化的变量,是在研究中需要观测的变化因素或指标。

因变量通常具有以下特征:
① 它必须是随着自变量的变化而变化的因素,或对自变量做出响应的。
② 它是根据需要有待观察的因素。
③ 它是能够以某种反应参数来表征的可测量因素。
对于随着自变量的变化而变化的反应参数,通常称为因变数。

(三) 控制变量

控制变量又称无关变量或干扰变量,是指与研究目的无关,但却影响研究结果的变量。研究者应严格控制无关变量,否则,研究结果是来自自变量还是无关变量就无法分辨了。

(四) 自变量与因变量的关系

在研究设计中,要全面考虑到各种变量的关系,也就是要考虑到如何有意改变自变量,如何观察记录因变量,如何控制干扰变量,以使得研究能够达到预期的目的。

一般来讲自变量和因变量呈现以下三种关系:
一是相关关系,表现为正相关、负相关和零相关。
二是因果关系。
三是预测关系,就是依据已知的客观事实、科学理论、科学方法,能探索和推测未来的发展趋势。

二、选择自变量

选择自变量即根据研究类型确定操纵性自变量和非操纵性自变量,并确定自变量数目和水平。自变量可以分为操纵性自变量和非操纵性自变量。所谓操纵性自变量是指研究者可以主动操纵、安排的变量,又称处理变量;非操纵性自变量是指研究者无法主动予以操纵或排除的变量,又称机体变量。例如被试的性别、年龄、已经定型的智力水平和学生的家庭状况等,都属于非操纵性自变量。但是研究者也可以决定是否把它们作为研究的变量。例如,初三女生与同年级的男生记忆力的比较就要用性别这样一个操纵性自变量。

对两者进行区分的意义在于研究者必须明确所要操纵的自变量,就是要变革的措施,它反映了一个教育研究的性质特点。

选择和操纵自变量,必须以研究的目的和假设为依据,努力寻找那些针对性强、相对稳定并能促进最大变化的自变量。要充分考虑自变量的可操纵性,保持其单纯性。如果操纵的一些措施模糊不清,甚至与无关变量混淆就无法准确操作,更不会得到科学的研究结论。

在教育研究中也存在着复合自变量的问题。有时候研究者有意使用一个复合的自变量,其中包括许多彼此不同的自变量。比如某市的中学在文理分班的时候,每年都是选理科的学生占多数,市长为了扭转这一局势,对该市一半的高中不采取措施,而对另一半的学校,对选择文科学生给予奖励、请专家做讲座、分配较好的教育资源给文科,对结果进行对比分析。如果这套措施影响了学生对文理科的选择,显然不能鉴别在这几个变量中,究竟哪一个起主要作用,也不能估计"霍桑效应"。在这一研究中使用的是一个复合的自变量,对于解决实际问题可能有用,也可能有助于在教育问题上采取某些措施,它依旧是教育研究,因为它是研究者有意选用的。但是如果长远目标是进行科学分析研究,那么就要进行精心设计研究程序,逐个、单独地考察每个认定的自变量所起的作用,辨别什么是关键因素,把复杂的动因中每个可分的自变量所起的作用验明出来,同时进行各因素的优化组合问题。

三、确定因变量

因变量是随着研究者引入、排除或改变自变量而出现、消失或变化的条件和特征。研究者对被试施加自变量后,引起因变量变化的因素很多,研究者应该从中列出主要的因素,进而确定评价因变量的指标。因此,确定因变量主要包括两个方面的工作:

(一) 列出研究的主要因变量

受自变量影响可能引起相应的变化因素很多,在研究中应确定主要的因变量的变化。例如,关于小学探究性教学的实验研究,因变量的内容可能涉及小学生探究能力的发展、教师教育观念的转变、学生学习成绩的提高等多方面,最终可确定学生探究能力及成绩为主要因变量。

（二）确定加以测量和检验的反应指标——抽象定义和操作定义

所谓抽象定义，是指对研究变量共同体本质的概括。下抽象定义的方法主要有三种。第一种是经典的定义方法，即采用种差加属概念的模式；第二种是从教材、辞典、百科全书等有关条目中寻找合适定义的方法；第三种是研究者根据研究需要，对文献中的相关定义加以修改来作为自己的定义。

操作定义是指变量的较精确与不含糊的定义，将以操作的方式表示，标明因变量是能够被察觉和测量的。下操作性定义的方法也主要有三种。第一种是条件描述法，通常是通过陈述测量操作程序来界定一个概念，是对所解释对象的特征或可能产生的现象进行描述，对要达到某一结果的特定条件做出规定，指出用什么样的操作去引出什么样的状态，即规定某种条件，观察结果的产生。比如，对学习能力下如下定义："学习能力是用斯坦福-比奈智力量表测得的分数。"第二种是指标描述法，即通过成熟测量操作标准来界定一个概念，是对所解释对象的测量手段、测量指标、判断标准做出规定。例如，对发散思维定义为："发散思维是对同一物体多种用途的设想能力，具体指标为60秒内回答砖的不同用途达10次以上。"第三种是行为描述法，这通常是通过陈述测量结果来界定概念。例如，对合作定义如下："合作是对别人的活动进行支持，并直接参与活动，成为其中一员。"

操作性概念的评价指标应该具有一定的客观性，如以客观题型测试所取得的成绩等作为评价指标，而一些主观材料如学生、家长、社会的反映等仅可作为分析结果时的参考；评价指标与研究目的应密切相关，如以培养小学生的社会责任感为研究目的，则必须确定衡量小学生社会责任感变化情况的指标；评价指标必须具有一定的区分度，即自变量的变化能明显地反映在因变量指标的变化上。

四、辨别无关变量

无关变量是一个相对的概念，相对于一项研究的自变量和因变量关系而言。如果对无关变量的影响不加以控制和消除，就无法确定因变量变化的根本原因。所以在选择研究变量时，必须明辨无关变量，在研究过程中通过平衡、抵消和统计控制等方法加以控制和消除。

思考与练习

1. 好的教育假设的特征有哪些？
2. 教育研究假设的类型有哪些？
3. 抽样的基本方法有哪些？
4. 怎样辨别无关变量？

第四章
教育文献收集与整理

※ 内容提要

从事任何一项科学研究,都需要查阅大量的文献,了解该研究的发展历史、国内外研究现状,梳理已有的研究内容、研究方法、研究成果、存在的问题等,从而寻找到研究切入点。研究者通过对文献进行整理、筛选、加工,将重要的、相关的信息综合起来,并遵循一定的规律与原则,写成综述。

本章主要讲述了四个方面的内容,分别是教育文献的内涵和类型、教育文献检索、教育文献整理和文献综述。在教育文献资料收集方面,重点掌握教育文献检索和文献整理的方法。在文献综述方面,要掌握文献综述的特点、格式,以及写作时应注意的事项,初步学会文献综述的写作方法。

※ 学习目标

1. 了解教育文献的类型;
2. 理解教育文献在教育研究中的作用;
3. 掌握教育文献检索的主要方法;
4. 掌握文献综述的作用、特点和写作方法。

※ 关 键 词

教育文献;文献检索;文献整理;文献综述

※ 知识导图

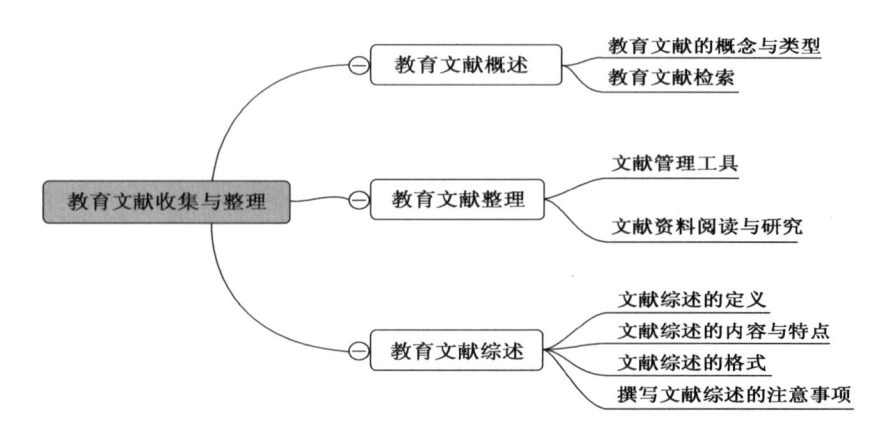

教育文献收集与整理
- 教育文献概述
  - 教育文献的概念与类型
  - 教育文献检索
- 教育文献整理
  - 文献管理工具
  - 文献资料阅读与研究
- 教育文献综述
  - 文献综述的定义
  - 文献综述的内容与特点
  - 文献综述的格式
  - 撰写文献综述的注意事项

无论是何种研究领域,初涉学术研究的人往往处于一种盲目的状态,最初的知识准备不足以支撑在该研究领域开展学术研究,从确定选题到开展研究,到形成论文,都需要参阅一定数量的文献。本章主要介绍在教育科学研究中常用的文献收集与整理方法,以便顺利地开展教育研究。

第一节 教育文献的概念与类型

一、教育文献的概念与类型

教育文献是记载教育科学信息和知识的载体。教育文献的数量和质量是判断一国或一地教育科学发展水平的重要标志。在教育研究中,教育文献起着举足轻重的作用。

教育文献数量庞大,种类繁多,根据不同的标准可以划分为不同的类型。

(一)根据文献的加工层次,可将文献区分为:零次文献、一次文献、二次文献、三次文献

零次文献是指未经过出版发行的或未进入社会交流的最原始的文献。例如,教育研究者的随笔、日记、书信等,虽没有正式出版,但是很有研究价值。

一次文献是指以作者本人的实践为依据,直接记录事件经过、研究成果、新知识、新技术的原始文献,包括专著、论文、调查报告、档案材料等,具有创造性,有很高的参考和借鉴使用价值。

二次文献是指通过对一次文献进行整理、提炼和压缩,并按其外部特征(题名、作者、文献物理特征)和内容特征有序化,形成的目录、书目、索引、文摘等。二次文献不是一次文献本身的汇集,而是一次文献特征的汇集,通过它们可以很方便地找到一次文献,或了解一次文献的内容,如《中国社会科学引文索引》。

三次文献是指利用二次文献提供的线索,对某一范围内的一次文献进行广泛、深入的分析研究之后综合而成的参考性文献,包括综述、述评、手册、进展报告、年鉴、百科全书等,如《教育大辞典》。

(二)根据记录文献的载体,可将文献区分为:纸质文献和数字文献

传统纸质文献是相对现代数字文献而言的,在数字文献出现之前,我们通常所说的文献一般都是指纸质文献,是记录在纸质载体上的文献。

数字文献是指以二进制数字代码形式记录于磁带、磁盘、光盘等媒体,依赖计算机系统存取并可在通信网络上传输的文本、图像、音频、视频等文献,具有发布快、获取快、更新快等特征。数字文献诞生之初仅是纸质文献的数字化版本,但随着信息技术的发展,数字文献逐渐脱离纸质文献,以前所未有的速度和数量被源源不断地生产出来,如网络新闻、电子邮件、电子公告和论坛等。数字文献产品多种多样,包括正式出版的数字文献(如电子图书、电子期刊等)和非正式出版的数字文献(如网络新闻、电子公告等)。

纸质文献与数字文献互为补充,彼此共存,在教育研究中都具有不可替代的作用。

(三) 根据文献出版类型,可将文献区分为:图书、期刊、学位论文、会议文献、政府出版物等

(1) 图书:联合国教科文组织对图书的定义:"凡由出版社(商)出版的不包括封面和封底在内 49 页以上的印刷品、具有特定的书名和著者名、编有国际标准书号、有定价并取得版权保护的出版物称为图书。"根据记录的文献载体不同,图书又可分为纸质图书和电子图书,包括名著要籍、教育专著、教科书、资料性工具书及科普通俗读物等。它是教育科学文献中品种最多、数量最大、历史最长的一种信息源。通过图书可以了解他人关于某个专门问题的研究或对实践经验的系统论述,与其他类型的文献相比,图书具有知识内容更成熟、更稳定、更可靠的特点,其缺点是出版周期长、内容更新慢。若要对某些问题获得较全面、系统的了解,或对不熟悉的领域有个初步、基本的了解,阅读有关图书是个较好的办法。

(2) 期刊:国际标准化组织(ISO)对期刊的定义:"一种以印刷形式或其他形式逐次刊行的,通常有数字或年月顺序编号的,并打算无限期地连续出版下去的出版物。"期刊具有以下特点:内容新颖、及时、广泛;出版周期短、报道速度快;数量大、品种多、发行面广;连续性强,伴随着相应的学科领域发展和前进。期刊的缺点是不如图书成熟、系统。如果要了解研究领域的最新学科动态,需要系统查阅期刊文献。

(3) 学位论文:学位论文是高等院校、科研机构的毕业生为申请学位而撰写和提交的学术论文,包括学士学位论文、硕士学位论文和博士学位论文。一般认为,学士学位论文是完成一项有意义的工作;硕士学位论文是对所研究的课题发表一些独到的见解;博士学位论文是系统的创造性成果。学位论文具有选题新颖、理论性强、系统性强等特点,而且学位论文的参考文献丰富、全面,有助于对相关研究主题进行追溯检索,具有较高的参考价值。

(4) 会议文献:会议文献是在各类学术会议上形成的资料和出版物,包括会议论文、会议文件、会议报告、讨论稿等,会议论文是最主要的会议文献。会议文献以学术交流为目的,内容新颖,时效性和原创性强,而且大部分会议论文都经过同行评议或者审稿,文献质量有一定保证,对教育研究也具有一定的参考价值。

(5) 政府出版物:政府出版物是各国政府部门及其设立的专门机构出版的文献,在治理国家、舆论导向等方面具有特殊而又重要的作用,成为区别于其他出版物的本质特征。就文献的性质而言,可分为行政性文件(如法律法规、方针政策、规章制度以及调查统计资料等)和科学技术文献等。

在教育研究中,不同类型的文献作用不同,充分利用好各种文献,有利于我们正确快速地找到相关资料,提高我们研究的效率和质量。

二、教育文献检索

（一）教育文献检索的基本过程

教育研究中，资料的收集和整理占有非常重要的地位，梁启超曾说："资料，从量的方面看，要求丰备；从质的方面看，要求确实。所以资料搜罗和别择，实占全工作十分之七八。"教育文献检索过程包括分析和准备阶段、搜索阶段、整理阶段。首先确定要查找资料的范围，一开始范围可以大一些，然后再逐步缩小范围。经过一段时间的搜索，查找到一定数量的资料，需要对资料进行甄别和整理，以便于充分合理地利用资料。

（二）教育文献检索的主要方法

直接查找法：指利用一定的检索工具直接获取文献信息。检索工具包括图书馆的书目检索系统、图书目录（如《全国新书目》《全国总书目》）、核心期刊目录（如《中文核心期刊要目总览》和CSSCI来源期刊目录）、索引（如《全国报刊索引》《教育索引》《中文报刊教育论文索引》）、文摘（如《教育文摘周报》）、数据库（如中国知网、读秀）等。现在大部分检索工具都已经发布了电子版，可以通过便捷的检索系统直接进行检索，其中数据库可以通过篇名、作者、单位、关键词等多种途径进行检索。

引文查找法：以已掌握的文献所列的参考文献和该文献的引用文献为线索，利用检索工具或检索系统，逐一追踪查找，不断扩大线索，最终查到自己所需要的资料。这种方法适用于高被引的文献，尤其是该领域知名专家所著的文献。例如已知一篇密切相关的权威文献，该文献列出了20篇参考文献，并且被其他30篇文献引用过，我们就可以利用各种检索途径对这20篇参考文献和30篇引用文献一一查找。如果有必要，还可以对从中筛选出的1篇或几篇文献，继续使用引文查找法进一步扩大检索范围。

专家访问法：这是查找资料的捷径，如果能得到专家的指导，可提高查找资料的效率和质量。在咨询专家之前，自己要先有所准备，最好通过直接查找法或引文查找法先行检索，在检索中发现问题，并带着问题向专家咨询，只有充分准备才会获得有效指导和启发，起到事半功倍的效果。这里的专家既指学科专家，也指图书馆负责参考咨询的学科馆员。

文献检索将贯穿整个研究过程，当检索结果不理想或需要补充新的参考文献时，可以通过咨询专家、调整检索词、改变检索项、回溯参考文献、阅读文献发现线索，或改变检索工具等多种方式进行调整，直至完成整个研究过程。

(三) 教育文献检索的结果要求

一个合格的检索结果要达到系统性、全面性和权威性的要求：

所谓系统性，就是围绕特定主题进行检索，检索词与检索词之间具有关联性。

所谓全面性，就是从时间范围上，尽量长远；从文献类型上，尽量全面，不仅要找中文资料，还要找外文资料；不仅要找期刊论文，还要找学术著作和新闻报道等。

所谓权威性，就是要找核心期刊上发表的论文，找核心出版社出版的专著，找高被引的文献，找名家大家的著作。

(四) 常用数字教育资源检索

常用的数字教育资源可以从以下数据平台获取：读秀知识库、中国知网、万方数据服务平台、维普数据服务平台、EBSCO等，每个数据平台都包括多个子库，如期刊数据库、学位论文数据库、会议论文数据库、报纸数据库等。随着信息检索技术的发展，各数据平台的检索功能日益完善，检索界面更加直观、清晰、易操作。以中国知网为例，详细介绍如何收集文献资料(详情见本章二维码)。

第二节 教育文献整理

一、文献管理工具

网络上有许多非常成熟的文献管理软件，如知网研学、RefWorks、EndNote、NoteExpress、NoteFirst等，可以借用这些工具快捷地管理文献。使用文献管理软件可以非常方便地管理文献信息，包括文摘、全文、笔记以及其他附件材料等。软件内嵌的检索功能可以直接检索不同的数据库，方便跨库查找文献；可以直接输出多种参考文献格式；多数文献管理软件还具备一定的分析功能。如果不会使用这些工具，我们常用的Excel表格也可以很好地记录和管理文献笔记。下面以NoteExpress(简称NE)为例介绍文献管理软件的使用。

(一) NE 文献收集

1. 认识主界面

NE主界面上方是菜单栏、工具栏和检索框，左侧是文件夹区和标签云，中间上面部分是文献题录信息区，下面是文献信息栏。

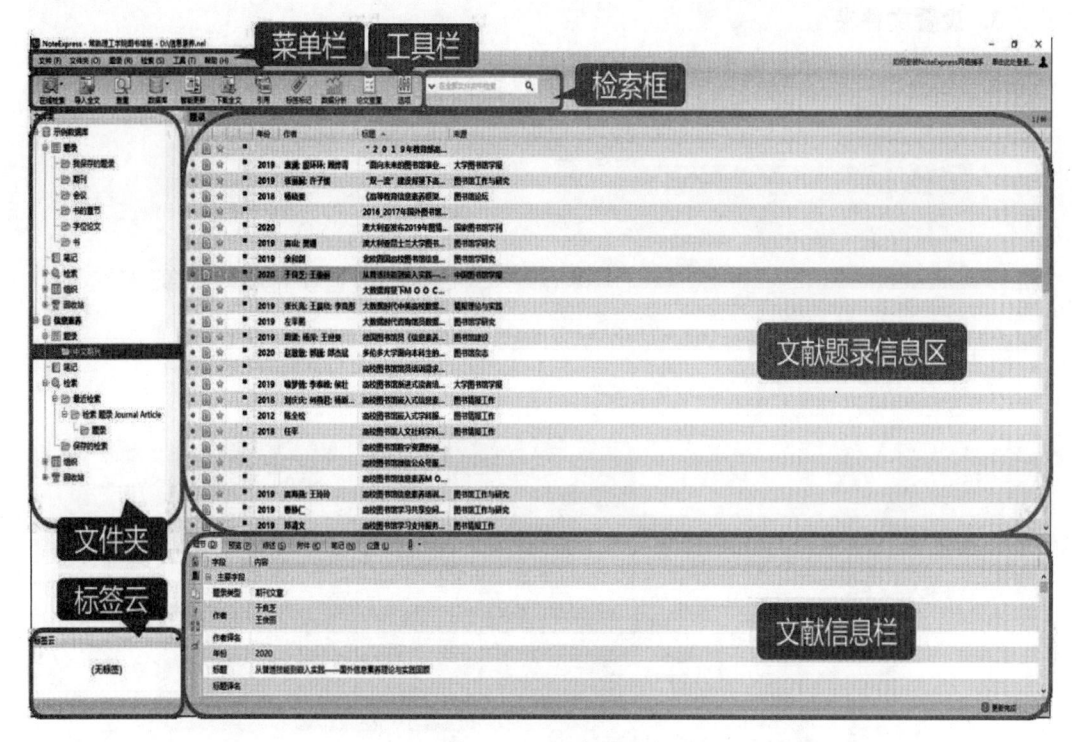

图 4‑1　NE 主界面

2. 新建数据库

在菜单栏点击【文件】,选择【新建数据库】。选择数据库存储的位置,键入数据库名,就可以新建一个数据库。

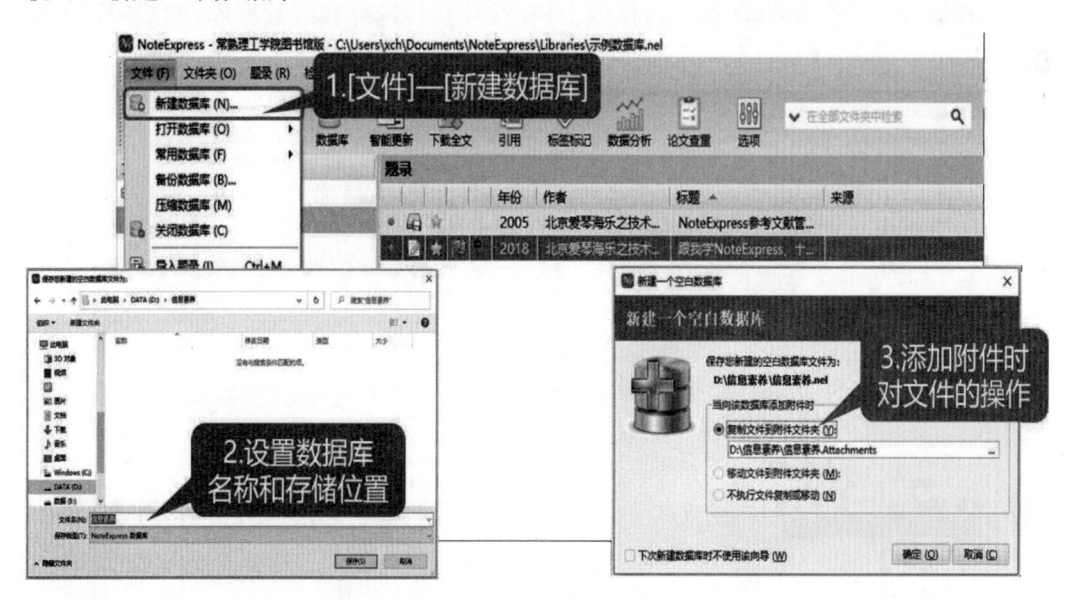

图 4‑2　新建数据库

3. 设置文件夹

NE 是一款以题录管理为核心的软件，在题录下可以建立多级文件夹进行分类管理，并可以进行文件夹的添加、删除和重命名等操作。

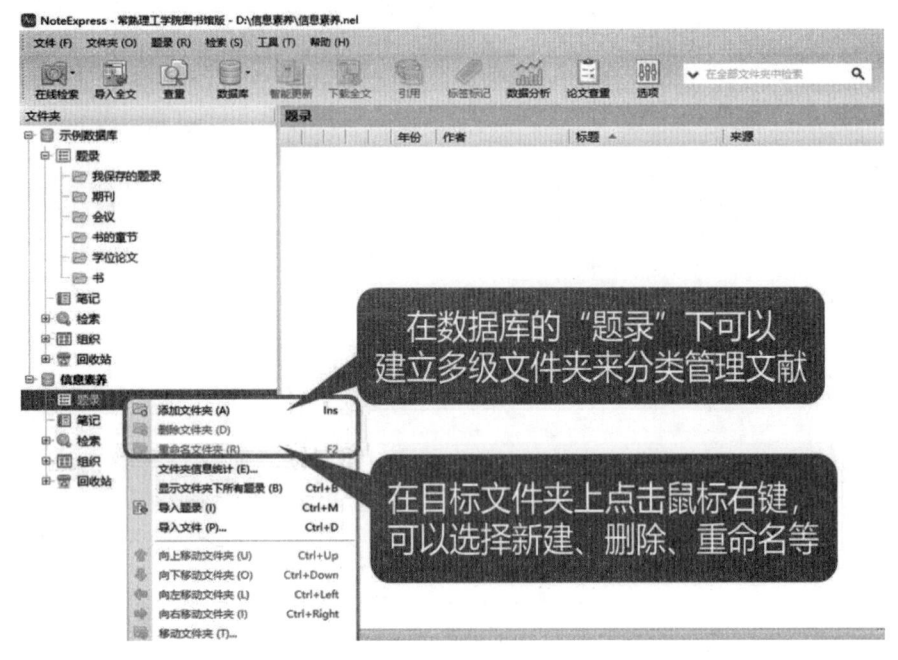

图 4-3　设置文件夹

4. 文献收集——在线检索（保存题录）

NE 具有在线检索功能，在工具栏点击【在线检索】，选择在线数据库，如 CNKI 中国知网。

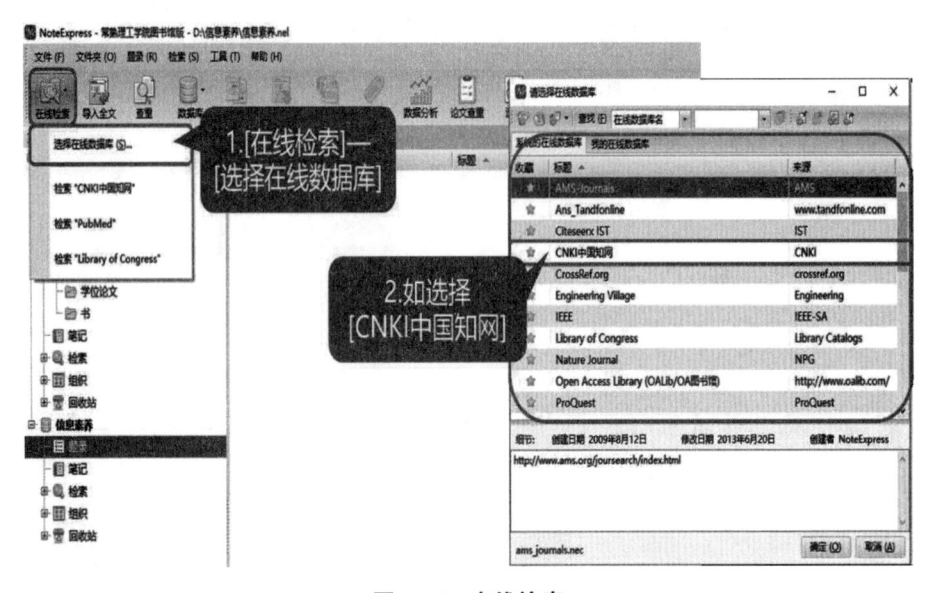

图 4-4　在线检索

接着在检索框中构建检索策略,获取检索结果之后,勾选需要的题录,并保存勾选的检索结果到指定目录即可。

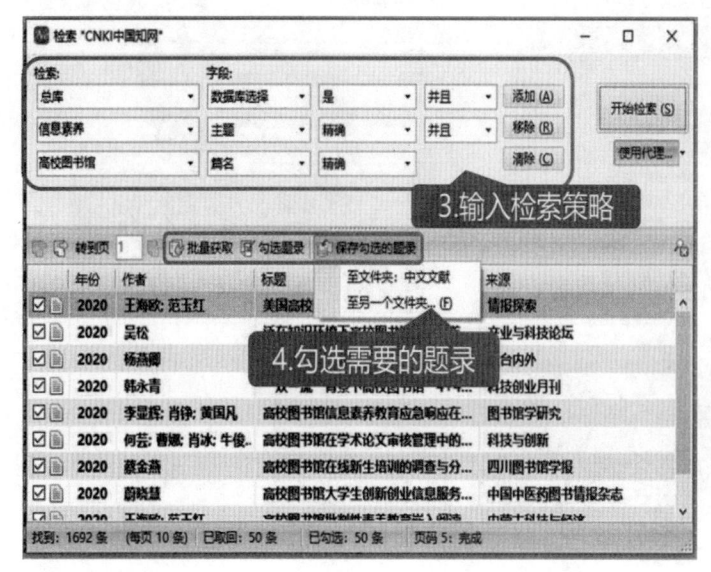

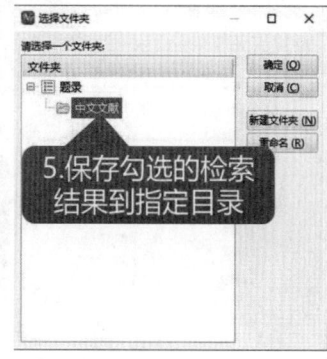

图 4-5　保存题录

5. 文献收集——在线检索(下载全文)

如果需要下载全文,可以选定目标题录,点击工具栏上的下载全文,选择数据库并下载。常用的数据库可加星收藏。可以单独下载一篇,也可以多篇批量下载,但是需要注意不能同时选择多个数据库,并且要确保选择的数据库有下载全文的权限。

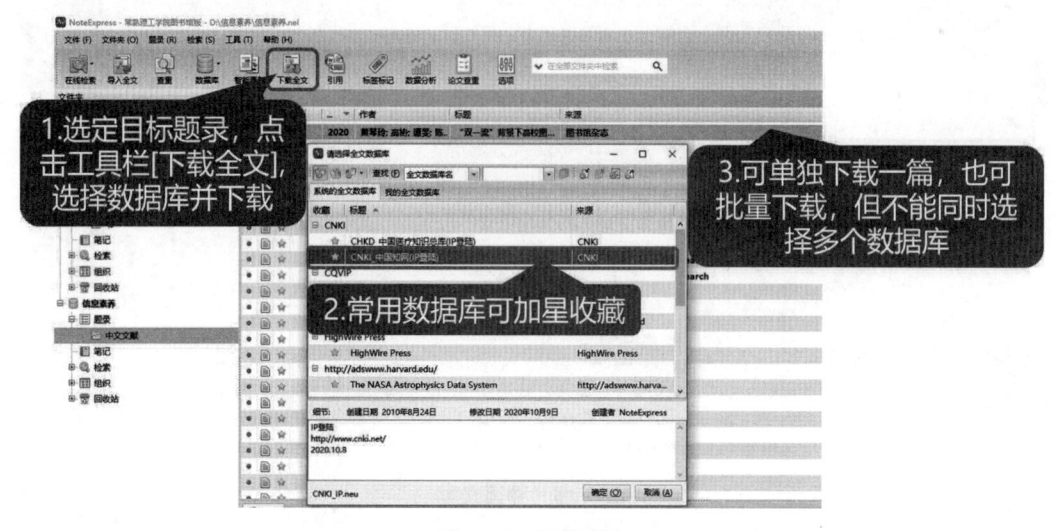

图 4-6　下载全文

6. 文献收集——导入全文

最简单的全文导入方式就是直接将论文拖拽到对应的文件夹之中,或者也可以在目标文件上点击鼠标右键,选择需要导入的论文,完成导入操作。

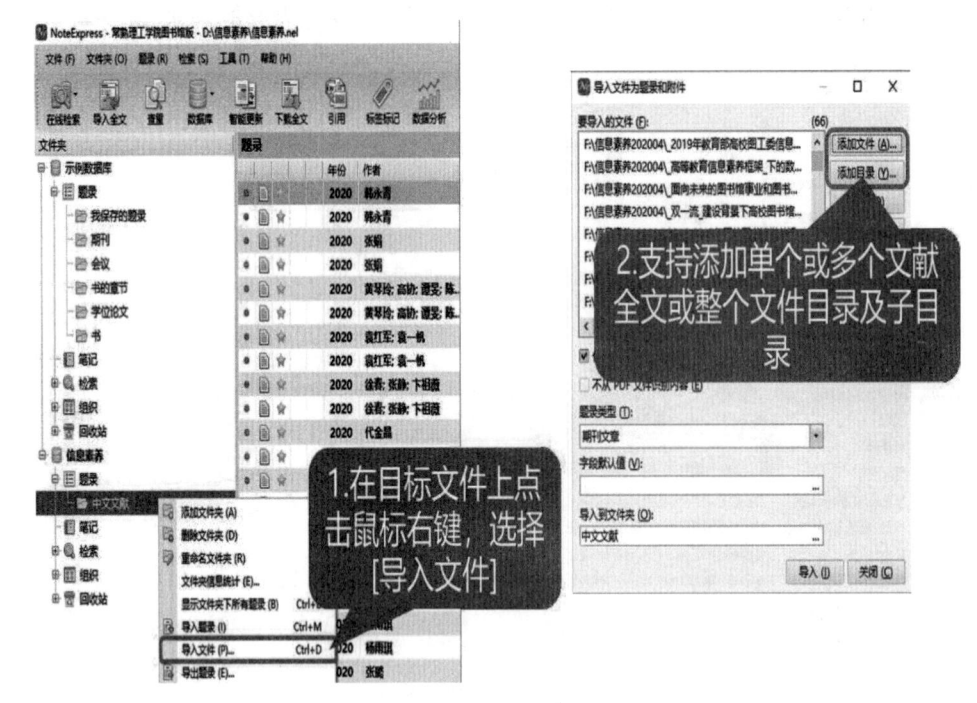

图 4-7 导入全文

7. 文献收集——格式化文件导入题录

大部分数据库都会提供格式文件下载。以知网为例,在选定我们要导入的论文之后,点击导出参考文献,在格式中选择 NoteExpress 格式,导出下载。

图 4-8 导出文献

打开 NE 软件,选择要导入的文件夹,选择【导入题录】。找到格式文件所在位置,选择 NE 过滤器,就完成了题录导入。

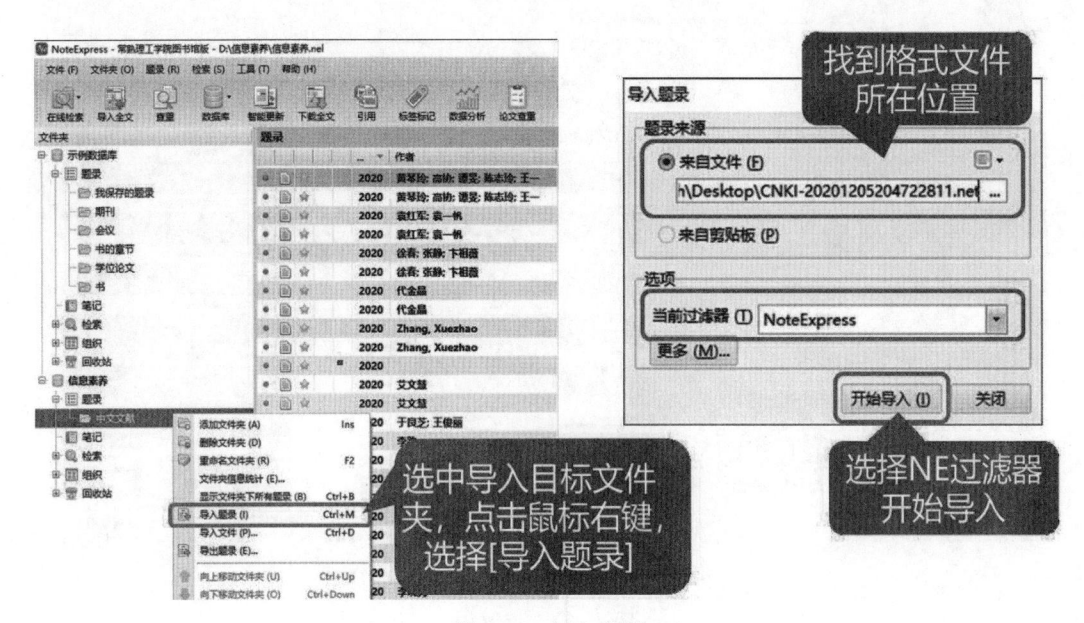

图4-9 导入题录

（二）NE 文献管理

1. 查找重复题录

在工具栏选择【查重】按钮，确定要查重的范围，当软件自动筛选出重复的论文后，可以对它进行去重操作。

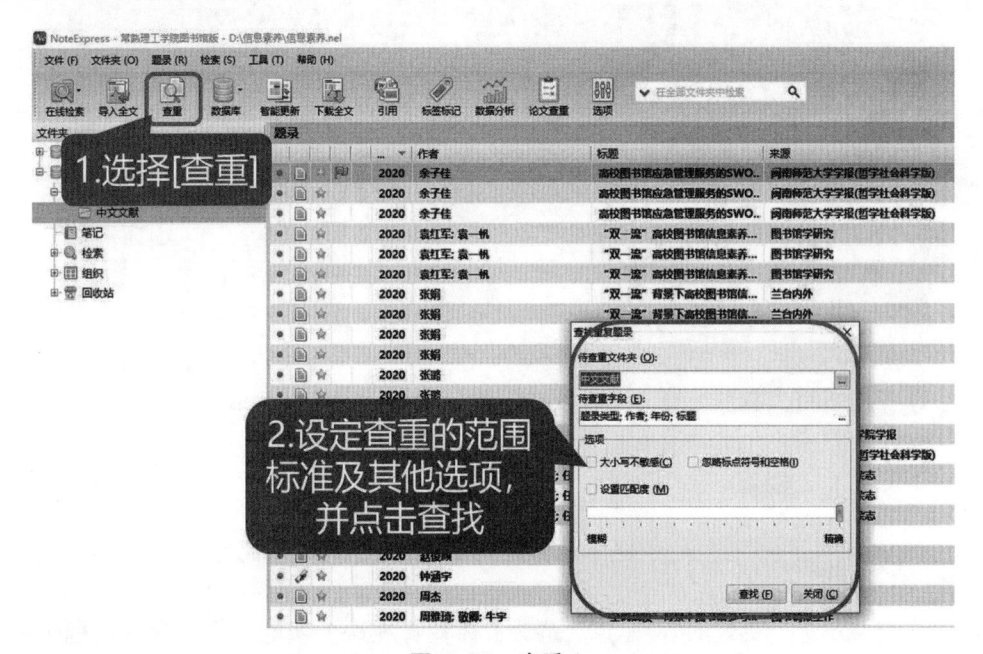

图4-10 查重1

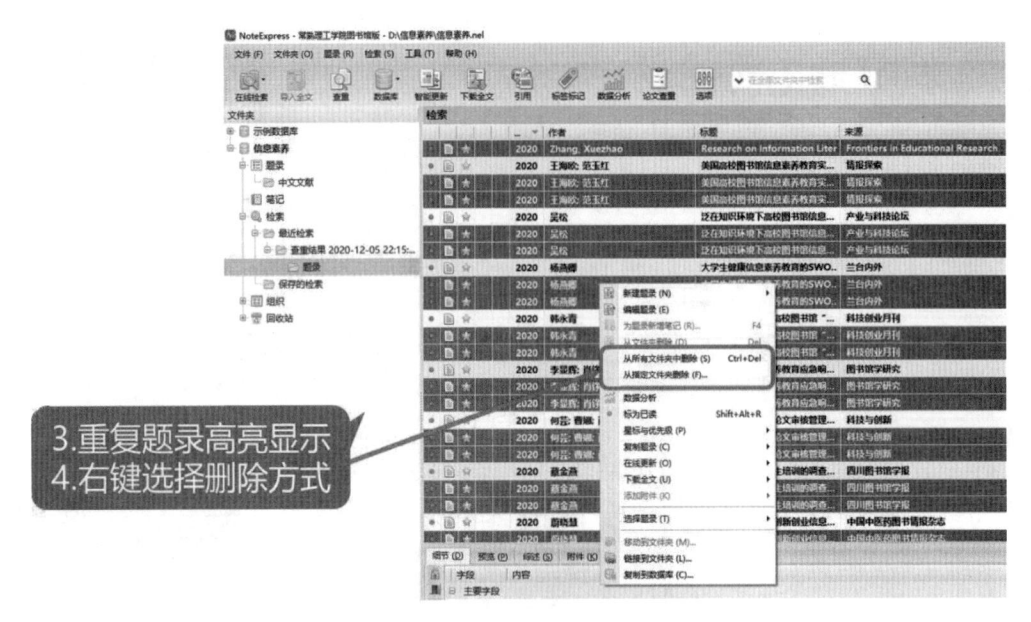

图 4-11 查重 2

2. 个人数据库检索

NE 提供了丰富的个人数据库检索功能，可以在个人数据库中检索题录或笔记，快速查找到所需文献。

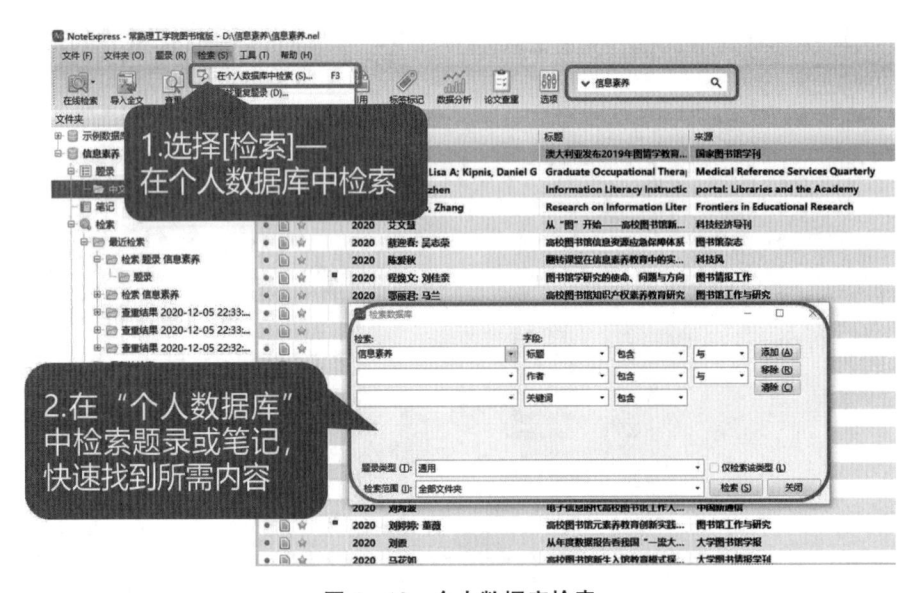

图 4-12 个人数据库检索

3. 标签标记

为了对文献进行更好的管理，NE 提供了标签管理这个功能。每个导入的题录前面都有 1 个小圆点，在未阅读前被标识为橙色，阅读后被标识为灰色。重要文献可以进行特殊标注。当文献数量很多时，可以点击右键对它进行分级标注，可分为非常低、低、普通、高、非常高等不同等级。为了更好地进行标注和分类,还可以使用标签云的功能:右键选择【星标与优先级】,选择【设置星标】,就可以自己定义标签,设置好的标签会在左下角标签云中出现。

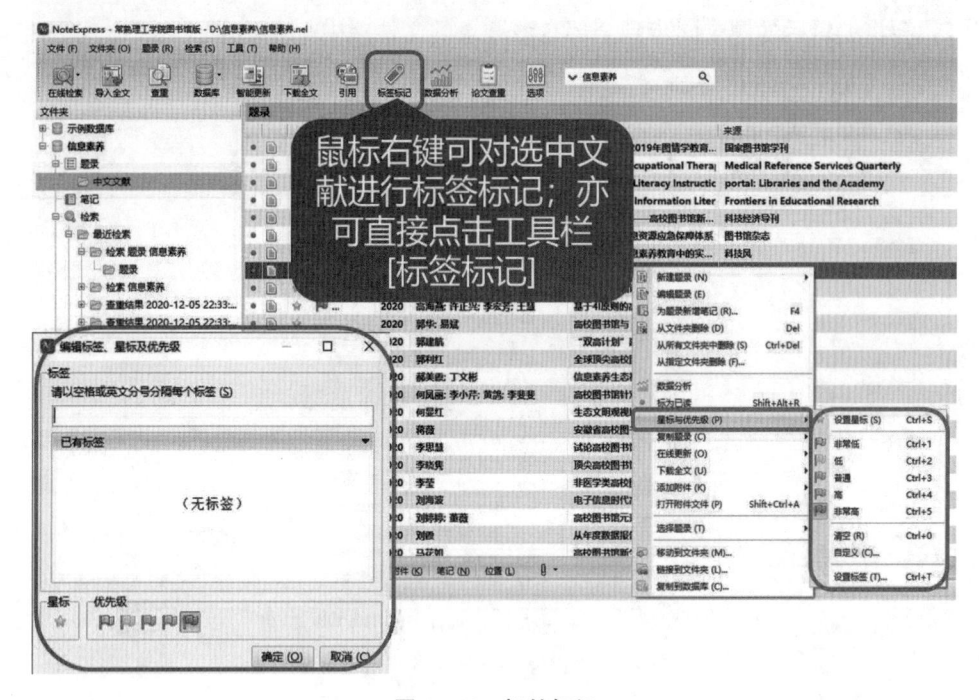

图 4-13 标签标记

4. 附件管理

选定题录后,点击【综述】可以提供快速浏览功能,以帮助我们判断文章的价值。【笔记】功能可以随时随地做笔记。【附件】功能可以打开全文、笔记和网址等附件。【位置】显示文献所在文件夹。【回形针】可以直接打开全文附件。

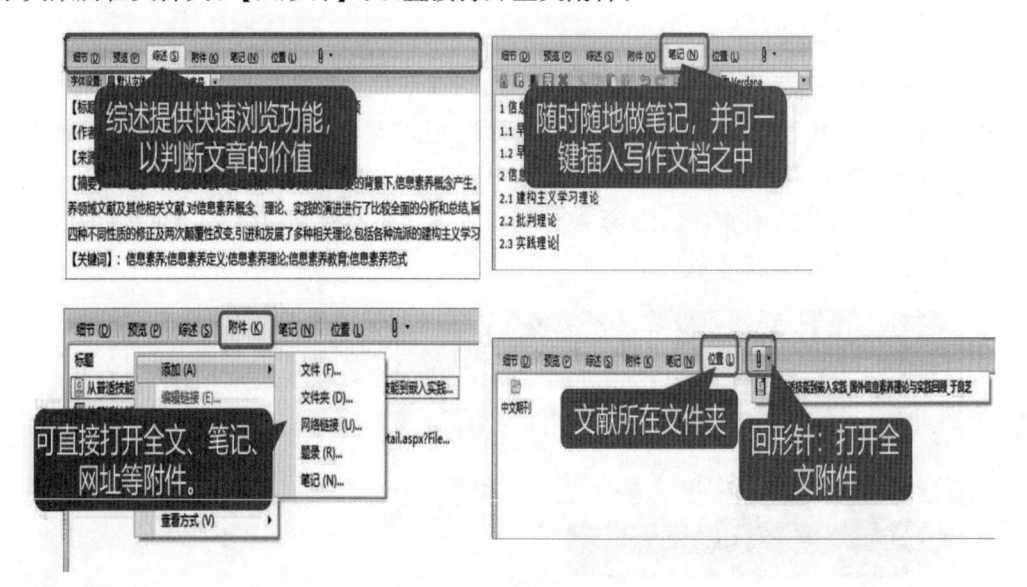

图 4-14 附件管理

5. 虚拟文件夹

如果不想重复下载题录,但又想将同一题录放入不同的文件夹进行分类,可以选中题录,右键将该题录链接到其他文件夹,就可以成功创建虚拟文件夹。此时再对该题录进行操作,就会将编辑后的题录同步到全部有该题录的文件夹中。

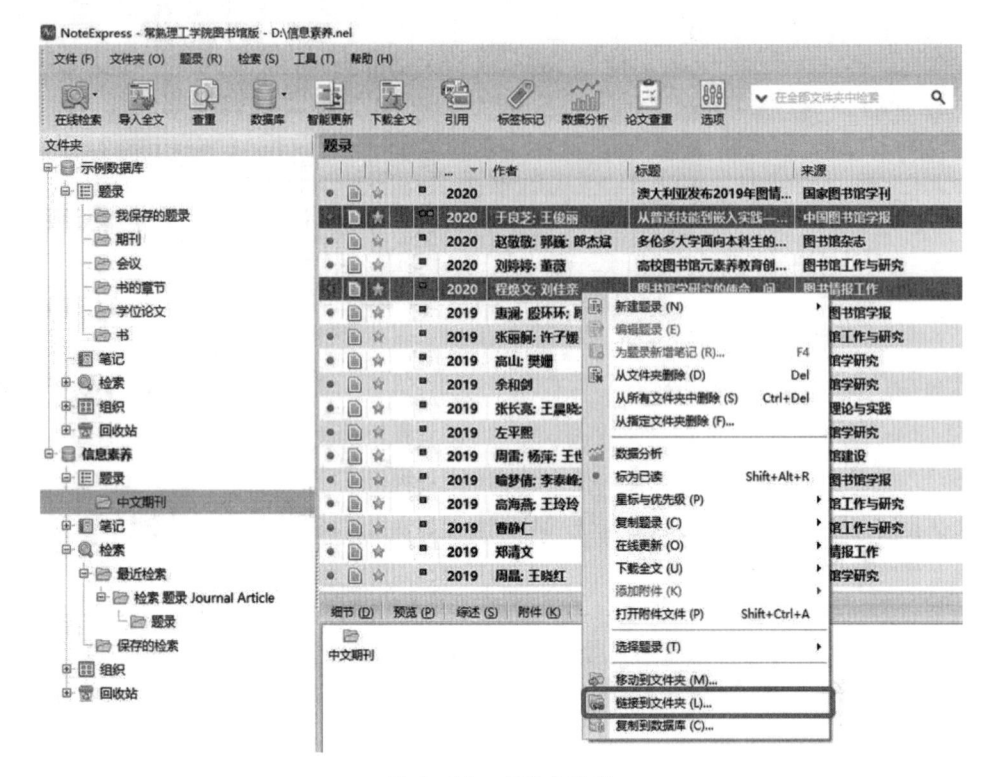

图 4-15 虚拟文件夹

(三) NE 写作辅助

在 NE 官网下载并安装浏览器插件,在 Word 工具栏中就会出现 NE 的插件按钮,可以在文档中插入引文、笔记和修改参考文献格式。比如我们要在文章中插入引文,首先将光标停留在要插入引文处,打开 NE 软件,选中要引用的题录,点击工具栏的【引用】按钮或回到文档,点击插入引文,该引文就被自动插入。如要删除某项引文,删除引用标号即可,其他引文将自动重新排序。

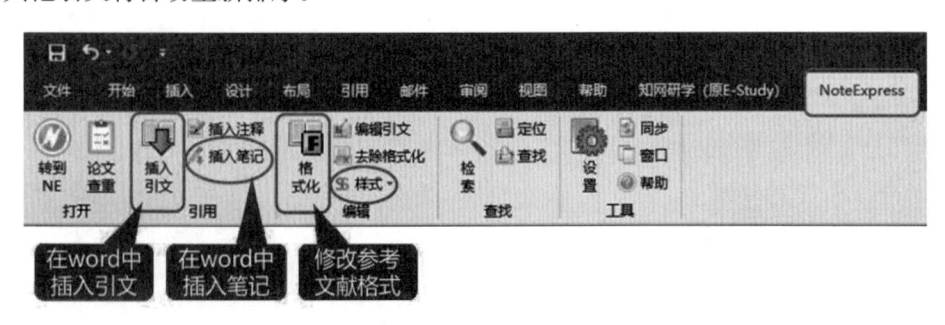

图 4-16 NE 插件

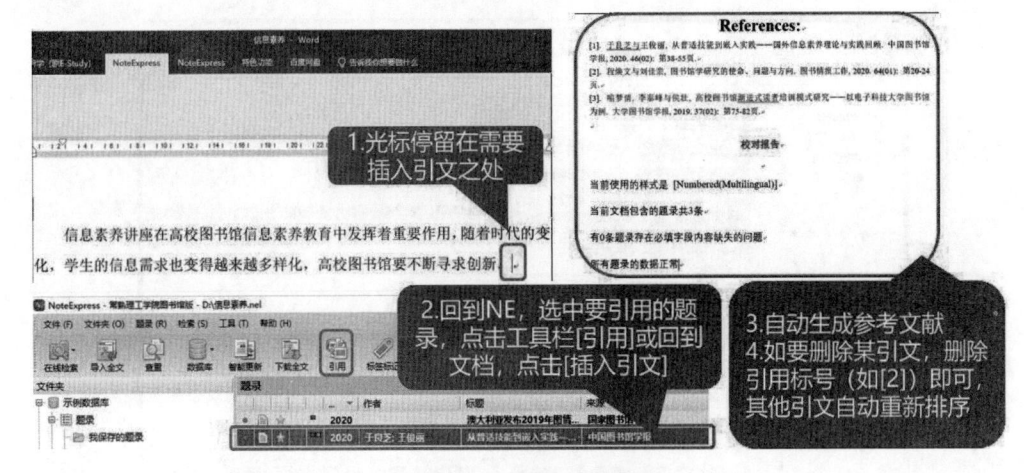

图 4-17　插入引文

NE还提供了参考文献的格式化功能。选择插件上的【格式化】按钮，根据自己要投稿刊物的格式标准在样式中进行选择，选中后参考文献就会转化为相应的格式。

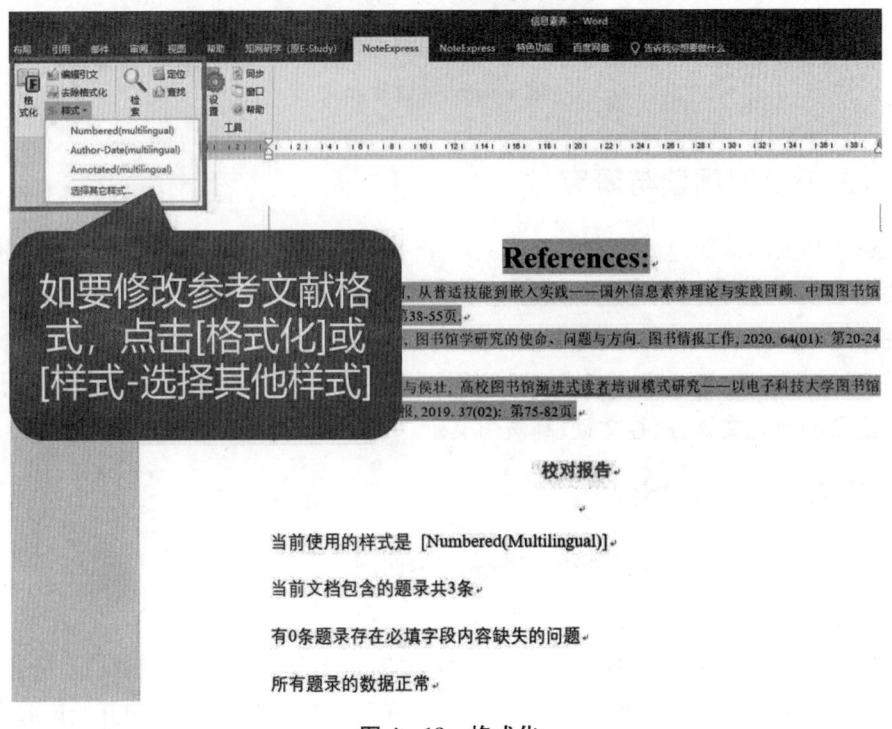

图 4-18　格式化

图 4-19　选择样式

二、文献资料阅读与研究

文献资料的阅读要遵循一定的方法。对于一个从未接触过的陌生领域,首先推荐阅读相关专著或综述类文献,迅速对该研究领域有一个全面了解,掌握该领域的常用术语和相关理论知识;如果找不到相关专著或综述文献,相关主题的博硕士论文也是个不错的选择,特别是博士论文,第一章前言或绪论往往就是一篇综合式的综述。对于期刊论文,优先选择最新的研究文献、核心文献、高被引文献。

(一) 泛读与精读相结合

阅读分泛读和精读,泛读与精读要结合起来使用。

1. 泛读

泛读就是读文献的标题、摘要和关键词,必要时再浏览文献的前言和结论,通过泛读,选定要精读的文献。由于初涉一个新的领域,对许多概念还没有认识,刚开始读起来会比较吃力。但只要坚持下去,随着阅读量的增加,就可以越读越快。文献阅读没有捷径,只有不断积累,等阅读达到一定数量,就能实现从量变到质变,对大部分概念和内容融会贯通。

2. 精读

通过泛读选定的有代表性的文献要"批判地精读"。精读文献,要带着四个问题去阅读:研究的问题是什么,研究方法是什么,解决了哪些问题,哪些问题尚未解决。建议先快速通读全文,回过头来再摘录核心内容,根据结论、观点等内容的不同,依据一定的分类原则进行分类与归纳,使资料内容系统化并产生初步的判断,形成初步构思。当然,随着研究的深入,在设计好论证方案以后,可能需要根据论证需要,回过头来重新梳理笔记内容,甚至重新阅读。

(二) 做好阅读笔记

只要阅读就要尽可能做笔记,否则很可能就是浪费时间。我们需要为每一份精读过的文献撰写阅读笔记。阅读笔记是关于一份文献主要信息的总结,可以围绕上文提到的四个问题来进行。研究者在阅读过程中做阅读笔记,目的是为研究需要进行有针对性的资料积累,作为课题研究的参考和撰写文献综述的依据。撰写阅读笔记可以使用传统的手工记录,也可以借助文献管理软件进行,使用文献管理软件可以极大地提高撰写笔记的效率。

(三) 分类归纳

等阅读的文献积累到一定的量,对研究主题有了相对比较全面的了解之后,我们需要对阅读笔记进行梳理,根据内容对文献进行分类归纳。第一,完整地阅读所有笔记,通过归类梳理后提取有用信息。第二,根据论证目标设计论证框架,将通过文献研究提取的具体内容填充到相应的框架中。第三,边填充边思考,如哪些内容可以合并,哪些维度需要调整,避免交叉或者重复。这一过程是我们对零散的、无组织的原始文献进行阅读、筛选、分类、保存的过程,是将初始文献取其精华的浓缩过程,在这个过程中注意保存参考文献的出处。

第三节 教育文献综述

文献检索与整理工作完成后,接下来的重要工作就是撰写文献综述。撰写文献综述通常是因为某种需求或目的,如申请项目课题、撰写学术论文等,需要通过文献综述证明选题的可行性、价值性、创新性等。文献综述既可以独立成篇,也可以是科研课题申请书和学术论文的重要组成部分。

一、文献综述的定义

文献综述也称研究综述,是指在查阅某一学术问题相关文献的基础上,对该学术问题在一定时期内已有研究成果、存在问题等进行分析、归纳、整理和评述而形成的系统性总结。从字面理解,"综"即综合,要求对文献资料进行整理与分析,使材料更凝练、更具逻辑性;"述"即评述,就是要对整理后的文献进行系统的评价和论述。一篇好的文献综述,应紧紧围绕研究主题,有完整的文献梳理、评论分析,以及发展预测。研究者往往要通过反复练习、不断探索来学习如何撰写文献综述。要顺利完成一篇文献综述,要求研究者具备很多技能。总之，撰写文献综述在研究过程中具有非常重要的作用，是文献资料收集与整理的最后一步。

二、文献综述的内容与特点

（一）文献综述的内容

文献综述是对所查阅的大量文献的高度浓缩，它是对已有研究进行的整理，包括研究方法、研究内容、研究结论等；对这些研究进行阐述和评价，如新的研究成果、新动态、新趋势、存在的问题等。

高尔等人认为文献综述可以从以下几方面开展：① 介绍该研究领域所发表的每一项关键的相关发现；② 说明在某种程度上会对计划中的研究项目产生影响的其他研究领域的发现；③ 评述前期研究所使用的方法；④ 引用其他研究人员在分析了与你的研究项目有关的研究文献之后得出的结论；⑤ 分析前期研究成果在已经应用于教育实践的情况下究竟取得了哪些实际应用成果。

（二）文献综述的特点

文献综述具有综合性、评述性和先进性的特点。

综合性是指，综述既要以某一研究主题的发展为纵线，反映该研究的进展；又要以国内外的发展情况为横轴，进行横向比较。通过归纳整理、分析比较、提炼鉴别，使材料更凝练、更有层次性和丰富性。只有这样，才能充分把握研究主题的发展规律、预测发展趋势。

评述性是指，综述不是文献资料的简单罗列与堆砌，而是在分析和总结资料的基础上，表述自己的观点和结论。如有不同的学术见解，列出肯定与否定的观点，说明争议的情况和有无结论，并对其评估，切忌"只述而不评"。

先进性是指，综述必须要收集最新的资料，将最新的研究动态及时传递给读者。所引述的文献尽量要新，80%最好为近3～5年内的文献。

综述不应是材料的罗列，而是对检索到的材料，加以归纳、总结、评估，并引出重要结论，对读者具有深度的引导作用，是创造性的研究活动。

三、文献综述的格式

独立成篇的文献综述与其他学术论文一样，一般都包括题目、摘要、前言、主体、结语、参考文献等几部分。

（一）前言部分

这一部分主要说明研究的目的，介绍核心概念、研究维度，说明研究主题的进展、存在的问题，以及写综述的目的、意义、价值等，对全文起到一个提纲挈领的作用。

（二）主体部分

综述的主体部分格式多样化，根据写作的实际情况而定，具体有以下几种思路可以借鉴:① 按照时间顺序进行论述。通过对纸质文献(专著、期刊论文、报纸文章等),以及电子文献,如用"中国知网""万方"等中文数据库对期刊论文、硕(博)论文、会议论文等进行检索,搜集相关的文献资料并按年度或某一时间段,提炼研究重点,呈现研究进展,指引研究方向。② 按研究主题的维度进行综述。可根据主要概念或研究问题,梳理研究维度。研究者需要在掌握大量文献资料的基础上,进行梳理分类、归纳总结,找出研究主题的维度,确立每一个维度的研究内容,包括前人提出哪些重要观点、分析这些观点的异同、提炼研究进展、指出研究趋势,并进行总结与评述。③ 按国外和国内文献分开表述。检索文献资料时,所搜集到的文献既有国内文献,也有国外文献。这部分内容可分为"国内相关研究"和"国外相关研究"两部分进行论述。每一部分均要对已有文献进行归纳、分析、总结,确立研究维度、呈现主要观点、提出研究空白、描绘研究趋势等。此外,还可按研究主题的某一方面进行比较综述,不管用何种格式综述,都需要对查阅到的资料进行筛选、整理、提炼。主体部分是文献综述的精华,研究者通过提出问题、分析问题、比较问题,给读者提供可资参考的依据。以上几种文献综述的撰写思路,可以根据个人学术兴趣及习惯进行灵活选用(具体案例见本章二维码)。

(三)结语部分

结语主要是对主体部分所阐述的主要内容进行概括、重点评议、提出结论。要精练地总结研究的结论、存在的问题、今后研究的展望等,指出本研究的重要性和价值性,从而引出下面的研究思路与研究设计。

(四)参考文献

写综述应有足够的参考文献,这是撰写综述的基础。它除了表示对被引用文献作者的尊重及表明文章引用资料的根据外,更重要的是使读者在深入探讨某些问题时,提供查找有关文献的线索。参考文献的数量亦可体现作者阅读文献的广度和深度。因此应认真对待,将文中所引用的文献全部列出。

四、撰写文献综述的注意事项

在撰写文献综述时,需要注意以下问题:

1. 文献检索要尽量全面

尽可能地检索全面、大量的相关文献资料,特别要注意所选取文献的可读性、代表性、价值性和全面性,这是写好文献综述的前提。

2. 研究内容要与主题相符

很多综述没有围绕研究主题来筛选文献,而是展现了与本专题有关的整个领域的发展情况,会造成综述篇幅冗长、缺乏重点。要围绕和问题相关的关键点组织文献,不要"综而不述",要对不同的观点进行合理的分析、比较和评论。例如当不同文献的研究结果相互矛盾时,要认真研究矛盾之处,探析可能的原因并尝试做出解释。

3. 研究结构上要详略得当

当介绍研究背景时，应当简明扼要；重点介绍该领域的研究新观点、新趋势、新方法、新技术等。回顾发展历史时对前面的基本内容进行概括，对重点内容加以综合凝练。做到详略得当、突出重点。

4. 文献引用要完整准确

在呈现重要文献及观点时，要尽量引用一次文献及主要观点，并详细注明文献出处，确保出处的完整性和准确性。即使不得已需要引用二次文献，也要注明二次文献的完整出处。如果引用的是国外文献，直接标出外文参考资料的出处而不是中译本，尽量采用公认的、经典的版本进行引用。

5. 关键文献不能遗漏缺失

在文献梳理过程中，既需要保留早期或者经典的文献资料，又要呈现最新的研究成果。容易出现以下问题：只评述了最新的研究进展而忽略了早期的经典研究，或者只提炼了国内的研究成果而缺乏国外的研究，抑或只展示了期刊论文而遗漏了专著等文献资料。还有些综述没有列出该研究领域权威专家的论著或观点，那这篇文章的价值也会大打折扣。

6. 语言表述要规范科学

研究者应尽量用规范、科学、简洁的语言来展开写作，避免用类似本研究"有极其重要的意义""开创了研究的先河"等语言。是否具有重要价值与参考意义，应该由读者进行判断，而不是由研究者在文中做出结论。如果在文献检索中没有找到相关的研究，那么也应避免采用"填补了空白"等语句，因为有可能没有运用准确的关键词进行检索，从而遗漏了该领域的一些重要文献。

总之，文献综述是项复杂而重要的工作，是开展教育研究的重要手段。撰写文献综述是为了达成一定的目的，如让读者熟悉现有研究主题领域中有关研究的进展与困境，证明必要性；提出新假设与新理念，证明其可能性；介绍发展历史，发现与改进现有研究的不足，探索新的研究内容和研究方法，证明创新性。文献综述就是研究者对某一研究主题的历史背景、已有研究、争论焦点、研究现状和发展趋势等内容进行评述的论文，是文献检索与整理的最后一步，也是展开新研究的生长点。

思考与练习

1. 确定一个研究课题，利用在线电子资源检索相关文献。在检索过程中，要学会辨别文献的重要性，同时注意收集的文献资料要全面。

2. 利用本章所介绍的方法对文献进行有效阅读，并对文献进行初步的整理。

3. 写一篇教育类的文献综述，要基本符合相关要求。

第五章
教育研究资料分析

※ 内容提要

教育活动作为复杂的社会人文现象的一个部分,既包含着客观事实,又包含着人文价值和意义,因此在教育研究领域中单独使用量的研究和质的研究,都无法解释或回答所有的问题。不同研究方法是互为补充、互相支持的。定性研究与定量研究是从不同侧面,用不同的方法对同一事物进行的研究。我们要将两者有机结合,使教育研究方法从对立走向统一与多元化发展。

本章主要讲述定性分析和定量分析。定性分析包括资料的审核、分类、解释、评价。资料的评价包括科学性、客观性、信度、效度的评价。定性分析的方法包括因果分析法、比较分析法、机构—功能分析法、归纳和演绎法等。定量分析应依据研究课题的性质、数据资料的类型、统计方法的适用条件等选择合适的方法。定量分析的过程包括数据资料的描述、数据的推断和数据的综合分析。

※ 学习目标

1. 了解定性分析资料的审核方法;
2. 掌握定性分析中信度、效度分析的方法;
3. 了解定性分析以及定量分析的常用软件;
4. 掌握定量分析中数据资料的描述方法;
5. 会应用几种重要的统计检验方法。

※ 关 键 词

定性分析;定量分析;统计检验

※ 知识导图

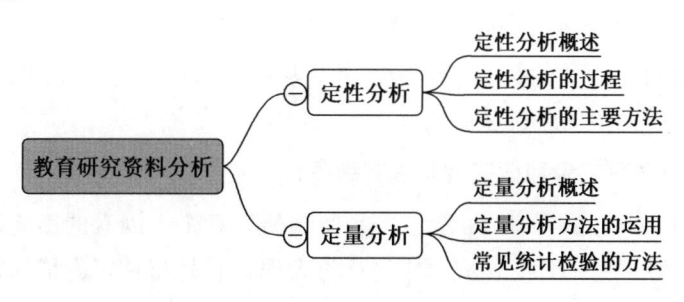

教育研究资料分析
- 定性分析
  - 定性分析概述
  - 定性分析的过程
  - 定性分析的主要方法
- 定量分析
  - 定量分析概述
  - 定量分析方法的运用
  - 常见统计检验的方法

在教育科研的资料经过检索与整理后,对这些资料必须做进一步的分析与研究,才能抽取出隐含其内的信息,揭示教育现象的本质特征和规律。研究资料的分析研究可分为定性研究和定量研究两大类方法。

第一节 定性分析

一、定性分析概述

(一) 定性分析的含义

定性分析是指研究者在对所收集到的文字、声音、图片等资料进行系统审查、汇总、归类的基础上进行逻辑和意义分析,从而揭示出事物内在特性的过程。我们常说的"逻辑分析""因果分析""矛盾分析"等都属于定性研究的范畴。定性分析可以帮助我们把握问题的实际意义,说明研究中出现的许多微妙变化、细节,出现的各种效应等。

定性分析是一个对资料进行分类、描述、归纳、抽象的过程,分析的对象是描述性资料。

(二) 定性分析的特点

1. 定性分析注重整体发展的分析

定性分析的目的在于把握事物的质的规定性,因此必须立足于对研究对象的整体分析,获得对研究对象的完整形象。

2. 定性分析的对象是质的描述性资料

定性分析是以反映事物质的规定性的描述性资料为研究对象,这些资料通常以书面文字、图片等为表现形式,是在自然场合以定性研究的方法获得的资料,常有较大的模糊性和不确定性。

3. 定性分析的研究程序具有一定的弹性

定性分析的研究程序不太严格,原因在于教育是一个动态的过程,具有多样性,导致定性分析过程常常变动,带有很大的灵活性。

4. 定性分析是对资料进行归纳的逻辑分析

归纳分析是对大量事实资料进行归类,然后从中得到一些启示,抽象概括出原理的过程。这是一种自下而上的分析过程。

5. 定性分析对研究者和研究背景具有敏感性

一方面,定性分析是一种价值研究,容易受到研究者个人因素的影响,从而融入研究者本人的主观因素;另一方面,研究对象的行为表现又总是与特定的情境相关联,情境的改变会引起教育现象的改变。因此,定性分析对研究者和研究背景具有敏感性。

(三) 定性分析的适用范围

定性分析主要适用于以下场合:① 注重对过程探讨而不是十分注重结果的研究;② 个案研究,个体追踪研究;③ 比较研究中的差异描述;④ 定性的评价分析;⑤ 有关观念意识方面的材料的分析。

二、定性分析的过程

定性分析的过程包括资料的审核、分类、解释、评价等四个阶段。

(一) 资料的审核

资料的审核是资料整理的基础工作,也是对资料分析的首要工作。资料审核主要从资料的真实性、准确性和有效性方面进行。

1. 资料的真实性

对资料的真实性审核应从以下几个方面进行:

(1) 审核研究方法。从研究方法方面,主要看研究者使用研究方法时有哪些技术性失误可能会导致资料的失真。

(2) 审核研究者。主要看研究者在收集资料过程中是否带有一定的成见或按已形成的定论去研究,或融入自己的观点。

(3) 审核研究对象。主要分析研究情境是否对研究对象造成心理影响,由此可能造成的资料失真或失真程度。

2. 资料的准确性

资料的准确性是指资料在反映研究问题方面的准确无误。审核资料的准确性应从两个方面进行:

(1) 一致率。一致率是指不同研究者同时研究同一对象所得的结果的一致程度。

(2) 吻合率。吻合率是指研究者使用不同的方法研究同一对象所得结果的一致程度。

3. 资料的有效性

资料的有效性是指所收集到的资料与研究课题的一致程度,即是否"切题"。

资料审核的关键就是阅读资料,即通读已经整理的全部资料,全面了解总体情况以及资料所包含的各部分具体内容之间的相互关系。阅读要以事实为依据,充分让资料说话,实事求是。阅读时除了要把握资料的全貌外,还要寻找资料内容所表达的主题,在整体认识的基础上进一步寻找各部分资料之间的联系和区别、在总体中的地位和作用。要从整体到局部,再从局部到整体,对资料进行往返式思考。

(二) 资料的分类

1. 分类的含义

资料分类是指根据研究资料的性质、内容和特征将相异的资料区别开来,将相同和相近的资料合并为一类的过程。

分类一般分为现象分类和本质分类,现象分类是指以事物的某一外部特征或形式为标准进行的分类;本质分类是以事物的内在属性为标准进行的分类。在资料的整理过程中,应注意从现象分类逐步过渡到本质分类。

2. 分类的类别

(1) 开放式分类:研究者持一种开放的态度,将所有资料按其本身呈现的属性分类。

(2) 关系式分类:在开放式分类的基础上,寻找和发现已经归类的各类别之间的各种联系,试图建立起某种关系,如因果关系、并列关系、递进关系等。

(3) 核心分类:在已经归好类的各种类别中确立一个能统领其他类别的类别,形成一个树枝形从属结构系统,为以后的分析归纳打好基础。

3. 分类的基本要求

(1) 分类应依据相同的标准进行。分类标准不统一,就会导致同一资料交叉重复出现在不同类别当中,给归纳分析带来困难。

(2) 分类应依据一定层次进行。分类应有不同层次,各层次上有不同类别,防止同一类别在不同层次上混用。

(三) 资料的解释

解释资料,就是为资料的核心内容寻找意义解释的过程,揭示资料本身蕴含的意义内容,同时考虑从资料中抽取出来的核心内容与主题的合理性、适切性,最终构建一个解释资料整体内容的理论框架。在分析中还要进行互动,把核心内容和抽取出来的解释框架放回部分资料中去,看是否在具体和个别现象中有存在的价值。解释资料最常用的方法是归纳法。

(四) 对定性分析结果的客观性、效度和信度进行评价

定性分析得出结论后,研究者要对其科学性、客观性、效度和信度等方面进行评价,以检验和修正此前的假设,确认或修正该结论。

1. 定性分析结果的信度分析

信度即可靠性,是指在研究方法及结果上的一致性或稳定性程度。信度分为内在信度和外在信度。内在信度是指在同一条件下对资料的收集、分析和解释的一致性;外在信度是指某一研究能否在相同或相似的情景中被重复进行,并得出大致相同的结果。

定性分析中的信度分析难以做到绝对的精确和客观,带有一定的模糊性和弹性,这是信度分析的特殊性。其原因是:

① 研究者的主观经验、看法、观点等,影响研究结果;
② 研究对象和时间地点等条件的变化会影响研究结果;
③ 研究者与对象的关系、研究者的偶然因素等也会影响研究过程和结果。

2. 定性分析结果的效度分析

效度是指研究结果的有效性,即一项研究能够实现其目的的程度。效度分为内在效度和外在效度。内在效度是指研究结果能否被合理、准确地研究;外在效度是指研究结果能被推广到其他情景的程度,即推广度。

定性研究中的研究对象是不断发展变化的,研究资料与研究结果是研究者与研究对象不断交流而形成的,不存在绝对意义的真实,因而,定性分析中的效度分析也有其自身的特殊性。

定性分析中的效度检验大致有以下方法:

① 检查法。对研究结果中的漏洞逐步检查,找出失误的原因加以纠正。

② 三角互证法。对同一问题从不同角度不同看法得来的结果进行比较分析以获得最大的一致性。

③ 反馈法。对研究结果广泛听取专家、同行、同事、研究对象等人的意见,从多角度得出反馈信息,分析研究结果,检查其有效程度。

④ 比较法。将研究成果与人们普遍认可的相关定义和理论加以比较,根据差异检查自己的研究,不断完善研究成果。例如,对"好老师"的研究结果出来以后,研究者可以将其与自己心目中的、文献中学术界认可的,或者教育界普遍承认的"一般老师"的定义进行比较,从而确定结论是否成立。

⑤ 证伪法。分析资料时,研究者会将整理归类好的资料进行归纳并做出假设。建立一个假设之后,为了证明这个假设是目前最合理的,研究者必须首先设法将其证伪,在已收集到的或进一步收集的资料中找到有可能使该假设不能完全成立的证据。如果该假设没有漏洞,经受了证伪的考验,研究者便可以接受其真实性。否则,研究者应根据检验的结果对其进行修正或否决。

三、定性分析的主要方法

教育资料定性分析的主要方法有因果分析法、比较分析法、机构—功能分析法、归纳和演绎法等等。

(一) 因果分析法

分析因果关系的方法就是因果分析法。

由于教育本身的复杂性,教育的因果关系多为:一个原因可能产生许多结果,一个结果往往由许多原因引起。当然,其中有一种是起主导作用的。因此,教育研究上的因果分析,常常采用一果多因分析法(也称为"解释的个性模式")和多果共因分析法(也称为"解释的共性模式")。一果多因分析方法是分析多种原因决定某一特殊现象的分析方法。它从一个结果出发,去发掘造成这一结果的多方面原因,通过列举大量的独特原因去解释某一现象。假如我们想了解学生辍学的原因,每位相关人士都可能用许多原因来解释为什么。假定某学校校长列举该校某些学生辍学的 6 大原因。这 6 种原因只能解释该校学生为什么辍学,而不能普遍地解释其他学校的辍学情况,它具有个性,而不具共性。多果共因分析法是分析造成许多结果的共同原因的分析方法。它不是去列举导致某一特殊行动或事件的全部原因,而是有意识地寻求可以解释行为或事件的一般类型的那些最为重要的原因,旨在用最少的原因变量去最大限度地解释因果关系。它的做法是从众多的因素中提炼出相对较少的因素,这样的因素可以部分地解释许多人的行为或事件,或者所有人的行为或事件。例如,中学追求升学率的若干原因中,假如"评价中学质量主要看升学率"这一原因是决定许多中学片面追求升学率的最普遍、最重要的原因,那么大多数评价中学质量主要看升学率的地区的中学,可能都会出现片面追求升学率的现象。当然,这一单一的原因不能对所有的中学片面追求升学率现象做出全面的解释。

必须指出,无论是一果多因分析法还是多果共因分析法都要重视分析因果关系中的必要原因和充分原因。

必要原因是指为某种结果的出现而必备的条件。例如,必须抓好学风,才能提高升学率,虽然并非所有学风好的中学都能提高升学率,但"好学风"是"提高升学率"不可缺少的条件。可以这样说,如果原因 X 不发生,结果 Y 就绝不会发生,这里,原因 X 对于结果 Y 的存在来说就是必要的,不可缺少的。

充分原因是指只要其出现,结果就一定会出现的条件。例如,只要全面贯彻教育方针,就一定会克服片面追求升学率现象,虽然通过其他途径也可以克服片面追求升学率现象,但"全面贯彻教育方针"已经是克服片面追求升学率现象的满足条件。也即,只要 X 发生,Y 就一定会发生,这里 X 就是 Y 存在的充分条件。

在考察必要原因和充分原因时,应注意区别如下三种情况:

(1) X 对 Y 的存在是必要原因但非充分原因

在这种情况下,X 必定发生在 Y 之前,但单靠 X 并不足以导致 Y 的发生,而是在 Y 发生之前,除了必不可少的 X 因素外,还必须有其他因素发生。如上例中,抓好学风对于中学提高升学率,是必不可少的,但要提高升学率,光抓好学风还不够,还要有良好的环境条件、学生素质和较高教学水平等因素。因此,抓好学风,仅是提高升学率的部分原因,尽管它是必要原因,但单靠它是不足以提高升学率的。

(2) X 对 Y 的存在是充分原因但非必要原因

例如,要克服片面追求升学率现象,除全面贯彻教育方针外,亦可采取其他措施,如行政命令,这也是克服片面追求升学率现象的充分原因。因为两种途径中,只要选择其中一种途径即可克服片面追求升学率现象,而不必两种途径结合。它们各自不是部分原因,故每一原因可单独导致"克服片面追求升学率",它们是可以互相代替的原因。然而,这两种途径都不是必要原因,因为两者都不是必不可少的,只要选择了其中一种途径,其他途径即可免除。

(3) X 对 Y 的存在同时既是必要原因也是充分原因

这是因果关系的最理想的形式。在这种情况下,没有 X 的存在,就没有 Y 的存在,而且只要 X 存在,Y 就一定存在,不存在其他可代替的原因。X 是 Y 的全部原因和独一无二的原因。既然 X 是必要的,就不会有替代的原因,而既然 X 也是充分的,它就是全部的原因,而非一部分原因。这是单一因果关系的情况。

运用一果多因分析法和多果共因分析法还要注意如下几个问题:首先,要善于发现构成因果关系的事物。无论是一果多因,还是多果共因,凡是因果关系都必须具有两个或两个以上的事物。其次,确有因果关系的性质。要解决的问题是判定是否真正存在着因果关系,若存在因果关系,则要弄清是一因多果,还是一果多因,还是多果多因;要指出哪个是内因,哪个是外因;哪个是主要原因,哪个是次要原因;哪个是主观原因,哪个是客观原因;哪个是直接原因,哪个是间接原因;哪个是必要原因,哪个是充分原因。再次,对因果关系的程度做出适当的解释,主要是理论上的解释。

一果多因分析法和多果共因分析法,均属解释性因果分析法。除此之外,还有推理性因果分析法。

推理性因果分析法包括契合法、差异法、契合差异并用法、共变法和剩余法等。推理性因果分析法在逻辑学中有较详尽的论述。现引述如下:

① 契合法,即求同法,是指研究某一现象(a)的原因时,如果该现象分别在若干不同场合出现,在每个场合的先行情况中,只有一种情况(A)相同,其他情况都不同,那么,这一相同的情况(A),就可能是被研究现象(a)的原因。其模式是:

表 5-1　契合法模式

场合	先行情况	被研究对象
1	A,B,C	a
2	A,D,E	a
3	A,F,G	a
所以	A 可能是	a 的原因

契合法的特点是异中求同,其结论具有或然性。

② 差异法,即求异法,是指研究某一现象(a)的原因时,如果该现象在一种场合出现,在另一种场合不出现,在两种场合的先行情况中,只有一种情况(A)不同,其他情况都相同,那么,这一不同情况(A)就可能是被研究对象(a)的原因。其模式是:

表 5-2　差异法模式

场合	先行情况	被研究对象
1	A,B,C	a
2	−B,C	
所以	A 可能是	a 的原因

差异法的特点是同中求异,其结论也只具有或然性,但比契合法可靠。

③ 契合差异并用法,是指被研究对象(a)在几个正面场合出现时,在先行情况中都只有一个共同情况(A),而在几个反面场合不出现时,在先行情况中都没有这个共同情况(A),这样,就可以确定这个共同情况(A)可能是被研究现象(a)的原因。其模式是:

表 5-3 契合差异并用法模式

场合		先行情况	被研究对象
正面场合	1	A,B,C	a
	2	A,D,E	a
	3	A,F,G	a
反面场合	1	—BMN	—
	2	—CQR	—
	3	—CQP	—
所以		A 可能是	a 的原因

契合差异并用法的特点是既求同又求异,其结论比较可靠。

④ 共变法,是在其他条件(B,C,…)不变的情况下,如果某一现象(A)发生一定程度的变化,另一现象(a)也随之发生一定程度的变化,那么,前一个现象就可能是另一现象的原因。其模式是:

表 5-4 共变法模式

场合	先行情况	被研究对象
1	A1BC	a1
2	A2BC	a2
3	A3BC	a3
所以	A 可能是	a 的原因

共变法的特点就是在变化中求因,其结论也只具有或然性。

⑤ 剩余法是指被研究的某种复合现象(abcd)是由某种复合原因(ABCD)引起的,除去已知因果联系的部分(BCD)是 bcd 的原因,则剩余部分(Aa)之间也可能存在着因果联系。其模式是:

表 5-5 剩余法模式

被研究的复合现象 abcd 的复合原因 ABCD:
已知　　B 是 b 的原因
已知　　C 是 c 的原因
已知　　D 是 d 的原因

所以，A 可能是 a 的原因。

剩余法的特点是余果推余因，其结论也只有或然性。

(二) 比较分析法

比较分析法，就是把两个或两个以上的事物加以对比，从而确定事物之间的相同点和差异点的方法。比较的种类很多，有对同一事物的历史形态进行比较的纵向比较，有对同时并存的事物进行比较的横向比较，有对两个或两类性质相同事物所具有的特征加以比较以寻求事物共同点的同类比较，有对两个性质相反的事物或同一个事物的正反方面进行比较的相异比较，还有对两类事物所具有的属性、本质进行比较从而确定事物性质的定性比较。在教育研究中，比较的内容包括：对不同教育过程、不同教育领域或不同教育阶段做比较，比较它们在本质上的相同点和差异点；对教育现象本身内部矛盾的双方进行比较，以分清矛盾双方的主次、所处地位、发生的作用等；将同类教育现象做比较，从而找出它们之间质与量的差别；等等。比如，对中美两国的中小学教师进修制度进行比较，对 20 世纪 30 年代开明书局出版的小学国语课本与当今苏教版小学语文课本进行比较。

(三) 结构—功能分析法

分析事物或现象的结构和功能的方法，叫作结构—功能分析法。任何教育现象都是由两个或两个以上的部分、方面、因素所组成的，这些部分、方面和因素之间形成一种相对稳定的联系，这种相对稳定的联系被称为结构。相互联系的各部分、方面和因素之间总是互相依存、互相影响、相互起作用的。同时，一种教育现象与其外部客观事物也互相起作用，这就是功能。结构—功能分析法要求我们：① 从形式上分析教育现象的内部关系（结构）；② 从内容上分析教育现象内部各个组成要素之间的相互影响和作用（内部功能）；③ 从教育现象的总体上分析它对社会的影响和作用（外部功能）。

其分析过程可按下列步骤进行：① 分析研究对象是什么，并进一步明确是就哪些方面进行分析。② 分析内部结构，即考察各组成要素之间在形式上的排列和比例。例如，分析一个班集体，就要弄清这个班集体内部成员的结构情况，如男生与女生比例，优秀生与差生比例，谁是班干部，谁表现好谁表现差，等等。③ 分析内部功能，即考察各组成要素之间的相互影响和相互作用。如上例，可分析班集体中同学之间的相互影响作用，从而认识到一个真正良好的班集体是怎样形成的。④ 分析外部功能，即考察教育现象对外界社会的影响和作用。如上例，该班良好班风的形成，对学校其他班级乃至社区的影响作用。

(四) 归纳和演绎法

归纳和演绎是相关联的两种逻辑方法，反映着人们认识事物的两条方向相反的思维途径。归纳是指从个别的东西，推导出一般的东西，是从大量的个别事实形成一般性的理论认识的方法。而演绎是指从一般的东西出发引出个别的东西，是从某个一般性的理论认识引出个别性的结论的方法。

1. 归纳法

归纳法一般有完全归纳法和不完全归纳法两种。完全归纳法是根据某类事物中每一个对象都具有(或不具有)某种属性,从而概括出该类事物的全部对象都具有(或不具有)某种属性的归纳方法。应用完全归纳法必须确知某类事物全部对象的具体数量,同时必须知道每一个对象具有或不具有被研究的那种属性,否则,就不能使用完全归纳法。

不完全归纳法是根据某类事物的部分对象具有(或不具有)某种属性,从而推论出该类事物的全部对象都具有(或不具有)某种属性的归纳方法。不完全归纳法又可分为简单枚举法和科学归纳法。简单枚举法的特点:它的结论是根据社会现象的反复出现,又没有遇到相反的事例而做出的。例如,在南通市崇川区的中学开展活动单导学,提高了教学质量;在港闸区的中学开展活动单导学,提高了教学质量;在开发区的中学开展教学评价活动,提高了教学质量;在海安县的中学开展活动单导学,提高了教学质量;在海门市的中学开展活动单导学,提高了教学质量(崇川区、港闸区、开发区、海安县、海门市的中学是南通市的中学的一部分,在考察中没有遇到实行活动单导学妨碍教学质量提高的情况)。所以,归纳出在南通市的中学开展活动单导学,都能提高教学质量。

科学归纳法是根据某类事物中的部分对象与某种属性之间的必然联系,推论出该类事物的所有对象都具有某种属性的归纳方法。例如:

甲地搞智力投资,提高了生产率

乙地搞智力投资,提高了生产率

丙地搞智力投资,提高了生产率

(甲、乙、丙地是全国的一小部分地区,经分析得知,搞智力投资与生产率之间有必然联系)

所以,凡是搞智力投资的地方,都会提高生产率。

科学归纳法比简单枚举法更复杂、更科学。简单枚举法的结论只具有或然性,而科学归纳法的结论却具有必然性。

2. 演绎法

演绎法也叫作演绎推理,它有多种多样的模式,在教育研究中用得较为广泛的是假言推理。假言推理是前提中至少有一个假言判断,并根据假言判断中前件和后件之间的关系推出结论的一种演绎推理。下面举例说明:

例1:

如果要实现"全面小康",那么就一定要重视发展教育;

我们要实现"全面小康";

所以,我们一定要重视发展教育。

这是一个充分条件假言推理的例子,它是以一个充分条件的假言判断作为大前提的。

例2：

只要我们贯彻全面发展的教育方针，我们就一定能培养出德、智、体全面发展的人才；

现在我们已培养出德、智、体全面发展的人才；

所以，我们现在贯彻了全面发展教育方针。

这是一个充分必要条件假言推理，它是以一个充分必要条件假言判断作为大前提的。

总之，归纳法与演绎法是两种既互相对立，又互相联系的分析方法，在教育研究中，我们应把两者有机地结合起来，加以综合运用。

上述定性分析的方法，也可以总括为形成科学理论的方法。正如叶澜教授认为的，形成科学理论的方法是指在已有的事实材料或已有的理论基础上，进一步探索事物的本质与规律，或构建理论体系的研究方法。

第二节 定量分析

一、定量分析概述

(一) 什么是定量分析

定量分析是指研究者借助于数学手段，对所搜集到的数据资料进行统计分析，揭示事物数量特征的过程。当前用于教育研究中的定量分析方法很多，它包括针对确定性现象并揭示其必然规律的经典数学分析方法，也包括针对随机现象并揭示其统计规律的概率论和数理统计分析方法，还包括揭示模糊现象规律的模糊数学分析方法。在各种定量分析方法中，统计分析在教育研究中应用最广泛。统计分析即利用多种统计技术手段对所搜集到的数据资料进行描述、解释，并在一定条件下由样本特征推断相应总体特征。本节主要阐述教育研究中的统计分析方法。

(二) 定量分析在教育研究中的运用

定量分析在教育研究中主要运用于以下三个方面：

一是数据描述。即将数据进行整理，用有意义的图表描述数据的分布情况，并利用一定的统计手段描述出数据的集中趋势、离散趋势或相关关系分布特征。

二是数据判断。这是利用概率及其分布的理论和方法，由样本特性推断出总体特征并估计出误差范围，从而得出科学的结论。

三是数据的综合分析。这是指利用系列数据相互之间的数量关系综合分析数据特征，并预测和解释变量之间的关系或从众多变量中提取出共同的因素，为数据资料的归案提供数量上的支持。

(三) 定量分析在教育研究中的局限

其一，统计分析手段的条件性。正确恰当运用统计分析方法要依赖于使用者对各种统计技术的需求、条件、用途及与之相联系的特定公式等的了解、掌握和适当选择,否则便是无效的。

其二,统计推断的概率特征。统计推断所依据的数据的概率特征都会有一定的误差,不是绝对精确的。统计分析结果的显著性有时也不能代表真正教育意义的显著性。

其三,教育现象的复杂性导致数量分析的模糊性。

(四)定量统计分析方法的选择

定量统计分析方法的选择合理、恰当,是决定分析效果的关键因素,选择的依据主要有:

1. 研究课题的性质

适合统计分析的研究课题有描述性课题和推论性课题两大类:

在描述性课题中,研究者只需对研究对象的基本数据特征进行了解,不需要做进一步统计分析。一般表现为教育调查的数据分析。

在推论性课题中,研究者需要依据样本的特性推断出总体的特征或者比较两个总体是否有差异,这就需要采用参数估计、假设检验等方法。大多数教育实验课题都属于推论性课题。

2. 数据资料的类型

不同类型的数据资料适用的方法不尽相同,因而数据资料类型是选择统计分析方法的依据之一。

3. 统计分析方法的适用条件

统计分析方法的使用有着严格的条件限制,不是都能适用的,选择方法时一定要弄清各种方法的具体适用条件,防止误用或不适当运用。

二、定量分析方法的运用

(一)数据资料的描述

数据资料的描述是对原始数据资料的分布形态和数据特征进行刻画的过程。包括统计图表的编制、集中量数和差异量数的分析、地位量数的转化以及相关关系的描述等过程。

1. 统计表

统计表是用来表明统计指标与被说明事物之间数量关系的表格。统计指标是对数据分类后,所得的各种数量结果。统计表一般由标题、序号、标目、数字、表注等部分组成。统计表的编制有一定的要求:

① 标题简洁,应能正确地表述表中内容;

② 标目应清晰,分横标目和纵标目;

③ 数字准确,采用阿拉伯数字,填写对齐,缺数字处应划"—";

④ 应有表注,一般用小号字放在表的下方。

统计表一般包括简单表、双向表、复合表、次数分布表等几种类型。

2. 统计图

统计图是通过点、线、面、体、色彩等的描绘,把所研究对象的特征、内部结构、相互关系和对比情况等方面的数据资料绘制得整齐简明的图形。

统计图一般由标题、图号、图目、图形、图注、图例等项组成,通常包含条形图、圆形图、线形图、直方图等几种类型。

3. 集中量数

一组数据中大量数据集中在某一点或其上下的情况说明了该组数据的集中趋势,描述集中趋势的统计量数叫作集中量数,也是描述一个团体中心位置的一个数值。它可以用来描述和代表研究对象的一般水平,为进一步统计分析打基础,也可以用它与同质的另一研究对象做比较。集中量数有多种,包括算术平均数、中数、众数、加权平均数、几何平均数、调和平均数等。

4. 差异量数

差异量数是表示一组数据的差异情况和离散程度的量数,它反映数据分布的离中趋势。差异量大,表示数据分布的范围广、不整齐;差异量小,表示数据分布得集中,变动范围小。差异量数一般包括全距、平均差、四分差、方差和标准差,其中以方差和标准差最为常用。

(1) 方差

方差是离差平方的算术平均数,即各数值与平均数之差的平方之和除以总次数所得的商。方差公式为:

$$S^2 = \frac{\sum(X_i - \overline{X})^2}{n}$$

计算步骤:

① 求该组数据的平均数 $\overline{X}$;
② 求该组数据的离差 $(X_i - \overline{X})$;
③ 求离差的平方 $(X_i - \overline{X})^2$;
④ 求离差的平方的总和 $\sum(X_i - \overline{X})^2$;
⑤ 代入公式求方差 S^2。

(2) 标准差

标准差即方差的算术平方根。方差克服平均差不便代数运算的缺点,但又产生新的缺点,即方差将原来数据的单位平方了,方差的单位与原来数据的单位不一致,为克服这个缺点,把方差开平方,取其算术平方根便得到标准差。标准差公式为:

$$S = \sqrt{\frac{\sum(X_i - \overline{X})^2}{n}}$$

问卷题目:你对英语课的满意程度如何?

表 5-6 (1)班和(2)班对英语课的满意度调查情况表

班级	满意度	等级分	频数	得分	均值 M	$(X-\bar{X})$	$\sum(X-\bar{X})^2$	S^2	S
(1)班	很满意	5	10			(5—3)	10×4		
	满意	4	20			(4—3)	20×1		
	一般	3	40		3.0	(3—3)	0	1.2	1.905
	不满意	2	20			(2—3)	20×1		
	很不满意	1	10			(1—3)	10×4		
(2)班	很满意	5	20			(5—3)	20×4		
	满意	4	20			(4—3)	20×1		
	一般	3	20		3.0	(3—3)	0	2	1.414
	不满意	2	20			(2—3)	20×1		
	很不满意	1	20			(1—3)	20×4		

假如两班对英语课的满意度调查问卷选答情况如上例表,可以看出,虽然两班的态度倾向的均值相等,但从方差和标准差可以看出,两班态度倾向离散程度是不同的,(1)班态度倾向比(2)班更集中。通过方差与标准差的比较,说明要全面准确地描述数据全貌,不能只凭集中量,还要根据差异量。

5. 地位量数

地位量数是描述单个数据在样本或总体中的位置的量数。常用的地位量数主要有百分等级和标准分数。

6. 相关系数

相关系数是用来表示变量之间相关程度的量的指标。常用的计算方法有积差相关系数和等级相关系数。

(二)数据的推断

数据的推断就是依据一定的规则抽取一部分样本,通过对样本特性的研究推论出总体的特征。数据标准包括总体参数估计和假设检验两个部分。

一是总体参数估计。教育研究中的总体参数估计就是利用所抽取样本得到的数据资料来推断总体的数据特征。总体参数估计分总估计和区间估计两种类型。

二是假设检验。假设检验是指利用反证法的思路检验某假设,通过对该假设的拒绝或接受的检验来做出接受或拒绝另一假设的过程。

假设检验分参数检验和非参数检验两大类,参数检验包括 Z 检验、t 检验和 F 检验;非参数检验包括 χ^2 检验。

(三) 数据的综合分析

数据的综合分析是利用系列数据相互之间的数量关系，综合分析数据特征，并预测和解释变量之间的关系或从多变量中提取出相同的因素，为数据资料的归类提供数量上的支持。

对数据资料进行综合分析的方法很多，主要包括方差分析、因素分析、主成分分析、聚类分析、判别分析、多元回归分析，等等。

我们要特别关注的是，量化分析的方法不断更新迭代，近些年统计推断盛行，出现了倾向得分匹配、双重差分、工具变量、断点回归分析等方法，推动教育研究科学化。

三、教育科研中几种重要的统计检验方法

(一) Z 检验和 t 检验

通常我们用平均分比较两个班的成绩的优劣是不妥的。即某次考试中初二(二)班数学成绩平均分低于初二(五)班的平均分，不一定说明初二(二)班数学真实成绩比初二(五)班的差。这是因为一个班的平均成绩具有统计意义，存在抽样误差，其平均成绩在一定范围内波动，假如再进行一次考试也许初二(二)班数学成绩平均分高于初二(五)班的平均分。所以比较成绩时用平均数差异的显著性检验更科学。

统计学中在平均数差异的显著性检验时规定一个显著性水平，经过检验所得差异超过这个显著性水平，表明这个差异不属于抽样误差，确实存在差异，反之属于抽样误差。这个平均数差异的显著性检验在教育科研统计中总结为 Z 检验或 t 检验。Z 检验(Z Test)是一般用于大样本(即样本容量大于30)平均值差异性检验的方法。它是用标准正态分布的理论来推断差异发生的概率，从而比较两个平均数的差异是否显著。Z 检验也被称作 U 检验。t 检验是用于小样本(样本容量小于30)的两个平均值差异程度的检验方法。它是用 t 分布理论来推断差异发生的概率，从而判定两个平均数的差异是否显著。t 检验适用于正态分布资料。当问题所给的条件用 t 检验方便时，样本容量虽然大于30，也可以用 t 检验。

下面是样本容量大于30时的 Z 检验和样本容量小于30时的 t 检验案例。

1. 样本容量大于30时的 Z 检验

案例：比较初三第一学期期末实验班和对比班的化学成绩

表 5-7 初三(八)班(实验班)第一学期期末化学成绩表

时间：2010年1月

学生序号	成绩	学生序号	成绩	学生序号	成绩	学生序号	成绩	学生序号	成绩
1	80	3	94	5	75.5	7	83	9	82
2	87.5	4	90	6	92	8	79.5	10	83.5

(续表)

学生序号	成绩	学生序号	成绩	学生序号	成绩	学生序号	成绩	学生序号	成绩
11	83.5	20	72	29	77	38	55.5	47	56
12	94.5	21	58.5	30	86	39	70	48	69.5
13	70	22	41.5	31	94	40	80	49	58.5
14	77.5	23	55.5	32	73.5	41	83	50	43
15	92	24	60	33	45.5	42	63.5	51	53
16	85.5	25	72.5	34	40	43	67	52	60
17	78.5	26	61.5	35	37	44	75.5		
18	78	27	56.5	36	44.5	45	69		
19	62.5	28	73	37	34	46	76.5		

表 5-8 初三（七）班（对比班）第一学期期末化学成绩表

时间：2010 年 1 月

学生序号	成绩	学生序号	成绩	学生序号	成绩	学生序号	成绩	学生序号	成绩
1	88	12	77.5	23	77.5	34	48.5	45	54.5
2	96.5	13	73	24	64.5	35	60	46	61
3	91.5	14	81.5	25	60	36	46.5	47	55
4	86.5	15	83	26	52.5	37	51.5	48	70
5	77.5	16	74	27	79.5	38	56	49	51.5
6	80.5	17	55.5	28	55	39	62	50	62
7	85.5	18	60	29	55	40	67.5	51	52
8	76.5	19	60	30	57.5	41	58	52	66.5
9	78	20	60	31	62	42	77		
10	77.5	21	56	32	73	43	54		
11	75.5	22	56.5	33	62.5	44	77		

实验班和对比班学生人数均为 52，样本容量大于 30，用 Z 检验看实验班和对比班成绩有无显著性差异（用计算机处理）。

实验班：初三（八）班，据表 5-7，样本容量：$n_1=52$，平均分：$\overline{X_1} = \dfrac{\sum X_1}{n_1} = 69.84$；

每个学生分数与平均分离差的平方和：$\sum d_1^2 = \sum (X_1 - \overline{X_1})^2 = 13\,243.86$；

标准差：$S_1 = \sqrt{\dfrac{\sum d_1^2}{n_1}} = 15.96$。

对比班:初三(七)班,据表 5-8,样本容量:$n_2=52$,平均分:$\overline{X_2} = \dfrac{\sum X_2}{n_2} = 66.92$;

每个学生分数与平均分离差的平方和:$\sum d_2^2 = \sum(X_2 - \overline{X_2})^2 = 7\,967.19$;

标准差:$S_2 = \sqrt{\dfrac{\sum d_2^2}{n_2}} = 12.38, Z = \dfrac{|\overline{X_1} - \overline{X_2}|}{\sqrt{\dfrac{S_1^2}{n_1} + \dfrac{S_2^2}{n_2}}} = 1.043$。

Z 检验的判断方法:$0 < Z < 1.96$ 时,两个班的成绩无显著性差异;$1.96 < Z < 2.58$ 时,两个班的成绩有显著性差异。

本题 $0 < Z = 1.043 < 1.96$,所以:实验班和对比班化学成绩无显著性差异。

点评:初三(八)班(实验班)第一学期期末化学成绩表平均分 $\overline{X_1} = \dfrac{\sum X_1}{n_1} = 69.84$。显然 $\overline{X_1} > \overline{X_2}$,但不能说明初三(八)班(实验班)比初三(七)班(对比班)的化学成绩好,这是抽样误差导致的结果。事实上根据上面平均数差异的显著性检验得出结论:两个班第一学期期末化学成绩无显著性差异。

2. 相关样本,容量小于 30 的 t 检验

同一批学生在实验前后进行两次测试得到两次成绩,若把这两次成绩看成两个样本的话,则这两个样本之间相互不是独立的,称为相关样本。

案例:王老师在初二(三)班进行"语文口头作文对语文成绩影响的实验研究",他每节课用 10 分钟的时间让学生进行口头小作文比赛,实验前进行一次语文成绩测试,随机抽取 10 名学生语文成绩(实验前成绩)记录如表 5-9,一个学期后用同样难度的试题又进行测试,记录这 10 名学生的语文成绩(实验后成绩)记录如表 5-9。

表 5-9 初二(三)班随机抽取 10 名学生语文成绩表

学生序号	实验前成绩 X_1	实验后成绩 X_2	学生序号	实验前成绩 X_1	实验后成绩 X_2
1	76	93	6	62	77
2	74	72	7	82	89
3	80	91	8	85	84
4	52	65	9	64	73
5	63	81	10	72	70

该案例是相关样本,样本容量为 10,小于 30,用相关样本的 t 检验看实验前和实验后初二(三)班随机抽取 10 名学生语文成绩有无显著性差异(用计算机处理)。

样本 1(实验前)成绩总和 $\sum X_1 = 710$;

样本 2(实验后)成绩总和 $\sum X_2 = 795$;

$$\bar{d} = |\bar{X}_2 - \bar{X}_1| = \left|\frac{\sum X_2 - \sum X_1}{n}\right| = \left|\frac{710 - 795}{10}\right| = 8.5;$$

样本1(实验前)和样本2(实验后)第 i 个学生成绩差:$d = X_2 - X_1$ $\sum d^2 = \sum (X_2 - X_1)^2 = 1\,267$;

$(\sum d)^2 = 85$;

$$t = \frac{\bar{d} - 0}{\sqrt{\dfrac{\sum d^2 - \dfrac{(\sum d)^2}{n}}{n(n-1)}}} = \frac{8.5 - 0}{\sqrt{\dfrac{1\,267 - \dfrac{85^2}{10}}{10(10-1)}}} = 3.456。$$

若显著性水平 α 定为 0.05,根据 $df = n - 1 = 10 - 1 - 9$ 查 t 表:$t_{\alpha/2} = 2.262$。

因为 $t = 3.456 > t_{\alpha/2}$,说明实验后学生的成绩有显著的提高。

点评:初二(三)班实验前语文成绩平均分 $\bar{X}_1 = \dfrac{\sum X_1}{n_1} = 71$,初二(三)班实验后语文成绩平均分 $\bar{X}_2 = \dfrac{\sum X_2}{n_2} = 79.5$。虽然 $\bar{X}_1 < \bar{X}_2$,但不能说明初二(三)班实验后比实验前的语文成绩好,上面平均数差异的显著性检验具有科学依据,得出的结论(两次成绩存在显著性差异)才符合事实。即初二(三)班实验后比实验前的语文成绩好。

3. 不同样本,容量小于30的 t 检验

案例:比较初二(一)班和初二(二)班第二学期期末物理成绩

表 5-10　初二(一)班第二学期期末物理成绩表

时间:2010年7月

学生序号	成绩 X_1	学生序号	成绩 X_1	学生序号	成绩 X_1	学生序号	成绩 X_1	学生序号	成绩 X_1
1	80	7	94	13	55	19	40	25	69
2	87	8	70	14	60	20	47	26	76
3	94	9	77	15	72	21	44	27	56
4	90	10	92	16	61	22	64		
5	75	11	85	17	56	23	55		
6	92	12	78	18	58	24	69		

表 5-11 初二(二)班第二学期期末物理成绩表

时间:2010 年 7 月

学生序号	成绩 X_2	学生序号	成绩 X_2	学生序号	成绩 X_2	学生序号	成绩 X_2	学生序号	成绩 X_2
1	88	7	77	13	77	19	48	25	54
2	96	8	73	14	64	20	60	26	61
3	91	9	81	15	60	21	46	27	55
4	86	10	83	16	52	22	51	28	70
5	77	11	74	17	79	23	56	29	51
6	80	12	55	18	55	24	62		

初二(一)班和初二(二)班学生人数分别为 27 和 29,样本容量小于 30,用 t 检验看两个班成绩有无显著性差异(用计算机处理)。

初二(一)班:均分 $\overline{X_1} = \dfrac{\sum X_1}{n_1} = 70.22$;

每个学生分数与平均分离差的平方和:$\sum d_1^2 = \sum (X_1 - \overline{X_1})^2 = 6\,620.67$。

初二(二)班:均分 $\overline{X_2} = \dfrac{\sum X_2}{n_2} = 67.3$;

每个学生分数与平均分离差的平方和:$\sum d_2^2 = \sum (X_2 - \overline{X_2})^2 = 6\,004.21$。

$$t = \dfrac{|\overline{X_1} - \overline{X_1}|}{\sqrt{\dfrac{\sum d_1^2 + \sum d_2^2}{n_1 + n_2 - 2}\left(\dfrac{1}{n_1} + \dfrac{1}{n_2}\right)}} = \dfrac{|70.22 - 67.3|}{\sqrt{\dfrac{6\,620.67 + 6\,004.21}{27 + 29 - 2}\left(\dfrac{1}{27} + \dfrac{1}{29}\right)}} = 0.174\,6。$$

自由度 $df = n_1 + n_2 - 2 = 27 + 29 - 2 = 54$,若取 $\alpha = 0.05$,查 t 值表,$0 < t \leqslant 2.014$ 无显著差异,$2.014 < t \leqslant 2.670$ 有显著差异。

上面计算的 $0 < t = 0.174\,6 \leqslant 2.014$,说明初二(一)班和初二(二)班第二学期期末物理成绩无显著差异。

点评:初二(一)班第二学期期末物理成绩平均分 $\overline{X_1} = \dfrac{\sum X_1}{n_1} = 70.22$,初二(二)班第二学期期末物理成绩平均分 $\overline{X_2} = \dfrac{\sum X_2}{n_2} = 67.3$。虽然 $\overline{X_1} > \overline{X_2}$,但不能说明初二(一)班比初二(二)班的物理成绩好,这是抽样误差导致的结果。事实上根据上面平均数差异的显著性检验得出结论:两个班第二学期期末物理成绩无显著性差异。

(二) χ^2 检验和其他非参数检验

1. χ^2 检验

χ^2 检验亦称卡方检验,主要可以用于计数资料的两组或两组以上的两类属性、两类或两类以上现象之间的比较,如检验两个样本率、构成比等之间的差别。χ^2 检验是实得次数(观察次数)与理论次数(期望次数)偏离程度的差异显著性检验。

基本原理和步骤如下:

χ^2 检验的基本原理是假设各个样本来自同一属性的总体,各组中实际数之间的差别仅仅由于抽样误差造成;通过分别计算各组实际数与理论数的离散情况,求得总的误差 χ^2 值,从而测定假设存在的概率,即可能性 P,如果假设成立,那么 χ^2 值就不会很大,而保持在一定范围内,相应的 P 值就大于 5%($P>0.05$),即仅仅由于抽样误差而造成样本之间这么大差别的可能性大于 5%,说明各样本间的差别本质上无明显差异,它们来自同一属性的总体,假设被肯定。反过来说,如果推算出的 χ^2 值很大,而超出了一定范围,相应的 P 值就小于 5% 或 1%,即由于抽样误差造成样本之间如此大的差别的可能性小于 5% 或 1%,说明各组间差别不是由于抽样造成的,可能两者的确有差别,它们不是来自同一属性的总体,假设被否定。

χ^2 值计算公式为:

$$\chi^2 = \sum \frac{(f_0 - f_e)^2}{f_e}$$

公式中 f_0 为观察频数,f_e 为理论频数。

案例:问卷题目(某师范大学教师素质调查问卷):你认为教师最重要的能力是什么?答案选项为:A. 自学能力;B. 教学能力;C. 科研能力。回收 54 份问卷中选自学能力 15 人,选教学能力 23 人,选科研能力 16 人,问对这三种能力的看法有无显著性差异?

检验步骤:

① 提出假设 H_0:无显著性差异;

② 计算检验统计量:$f_e = 54/3 = 18$;

$$\chi^2 = [(15-18)^2 + (23-18)^2 + (16-18)^2]/18 = 2.11;$$

③ 确定 $a = 0.05$ 显著性水平,根据自由度 $df = K - 1 = 3 - 1 = 2$,查 $\chi^2_{(2)0.05} = 5.99$;

④ 统计推断:因本例 $\chi^2 = 2.11 < \chi^2_{(2)0.05} = 5.99$,则 $P > 0.01$。所以,在 0.01 显著性水平上保留零假设,即对这三种能力的看法不存在显著性差异。

2. 其他非参数检验

非参数检验既不依赖于特定的总体分布,也不需要对总体参数规定条件,特别适用于名义变量和次序变量的资料。但与参数检验相比,其灵敏性和精确度较差。非参数检验主要有符号检验法、秩和检验法等。

符号检验法是指用"正负号"来作为资料的统计检验法,主要适用于相关样本资料。用该方法比较两个相关样本的差异,首先应将两样本成对数据的差异用"+""-"表示。例如,第一个样本的数据大于第二个样本的数据,记"+";第一个样本的数据小于第二个样本的数据,记"-";两个样本的数据相等,记"0"。如果两个样本无显著性差异,正号与负号的数量应当相等或接近相等。如果大部分是正号或负号,两样本有显著性差异的可能性较大。

秩和检验法适用于两个独立样本资料,特别适用于不等量的样本资料。当"总体正态"这一前提不成立,不能使用 t 检验时,可用秩和检验法。检验的具体步骤:

第一步:将两个样本数据混合并由小到大进行等级排列(最小的数据秩次编为1,最大的数据秩次编为 n_1+n_2)。

第二步:把容量较小的样本中各数据的等级相加,即秩和,用 T 表示。

第三步:把 T 值与秩和检验表中某 α 显著性水平下的临界值相比较,如果 $T_1<T<T_2$,则两样本差异不显著;如果 $T\leq T_1$ 或 $T\geq T_2$,则表明两样本差异显著。

例:某年级随机抽取6名男生和8名女生的英语考试成绩如表5-12所示。问该年级男女生的英语成绩是否存在显著差异?

表5-12 男、女生英语考试成绩表

男	92	78	94	88	76	87		
女	69	52	86	80	47	63	76	82
男秩次	13	7	14	2	5.5	11		
女秩次	4	2	10	8	1	3	5.5	9

检验步骤:

① 建立假设:

H_0:男女生的英语成绩不存在显著差异。

H_1:男女生的英语成绩存在显著差异。

② 编排秩次,求秩和:$T=13+7+14+12+5.5+11=62.5$。

③ 统计推断:根据 $n_1=6$,$n_2=8$,$\alpha=0.05$,查秩和检验表,T 的上、下限分别为 $T_1=29$,$T_2=61$,有 $T>T_2$,结论是男女生的英语成绩存在显著差异。

> **思考与练习**
>
> 1. 定性分析中效度检验的方法有哪些?
> 2. t 检验的适用条件、分类和检验步骤是什么?
> 3. χ^2 检验的基本原理和步骤是什么?

第六章
教育观察法

※ 内容提要

　　教育观察法是教育科学研究中广泛使用的一种方法,既可以单独使用,又可以与其他研究方法结合起来使用。教育观察法区别于日常生活中的观察,具有目的性、直接性、自然性、可靠性、延展性、普适性等特点。科学的教育观察要求观察者有充分的计划和准备,根据不同研究目的选择不同的观察方法,并进行科学记录。

　　教育观察法适用于记录自然状态下研究对象的具体表现,或者描述正在进行的教育教学活动过程;用于获得研究对象或事态变化过程的第一手资料;或对运用调查、实验等其他方法获得的研究结果加以检验。当然,教育观察法在研究问题核心事物之间内在联系方面有着显著不足。因此,若要证实内在联系的存在,还要借助其他研究方法及手段。由于观察手段的限制及花费的时间较长,在大规模、大范围研究中,一般不以观察法为主要方法。只有清楚地认识教育观察法的利与弊,才能科学有效地开展教育观察研究活动。

※ 学习目标

1. 了解教育观察法的类型、特点、局限性及其适用范围;
2. 认识并理解教育观察法的含义及几种基本记录方法;
3. 掌握并学会根据某一研究需要进行初步的教育观察设计与实施。

※ 关 键 词

　　教育观察法;观察类型;记录方法;观察活动

知识导图

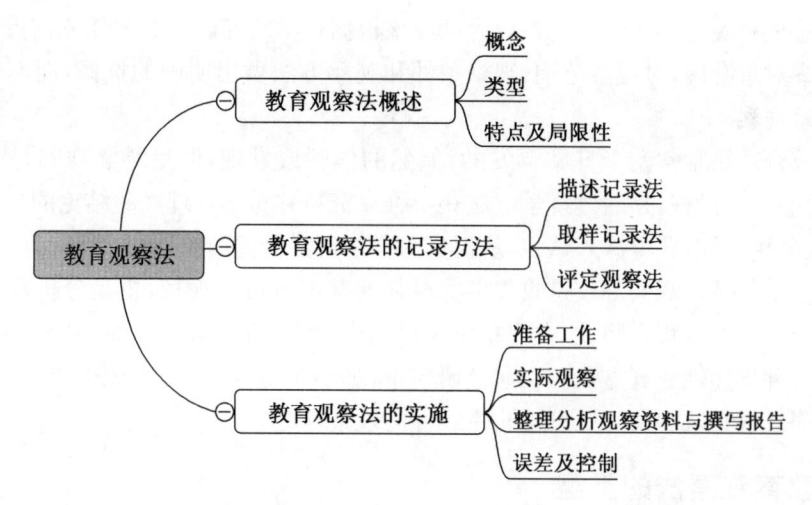

- 教育观察法
  - 教育观察法概述
    - 概念
    - 类型
    - 特点及局限性
  - 教育观察法的记录方法
    - 描述记录法
    - 取样记录法
    - 评定观察法
  - 教育观察法的实施
    - 准备工作
    - 实际观察
    - 整理分析观察资料与撰写报告
    - 误差及控制

观察法是人类最早采用的一种研究方法。它是人们认识世界最为质朴而直接的方式。它普遍存在于人们的日常生活中和所有的科学研究中。任何科学发现无不始于有意识或无意识的观察。人类漫长的发展历史更是一系列有意识活动累积的经验成果的集合。在今天科学发达的时代,观察法仍不失为一种基本而重要的研究方法。它是调查研究法、叙事研究法、经验总结法、行动研究法等许多研究方法的基础方法,离开观察,上述所有方法都难以进行,甚至是一切科学研究都难以开展。

第一节　教育观察法概述

教育观察法是教育研究中应用最广泛的研究方法之一。它既可以作为一种独立的研究方法,也可以与其他研究方法结合使用。观察结果是研究者形成判断和推理的依据,也可以作为后续研究的基础与辅助。有目的、有计划地科学观察总是源于日常随机的、自发的感知,自然状态下存在和发生的现象一旦经过科学的整理、分析和判断,就能成为具有广泛意义的教育经验。

一、教育观察法的概念

教育观察法是研究者运用感官或借助一定的科学仪器,有目的、有计划地对自然状态下的教育现象进行系统的观察和记录,以获取的事实作为研究资料进行分析、论证、推断等研究,从而获得科学结论的一种教育研究方法。

在观察过程中,研究者运用看、听、说等感知器官的功能,或者辅助视、声媒体或媒介等现代技术手段,实现最理想和最真实的观察效果。因此,所谓"自然状态"是指对观察对象不加控制、不加干预、不影响其常态,当然,在设定条件下,可以对某些相关因素进行有限控制。因为观察的目的是呈现观察对象原本的状态,是了解观察对象的客观情况,所以强调在自然状态下进行观察。这些观察对象既可以是教育活动中的人，也可以是人的教育活动，包括人的心理、言语或行为表现；学生知识、技能的运用掌握；教学活动的开展；教育教学的管理和实施等。所有观察行为都应该根据科学研究的目的和任务，有计划、系统地围绕观察对象开展，对观察范围、观察条件和观察方法做出明确的选择，而不是基于人的感官随意观察。

尽管教育观察常常始于日常自发的、偶然的体验或发现，但是科学观察是一种有目的、有意识的认识过程，是通过科学方法获得可靠资料并做出合理经验结论的过程。搜集事实材料、分析研究、获得深入认识，从而成为科学观察研究的基础和初级形式，乃至是理论假设的重要来源。观察不仅是收集事实材料的基本方法和途径，更是分析和研究教育现象与事实的重要过程。因此，在观察研究过程中，观察者要做严格而详细的观察记录。观察法是一种描述性研究方法。在质性研究中，如田野研究、参与式调查研究、行动研究等都特别强调观察法，并且是深度的、持续性的观察。

二、教育观察法的类型

了解和掌握教育观察法的类型及其特点有助于研究者在研究中根据实际情况加以灵活运用。观察法可以从不同角度划分为不同类型。

（一）自然观察和实验观察

根据有无人为干预和控制情境条件，教育观察法可以分为自然观察和实验观察。

1. 自然观察

自然观察是指在自然情境中，在观察对象不被干预和控制的条件下，研究者不做任何操纵变量或控制个体的行为，只是观察和记录各种自然发生的活动和行为表现的一种观察。这种观察法包括对自然行为的偶然现象和系统现象的观察。自然观察法可以应用于个案研究。

2. 实验观察

实验观察又称控制观察或条件观察，是指研究者在观察过程中人为地改变或控制一个或一个以上的变量，精确地测量观察对象的某些心理或行为表现，以便发现观察对象与某些变量的因果关系和相互联系。例如，故意放置一些能够引起观察对象注意的东西，暗中观察其行为反应。这种观察通常要求观察程序标准化、观察问题结构化，以便探讨事物之间的内在联系。

在自然观察法中，研究者只能被动地等待观察目标行为自发地出现；而采用实验观察法时，研究者则可以人为地创造一些条件，根据需要改变和控制影响观察对象的因素。

（二）直接观察和间接观察

根据是否借助有关仪器，教育观察法可以分为直接观察和间接观察。

1. 直接观察

直接观察是观察者凭借自己的感官，通过直接感知和描述观察对象的活动而获得观察资料的方法。这种观察感受真切、直观,能够获取直接、具体、真实的第一手资料,有助于形成对观察对象的整体认识,适合在实践第一线的教师应用。但是直接观察运用纸笔记录往往会遗漏许多信息,观察对象的行为现象不能被完整地保存下来,难以再现原始情境。因此,间接观察法成为必要的手段之一。

2. 间接观察

间接观察是观察者利用一定仪器或技术手段(如录音、录像等)作为中介,间接地对教育现象或行为进行观测,从而获取观察资料的方法。这类观察能将现场情境尽可能地保留下来,以便日后重复观察和反复分析使用,克服了直接观察中人的感官能力的局限,扩展了观察的深度和广度。同时,间接观察也指通过观察与观察对象有关的迹象,以及通过观察对象的行为后果,判断观察对象的某些特征或行为活动。例如,判断学生的抄袭行为,不仅能通过直接观察做出判断,还可以通过卷面答题情况进行推断。同样,我们可以根据哪些图书磨损的程度更大推测出学生对哪类图书更加喜爱。而一些性格毛躁的学生常常丢三落四,总是忘记东西在教室,观察者可以通过对一些迹象的观察推测人们的行为特征。这些现象是人们行为或态度的间接反映,但是它的效度常常难以检验。

(三)参与性观察与非参与性观察

根据观察者是否直接介入被观察者的活动,教育观察法可以分为参与性观察与非参与性观察。

1. 参与性观察

参与性观察是指观察者不同程度地参与到观察对象的活动情境中,通过与观察对象共同活动从内部进行观察,直接获得相关资料的一种观察方式,又称局内人观察。这种参与存在程度上的差别,介于"参与者的观察"和"观察者的参与"之间。在无须伪装的参与性观察中,观察对象知道观察者在收集他们的行为信息。这种观察常被用来了解群体文化和行为。在伪装了的参与观察中,观察对象并不知道他们在被观察,因为人们常常在知道自己的行为被记录时会表现出与平时不同的状态。由于这种可能性的存在,观察者往往隐蔽自己观察者的身份,使观察对象把观察者视为自己人,对他不存戒心。观察者通过与被观察者的共同活动,从中获得一些可靠的资料和信息。参与性观察能让研究者观察到通常不能直接进行科学观察的行为和情境。

参与性观察是一种"融入"式研究,根据参与程度的不同,参与性观察可以分为完全参与性观察和不完全参与性观察:完全参与性观察是以群体成员身份或原有角色身份参与到观察对象及其活动中,通常不暴露观察者身份;不完全参与性观察是以观察者身份参与观察对象的活动,并被观察对象群体成员所接受。

2. 非参与性观察

非参与性观察是指观察者不参加被观察者的任何活动,完全以局外人或旁观者的身份从外部观察、记录观察对象的活动过程,故又被称为局外观察。观察者的角色既可以公开,也可以隐蔽。在这种情况下,观察者得不到与参与者一样的真实感受和体验。这种非参与性观察一般不影响被观察者的行为和语言。

相较而言,非参与性观察可以避免参与性观察中有时可能会夹杂主观情感的偏差,或不适当地影响到所要记录的行为个体,获得较为客观的信息,有利于进行纵向分析。同时,伪装了的参与性观察引起的道德问题,如隐私、知情权等必须在实施研究时加以考量。当然,非参与性观察处于被观察者活动场域之外也使观察者难以获得真实的体验信息。

(四) 结构性观察和非结构性观察

根据观察有无严密的观察计划和程序,教育观察法可以分为结构性观察和非结构性观察。

1. 结构性观察

结构性观察是观察者根据观察的目的和需要,依据研究的理论框架,预先设计和制定周密的观察计划和明确的观察指标体系,采用标准的观察程序和手段,制定有关观察表格,在实际观察活动中严格按照观察程序进行记录的方法,是一种系统的、可控的观察。结构性观察也称正式观察,它的基本特征是研究目标、问题和范围明确;观察计划详细;观察指标体系具体;严格对观察行为进行分类、下操作定义;预先制定细致的观察记录表;在一定控制程度下进行观察;范围较大的观察,需要培训观察人员,建立信度;用量化方式分析资料;所得结果较为可靠;多用于验证性研究。结构性观察在计划之前一般要提出假设,目的在于验证假设,对观察者和观察手段要求较高,常用于描述性研究和实验资料的搜集,主要采用取样记录的设计方式。

2. 非结构性观察

非结构性观察也称非正式观察,它是一种大致确定观察内容和观察对象的方法,没有周密的观察计划,使用结构比较松散的观察提纲,观察标准化程度较低,观察的问题结构性不强,没有记录表,记录内容往往是文字描述和质的分析,在自然情境中实施,方法灵活,便于操作,但科学性略显欠缺,研究信度较低,在不同时间内和对不同对象进行观察时,结果有时也不便进行比较。但是它适合于教师对日常教育、教学等方面信息的获取和对儿童身心发展各种特点的认识,多用于探索性研究。

可见,结构性观察是比较程式化的观察活动。观察程序标准化和观察内容结构化,便于操作;观察结果可以量化,便于统计分析,但缺乏弹性,比较费时。非结构式观察比较灵活,适应性强,而且简便易行。其不足之处是所获观察资料比较零散,难以进行定量分析和比较严格的对比研究。

除上述几种主要类型外,教育观察法还可以根据观察者对观察对象和观察内容的把握程度分为全面观察和焦点观察。在观察初期,当研究者找不到观察的问题和焦点时,往往可以采用散点透视的方法进行全面观察,详细记录各方面情况。观察若干次以后,观察者一般会找到特别有价值、有兴趣、有新意的问题焦点,进行持续而深入的观察。最后,关于观察法的分类有两点需要注意:一是上述各种分类都是相对而言的,各种类型之间既相互区别又相互补充,并非各自独立的,如自然观察可以是结构性的,也可以是非结构性的,结构性观察可以是参与性的,也可以是非参与性的;二是上述这些观察法的类型,实际上也是一种观察的策略。

三、教育观察法的特点及其局限性

观察,是教育研究的基础。教育观察是课题选择的重要源泉。研究者可以从教育观察中获得大量的第一手资料,这是获取原始资料的最基本方法。教育观察可以发现问题,可以验证假说,是检验教育科学理论的重要途径之一。

(一)教育观察法的特点

1. 目的性

教育观察是有目的的感知活动,如果没有明确目的,只能是一般感知,不能称为观察研究。在观察之前,研究者根据科研任务的需要制订观察计划,包括确定观察对象、观察条件、观察范围和观察方法等,以保证观察有目的地进行。一个明确的观察目的是研究者的行动指南。观察是在一种有目的、有意识的情况下进行的活动,是自觉的,而不是盲目的;是能动的,而不是被动的,只有在既定目标引导下,才能有效、科学地开展观察活动。

2. 直接性

观察对象是在一定时间内发生的教育事实或现象,观察者需要直观地看到真实的情境。在具体情境中,观察对象的变化可以被观察者直接捕捉到,不具有隐蔽性。这也在一定程度上提高了获取信息的广度、深度和信度,有助于发现问题及其衍生问题。

3. 自然性

为了保证观察结果的客观性,观察对象应该在不被干扰和影响正常行为表现的情境下进行常态活动。观察者的出现或是存在不对观察对象的心理和行为产生影响,因此观察法非常强调在"自然发生"条件下对观察对象不加任何干预和控制。它比调查法、实验法等有更少的人为性。当然,在特定条件下,观察者可以对一些相关因素进行有限控制。前提是被观察者的行为仍然保持自然、真实。此外,情境环境中的观察常常会发生许多意外事件,使观察者获得意想不到的收获。观察只有对错真假之别,没有好坏等价值判断,同时在观察过程中要注意观察伦理问题。

4. 可靠性

俗话说,耳听为虚,眼见为实。观察法以观察者感观所能获取的信息为第一手资料,虽然存在个人主观判断上的误差,但是相较于转述、转引等间接资料,直接观察获得的资料更具可靠性。同时,作为教育科学研究方法之一,观察法不同于随意观察,也是一种有计划、有系统的感知活动。科学观察的方法、较为系统的观察测量记录、可以重复验证的观察结果等都使观察法的过程和结果具有更高的可靠性。

5. 延展性

观察法可以在相对充足的时间内进行连贯性实施,使事情前因后果在纵深发展上得以延伸,同时可以有效结合其他研究方法,如访谈法,进一步拓展和深化研究成果。教育现象是比较灵活、机动的,观察者可以根据观察情境的变化调整观察计划,比如在观察现场,若发现观察内容与原有设计大不一样时,可以调整或改变研究内容,经常会有意外资料获得。观察内容与问题之间不仅仅是后者决定前者,在诸多质性研究的材料收集中,前者也可以改变后者。观察者既可以是局外人的角色,又可以介入其中,使观察法的应用具有更大的发挥空间。

6. 普适性

观察法作为教育研究的基本研究手段,具有广泛的适用性。它可以为研究者提供研究问题,可以为后续研究提供研究基础,更可以为其他研究方法提供辅助。总之,人们对于世界的认识和思考都源于观察。尽管观察对象的选择总是有限的,但是可以观察的事件确是无穷的。因此,观察法的应用受到的限制条件较小,也更具有普适性。

(二)教育观察法的局限性

在观察法应用过程中,受诸多因素的影响,观察法不可避免地也具有自身的局限性。这些因素可能导致观察结果的偏差,影响研究结论的有效性。因此,研究者要在设计、实施观察和分析研究中充分考虑这些因素。

1. 观察者自身的局限性

观察者自身由于气质、性格、思维习惯、兴趣、经历等,在观察过程中可能掺杂一些主观臆断的评判,使不同观察者对同一观察内容可能产生不同的观察记录。因此,在观察研究实施前,应对观察者实施统一的培训,同时对观察标准进行明确规定和讲解,以确保观察记录和结果的信度和客观性。观察若要如实地反映现实情况,观察者则不能带有任何感情色彩,不允许掺杂个人的偏见。在条件允许的情况下,可以针对重复出现的观察对象进行重复观察,对观察结果进行反复验证,以保证观察结果的有效性。当然,观察者对所获材料的解释也往往容易受研究能力的局限而带上主观色彩。观察者自身能力水平是否能够胜任观察工作是观察研究取得成果的关键。

2. 观察对象的局限性

无论是人还是人的活动,处于特定的情境条件下,都会因为环境因素或者其他因素的变化而发生改变,缺乏可控性。对于观察对象的限制又不能被观察对象感知,因此观察活动的开展要尽量隐蔽。特别是对于某些敏感性问题,观察对象可能由于有所顾虑而隐瞒真实的行为和感受,不能良好地配合研究的推进,因此宜采取匿名性。同时研究者也要在获准进行观察的前提下开展,这对研究者自身的素养和能力都提出了更高的要求。

3. 观察条件的局限性

观察法费时、费力,且需研究者深入参与和介入,必然消耗较高的人力资本,因此不适合大规模调查,样本量必然小,特别是对于需要长时间追踪观察的对象,容易导致观察结果不具有代表性,可能存在一定的片面性和偶然性。另外,观察法更多适用于研究外显行为,对于复杂的心理变化难以掌握。同时,观察者对可能影响资料的外部变量难以控制,多种看似影响因素往往同时出现在观察情境中,以及诸多隐性因素,常常导致无法判断"为什么",不能说明所观察到的现象的因果联系。而且,短期观察可能会有遗漏和疏记,长期观察又增加了研究的难度,受时间、空间条件的限制和观察仪器的局限,使观察法的科学程度受到一定的质疑。加之观察材料难以量化,难以进行系统分类和编码,不便于资料的分析,以及所获材料具有一定的表面性等等,都使观察法的实施结果受到影响。因此,提高观察法的科学实施能力就显得非常重要了。

第二节　教育观察法的基本记录方法

在教育观察研究中,了解和掌握观察法的不同类型及基本记录方法才能确保科学有效地开展观察活动,也才能使观察活动和观察结果更加准确可靠。观察记录是通过三种方式获得的:一是通过眼、耳、口等感知器官输入大脑后烙印在脑海中;二是通过录音机、录像机、照相机等设备记录下来;三是通过纸笔把观察结果记录下来。这三种方式是处理分析观察结果和生成观察结论的信息来源和基础。观察者根据研究问题的需要选择适合的观察方法和记录方法。下面介绍在教育观察法中几种常用的记录方法。

一、描述记录法

描述记录法是指通过详细记录事件或行为的发生、发展过程而获得资料的方法。它主要包括日记描述法、轶事记录法和实况详录法。

(一) 日记描述法

日记描述法又称儿童传记法,是对同一个或同一组儿童进行长期跟踪观察,以日记形式描述性地记录观察对象行为表现的方法,可以采用综合日记或主题日记的方式。综合日记法可以描述儿童生长发育的总体情形;主题日记法则可以将观察的焦点集中在儿童某一种或几种能力的发展上,例如语言、认知、动作、思维等。日记描述法是针对儿童研究的最古老方法。最早使用此方法的是瑞士教育家裴斯泰洛齐。他观察其子 3 年,写了《一个父亲的日记》。之后达尔文写了《一个婴儿的传略》,描述其子的行为与发展,从最初的反射活动、恐惧和愤怒开始记录,直到推理和道德等复杂行为的发展,并且与动物行为进行了比较。儿童心理学家皮亚杰的许多著作中都采用了日记描述法。他的许多关于儿童认知发展的结论都产生于他对自己孩子成长过程的观察。我国最早采用日记描述法进行观察研究的是著名儿童教育家陈鹤琴。他从自己儿子出生起,逐日对其身心发展变化以及各种行为反应连续跟踪观察了 808 天,作了详细的观察日记,拍摄了几百幅照片,于1925 年写成《儿童心理之研究》。

日记描述法比较适用于长期跟踪研究,在日常生活中边观察边记录,能够系统地获取儿童身心发展变化的连续性和阶段性信息;所获信息为第一手资料,真实可靠,方法简便易行,有利于进行定性分析,常用于个案研究和人种学研究。但是,日记描述法往往针对个别或少数对象进行观察,缺乏代表性;而且一般选择自己的孩子或亲属作为研究对象,选择的偏向性可能使观察记录带有感情色彩或主观偏见;同时长期跟踪观察要求观察者持之以恒,需要花费大量的时间和精力。

观察记录①:

陈鹤琴:第 69 星期(第 478 天)

智慧的发展:今天他玩的一个木球滚到椅子下面,他就跪下去拿,不过椅子的档把他挡住了,他拿不着就喊起来,叫人来拿,但是没人去帮他,后来他爬到没有档的一面拿到了。这里可以证明他的智慧已经发展得很高了。从前他拿不着东西就喊叫,并不能想出第二个方法来对付它,现在一个方法不成就想出第二来,第二个不成又想出第三个来,当儿童智慧已经发展到这种地步的时候,做父母的不应当事事为他代做,以免阻止他智慧的发展。

(二)轶事记录法

轶事是指独特的事件。轶事记录法又称记事法,指观察者在观察过程中,以记事为主,对观察对象在自然状态下发生的一些典型行为或事件进行客观记录的一种方法。观察者将有价值、有意义、可以反映观察对象个性或行为特征的事件随时记录下来,供日后分析使用。记录内容可以是典型的或异常的行为表现;或者是表现儿童个性特征的、反映儿童身心发展状态某一方面的行为事件。内容描述要尽量及时、客观、准确、完整,包括行为发生的情境、时间、基本活动、语言、行为、表情等,以及事件的开始、发生过程和结尾。

轶事记录法运用简单、方便、灵活,无须编制观察记录表格,是教师最常用的一种方法。轶事记录法可以帮助教师了解分析儿童在成长和发展中的个性和行为特征,探讨对不同儿童发展起作用的因素,以便有针对性地进行教育干预。轶事记录法所获得的资料真实且具有典型性,有长期保留和反复研究利用的价值。但是由于它往往不是现场记录,而是事后回忆,因此回忆的内容可能不够准确,同时受主观因素的影响,容易产生错误的解释或判断。

观察记录②:

午餐时,舒婷走到自己的餐桌前,没有拿起勺子吃饭,而是和旁边的小朋友交谈起来。"哎呀,终于吃饭了!你饿不饿?"过了一会儿,她看到同桌的小朋友们都在津津有味地吃饭,她也开始吃盘里的食物。可是,她刚吃了两口,又和旁边的小朋友窃窃私语起来。"好香啊!"接着,她又吃了一口饭,趁着勺子舀饭的时候又和旁边的小朋友说话。"今天的菜我都爱吃。你呢?"忽然,她抬起头,看见一名吃完饭的小朋友离开了座位。这时,她脸上显出焦急的神色,马上低头看看盘里的饭菜,开始大口大口吃起来。

---

① 北京市教育科学研究所编.陈鹤琴教育文集(上卷)[M].北京:北京出版社,1983:80.
② 于冬青,柳剑.轶事记录法运用中的问题及运用策略研究[J].幼儿教育(教育科学),2010,475(5):22-24.

（三）实况详录法

实况详录法是指观察者在一段时间内（如1小时或半天或更长时间内）在某种场景下持续地、尽可能详尽地记录观察对象所有的行为动作、言谈表现，以及其与环境、他人的相互作用和交往等情况的一种观察方法。观察者的任务就是尽可能详细客观地呈现观察对象的一言一行、一举一动和所有背景、环境、情境的变化、事件发生的顺序等等，任何细节都是重要的。记述内容是对观察对象和事件的全面呈现。传统的实况详录法更多采用手工纸笔的方式；而现代研究者更多利用录音、录像等设备，把研究者需要观察的全部活动过程记录下来。最常见的就是"课堂实录"。

实况详录法能够提供较为详尽而丰富的有关研究对象的行为信息和行为发生的环境背景等资料，比较完整地保存了发生行为或事件的全貌，可供日后反复观察与分析使用，特别是留存的影音资料更是经济有效地节约了时间和精力，可用于多种目的下的各种分析。当然，大量的记录信息增加了后期加工处理原始记录资料的难度，而且需要一定数量的实录样本才能获得关于某些行为的研究结果。同时，纸笔记录对于快速、准确的文字表达能力和观察能力提出了较高的技术要求；相关影音设备也需要花费一定成本；无论是连续定期的观察还是定点的持续观察都需要花费较多的时间、精力和人力。

《棉花姑娘》（第一课时）课堂实录片段[①]

谜语导入

1. 出示谜语，激发兴趣。

师：同学们，你们喜欢猜谜语吗？

生：喜欢！

师：我们马上来猜谜语，知道答案的同学先不要说出来，举手示意就可以，留给其他同学思考的时间。

师：（出示谜语）"像云不是云，地上开白花，像雪不是雪，越冷大家越爱它。"

生：是蒲公英。

师：想一想，冬天会有蒲公英吗？

生：是雪花。

师：我们来看谜语的第三句——"像雪不是雪"，所以它不是雪花。

生：是玫瑰花。

师：越冷我们大家越爱白色的玫瑰花吗？有点与众不同。老师再给三秒钟，看谁能猜出来。

生：是棉花糖。

师：看来你冬天很喜欢吃棉花糖。这个答案有点接近了，不过它不是一种食品。再想

---

① 熊宁宁.《棉花姑娘》教学实录（第一课时）. http://www.pep.com.cn/peixun/xktj/xiaoyu/hd/bzmdm/yt/201010/t20101006_923055.htm, 2013-9-21.

一想,我们怕冷的时候,身上穿的衣服很多就是它做的,它是什么呢?

生:是棉花。

二、取样记录法

教育观察的取样技术是指按事先确定的研究设计在研究总体中抽取部分对象作为样本进行观察,然后以样本结果推论总体情况。这种方法省时、省力,又可收集到可靠的观察资料,实现观察研究的目的。取样记录法主要包括时间取样法、事件取样法等。

(一) 时间取样法

时间取样法是以一定的时间间隔为取样标准来观察记录预先确定的行为是否出现以及出现次数的一种观察方法。观察者要事先确定所要观察的维度,然后据此有选择地在某些时间段内观察某一特定行为或现象,并把所观察到的结果记录到事先拟定的编码记录表上。它重在记录某种行为是否出现、发生的次数、频率及持续时间等。其理论假设是,如果抽取充分多的时段,在这些时段中所观察到的行为就可以代表观察对象的一般行为,即典型性行为。它适用于经常发生的行为和外显的宜于观测的行为。

时间取样法对行为的记录不是描述性的,而是编码记录的。研究者在运用时间取样法时需要预先确定观察研究的目的、内容、观察对象的数量和范围,确定总的观察时间、时间间隔、观察次数等,然后对行为进行分类,做详细的操作性定义、编码,确定一个行为或现象的观测指标,以及根据观察内容设计系统的观察记录表,以便迅速有效地对观察到的行为进行判断和记录。时间取样法的记录形式有两种:一种是查核记号,打"√",记录行为是否出现;另一种为记录记号,划记"正"或数字等,记录在限定时间间隔内,行为出现的次数或频率。在时间取样法中,时间的取样设计主要有三个指标:① 规定时间内某种行为是否出现以及出现的种类;② 规定时间内行为发生的频率;③ 规定时间内行为的持续时间。最后是实施观察,做好观察记录,整理观察资料,做出研究结论。

表 6-1 儿童社会参与性活动观察记录表[①]

时间	儿童代号	活 动 类 型					
		无所事事	旁 观	单独游戏	平行游戏	联合游戏	合作游戏
	1号						
	2号						
	3号						
	4号						
	5号						

---

① 王坚红.学前儿童发展与教育科学研究方法[M].北京:人民教育出版社,1997.

时间取样观察法总体来讲较易操作，方便易行。如果没有较先进的设备，只需钟表、笔和记录表就行了。相较于只适用于个别或少量样本的观察法，时间取样法可以进行大样本研究。时间取样法既能进行定性分析，又能进行定量研究，是质化研究较好的一种方法。当然，时间取样观察法也有一些不足。首先，它无法记录行为发生的顺序，如果行为是在两个观察间隔之间出现而不是在观察间隔内出现，次序也会被遗漏。其次，时间取样法不能准确地估计行为的持续时间，当某一行为总的持续时间或每一次出现的时间短且频率又低的话就更是如此了。再次，时间取样法在估计行为发生的频率时也会出现偏差。当取样间隔时间很短而行为的持续时间又很长时，时间取样法几乎总是高估行为发生的频率。但当行为的平均持续时间很短时，观察者在记录过程中又会丢失数据，导致其对行为频率的估计偏低。在时间取样数据中，对持续时间很短的行为事件估计的误差是最大的。同时，时间取样法仅适用于对经常发生的外显行为的研究，它对观察学生的内隐行为如心理活动等并不适用。而且这种方法所获资料也往往不能呈现相关的环境、背景等情况。

(二) 事件取样法

事件取样法是以特定行为或事件的发生为观察样本，专门观察和记录预先确定的行为表现或事件的完整过程的方法。它不受时间间隔和时段规定的限制，只要所欲观察的行为或事件一出现，即进行观察记录，并随事件的发展持续记录其全过程，包括行为发生或事件出现的前因后果及环境背景情况等。事件取样法注重特定行为或事件的特征、性质和全过程。在记录方法上，可以采用行为分类系统，也可以将分类系统与实况详录法的描述性记录结合使用。

事件取样法与时间取样法的主要区别在于：时间取样法获取的资料重在事件行为的存在，而事件取样法着重行为事件的特点、性质，并以此作为观察者注意的中心，而时间在这里仅仅是说明事件持续性等特点的一个因素。事件取样法不受时间的限制，因而可以研究的范围更加广泛。事件取样法与轶事记录法有相似之处，都是关注选定的行为或事件。不同的是，事件取样观察是实施正式观察活动时采用的，它只记录预先确定的行为表现或事件过程。而轶事记录法是日常观察时采用的，事先并不确定哪些要记，哪些不记。只要观察者认为有意义，哪怕与观察目的无关的也可以记录下来，供今后或别人研究之用。这种观察的目的是积累资料，或从观察中发现问题。而且，事件取样法是实施正式观察活动时而不是事后追忆记录的。当确定所要观察的事件出现时，要进行现场判定并将事件完整地记录下来。

事件取样法的运用要注意三点：第一，观察前要确定所要研究的行为或事件、确定所需记录的资料种类及记录形式，制定出相应的记录表格；通常情况下，这些行为或事件呈现频率应该比较高，如儿童的争执行为、伙伴之间的友好行为、对成人的依赖性、儿童的社交能力等。第二，预备性观察，了解这类行为或事件的一般状况，以便于在最有利和适当的时机进行观察，如要研究儿童的语言通常选择有成人或有其他儿童在场的情境下进行观察。第三，确定需要记录的资料种类与记录形式。事件取样法记录较为灵活,可以采用提前编码记录,也可运用叙述性记录,有时观察者亦可编制简便适用的记录表格。

事件取样法兼有时间取样法和轶事记录法的优点,既可以在有准备的情况下获得预先确定的有代表性的可行性研究样本,又可以保留行为的连续性和完整性,得到关于事件的环境与背景资料。但是事件取样法需要被动等待特定事件的发生,集中观察特定事件本身,致使对事件发生的条件和环境等信息不能充分了解。

表 6-2 学生争执事件记录表①

学生	年龄	性别	争执持续时间	发生背景	行为性质	做什么说什么	结果	影响

三、评定观察法

评定观察法也称等级量表法。在观察前,预先针对观察对象的表现或程度进行划分,确定标准,即划分不同的等级;观察者根据预定标准,在观察行为的同时,针对观察对象给予评定相应等级并做记录。评定之前应该预先规定各种等级的具体标准和指标,标准界限要明确,以便在观察过程中对观察行为或事件进行客观评定。等级量表作为一种观察工具,是教育研究中经常使用的一种方法,如学校对教师课堂教学质量的等级评估,教师给学生的思想表现评定优、良、中、差等都可能用到等级量表。等级量表有预先设置的目标行为分类,观察者在一段时间内对目标进行观察,对行为事件在程度上的差异做出评估,确定等级。观察者将观察所得印象数量化,在量表上对该目标行为评以相应的等级。

根据评定方式的不同,常用的等级量表有数字量表、图示量表、描述量表。记录方式可以用等级(优、良、中、差)、字母或数字(A、B、C、D 或 1、2、3、4 等),也可以用词语描述(完全达到、基本达到、不合格等)来表示。数字量表是用数字来代表等级内容的描述,即对所要描述的等级类型赋予数字顺序。图示量表是在一条直线上刻上刻度,评定者沿着这个刻度,迅速而简便地做出判断。这种量表不是用数字做评估。描述量表是以文字来描述各类行为的价值程度,量表两端通常是相反意义的描述词。描述量表又称语义差异量表。一般将意义相反的描述自中间线段分为 7 等份,观察者可以依据自己的看法和感觉在适当位置上划上记号(一般打"×")。

---

① 陶保平.学前教育科研方法[M].上海:华东师范大学出版社,1999:100.

表6-3　图表等级量表

	1	2	3	4	5	6	7	
合作								不合作
主动								被动
清洁								不清洁

评定观察法的优点是使用方便，适用范围广泛，等级量表比较容易编制，使用较为灵活，操作简单，可以在短时间内迅速做出判断，易于进行定量分析。但是这种方法主观性较高，容易受到观察者主观偏见的影响，同时由于观察者对等级评定标准理解的不一致，容易造成评定等级的误差，使观察信度较低，且难以分析行为发生的原因。因此，观察者要尽量正确理解等级评定量表中每个等级的内涵，防止成见，防止评分过高、过低或者打平均分；同时采用评分者信度和再测信度以保证评定的可靠性。需要注意的是，防止观察者当场打分可能会影响到被观察者的行为、工作活动以及心理状态，因而需要针对具体情况给予考量。

总体来讲，在进行教育观察记录时，语言要具体、清楚、实在，基本不要使用文学化（隐喻、双关）、具有特定含义的用语（成语、歇后语）、过于通俗的民间语言（俗语、俚语）、程式化言语（新闻口号、政治套话）和学术性语言。要从读者的角度来使用语言，从读者的角度来思考记录得是否具体、清楚。考虑什么情况下运用什么样的记录方法，尽可能迅速地将事件记录下来，并记录有意义行为发生的情境。记录的资料要客观、简化、准确和完整，包括行为发生的情境、时间及基本活动、语言，事件要有开始、发生的过程和结尾的完整内容。规范操作性定义、事件分类以及划分标准等等。

第三节　教育观察法的实施

实施观察是教育观察工作的核心。在运用观察法的整个过程中，从设计到分析，所运用的方法和策略包括问题选择的策略、运用感官观察的策略、观察记录的策略、观察中思考与反思的策略等内容都要逐一审思，秉持科学研究的严谨精神，尽力把观察研究的每一个细节做好，才能得出有效、可信的结论。教育观察法的实施可以分为三个阶段：观察准备工作、实际观察、整理分析观察资料与撰写研究报告。

一、教育观察的准备工作

教育观察的准备工作包括四个方面：① 制订观察计划与观察提纲；② 准备观察工具；③ 选择观察途径；④ 培训观察人员。

（一）制订观察计划与观察提纲

1. 制订观察计划

为确保观察的顺利进行，在观察前必须制订详细而周密的观察计划。观察计划是教育观察实施的依据，是确保观察有目的、有计划、有步骤实施的指导性文件。观察计划设计的基本内容如下：

教育观察计划

（1）研究问题
（2）观察目的和任务
（3）观察对象及范围
（4）观察内容
（5）观察时间及地点
（6）观察方式与方法
（7）观察步骤与时间安排
（8）组织、分工和有关要求

制订观察计划总的要求：符合实际情况，考虑周密，条理清楚，明确具体，有指导性和可行性。观察计划的结构没有固定模式。观察计划也不是一成不变的，要视具体情况做补充和调整。

2. 制订观察提纲

观察提纲是观察对象及内容的具体化，是由观察目的和有关理论假设来确定的。在制订观察提纲时，最好事先查阅与研究课题有关的文献资料，弄清有关变量的内涵，掌握一定的理论基础，并结合实际进行分析，然后制订观察提纲。

观察提纲一般涉及如下六个方面：

① 谁？（有谁在场？多少人？他们的角色、地位和身份是什么？在场的这些人在群体中各自扮演的角色是什么？）

② 什么？（发生了什么事情？在场的人有什么行为表现？他们之间的互动是怎么开始的？哪些是常规行为，哪些是特殊表现？不同参与者在行为上有什么差异？在观察期间他们的行为是否有所变化？）

③ 何时？（有关的行为或事件是什么时候发生的？这些行为或事件持续了多久？出现的频率是多少？）

④ 何地？（这个行为或事件是在哪里发生的？这个地点有什么特色？其他地方是否也发生过类似的行为或事件？这个行为或事件与其他地方发生的行为或事件有什么不同？事情诸方面的关系如何？）

⑤ 如何？（这个事件是如何发生的？各个方面之间存在什么样的关系？有什么明显的规范或规则？这个事件是否与其他事件有所不同？）

⑥ 为什么？（为什么这些事情会发生？发生的原因是什么？对于发生的事情人们有什么不同的看法？人们行为的目的、动机和态度是什么?）

(二) 准备观察工具

对于教育观察研究来说，记录是最关键的一环。记录的形式可以利用观察记录表或必要的观察设备，如望远镜、摄影机、照相机、录音笔、单向玻璃等。辅助设备最好在观察活动前预先进行安装、调试，熟悉各种设备的功能和使用方法。常用的观察记录方法主要有定量观察研究中的时间取样法、事件取样法和评定观察法以及定性观察研究中的日记描述法、轶事记录法和实况详录法等。观察记录应该具体、详细、系统，可以利用行为代号或符号迅速、准确地记录观察内容。优良的观察表格不仅可以使观察记录简约化、精确化、条理化和便利化，确保观察者把注意力始终集中在规定的观察内容和范围内，同时还能使观察资料具有数据化特征，便于量化，或使观察结果清晰明了，利于整理和分析比较。因此，如何设计观察记录表非常重要。

1. 编制记录表格

一份好的观察记录表至少具有两方面的功能，一是指引功能，二是记录功能。观察记录表是录音或录像所不能代替的。观察记录表设计难点是行为事件的记录内容因不同的研究目的和观察类型而不同。同时，为了实现快速准确的记录制定必要的观察代码系统非常重要。

2. 制定代码系统

观察记录代码系统是研究者为了方便记录有意义的、可观察和处理的行为类别或行为单位而制定的一套符号系统，即在行为类别或单位与符号之间建立一种对应关系，用一些数字、字母、符号等表示一定的事件和行为单位。代码系统首先要求确定所要观察的具体项目，然后对项目中的具体行为进行分类。分类系统主要有两种：

① 类别系统。要求将所有观察到的有关行为都能记入一个唯一适合它的、与其他类别相互排斥的分类之中。该分类系统要求遵循两条原则：第一，相互排斥性原则，即明确定义行为，从而使可观察行为的每一类别精确地相互区分，无交叉含义；第二，详尽性原则，即凡与所研究问题相关的行为，其所有可能的具体表现，都能够归进其中某一个类别，从而不会使某个行为无从归属。

② 特选系统。即预先选定一组有限数量的具体行为作为观察研究的对象，观察记录这些行为发生与否。特选系统仅纳入那些已选定的行为，而不包括观察期间可能出现的所有行为。因此，它具有相互排斥性，但没有详尽性，不包括所有类别。

在此基础上，对行为分类再进行编码，建立代码系统。观察时只要根据所看到的在其中选择或填写具体编码即可。编码可以是数字(1、2、3等)，也可以是它所代表的缩略语。根据不同的研究目的和条件，研究者可以设计出各种不同的、适合自己需要的观察代码系统。常用的代码系统主要有两种：数字型和符号型。

① 数字型代码系统。数字型代码系统是用不同数字分别代表不同的观察单位。观

察单位可以是被试的行为,也可以是各种环境类别。所用数字的多少取决于具体研究中观察单位的数量。数字型代码系统的优点是结果整理工作量小,适于用计算机处理;其不足之处是不易记忆,需要较多时间牢记数字代码,要求研究者对各个代码的意义达到十分熟练的程度。下面是一个数字型代码系统的例子。为了研究课堂中师生交往方式对学生学习态度、学习成绩的影响,研究者设计了一个记录课堂中师生交往行为的数字型观察代码系统。该系统包括六项教师行为和两项学生行为,此外还有一项表示沉默或混乱状况。具体内容如下:

Ⅰ.教师行为

(1) 表扬或鼓励学生;

(2) 接受或运用学生的观点;

(3) 提问;

(4) 讲述;

(5) 指导;

(6) 批评学生、维护权威;

Ⅱ.学生行为

(7) 学生回答教师提问;

(8) 学生主动提问;

Ⅲ.其他情况

(9) 沉默或混乱。

② 符号型代码系统。符号型代码系统是用一定符号分别代表各种观察单位。符号的种类很多,可以是抽象的,也可以是形象的。如为了观察、记录被试的面部表情,心理学研究者设计了形象生动的模拟代码图形。研究者用图形"——"代表两眉平行,它们中间没有隆起或凹陷;"—⌒"代表一眉飞扬;"⌒⌒"代表两眉均飞扬;"⌣⌣"代表双眉锁起,眉心Ⅴ形明显等。符号型代码系统的特点是形象、逼真、易于记忆。不足之处是结果需花较多时间整理,不能直接输入计算机进行统计分析。

(三)选择观察途径

教育观察活动不仅要在自然状态下进行,而且要以不影响正常教育教学为原则。因此,在正常教育教学活动中,教育观察的基本途径有上课、听课、参加相关活动或实地考察、访谈等。观察途径多样化,根据实际需求进行选择。

(四)培训观察人员

当课题研究需要团队成员共同完成时,为了确保观察结果的信度和效度,观察人员的观察能力和水平也是至关重要的,因此在实施观察之前进行培训是非常必要的。首先,观察人员要掌握观察的基本背景知识,能够准确地理解课题研究的目的与意义,确切地把握将要进行观察的目标及任务。其次,观察人员要熟悉观察过程、观察方法和记录技巧,避免在观察和记录的过程中产生较多的错误。再次,掌握观察内容,熟悉操作性定义,能够快速准确地判断和记录观察结果,同时避免产生主观倾向性。一般来说,只有当不同观察人员的观察达到 80% 以上的一致性时,培训任务才可以结束。

二、实际观察

实际观察就是观察实施的具体过程。进行实际观察时,首先要选择好进入方式。进入观察场所时,要在尽量不影响被观察者常态的情况下,选择最佳观察角度。

(一) 进入研究情境

进入现场实施观察,观察者要做到:第一,备有可信的证明文件;第二,了解观察对象的风俗、习惯等文化背景;第三,与观察对象建立友好关系,取得有关人员的积极配合。

(二) 实施观察活动

这是教育观察的核心阶段。一是观看,这是最主要的方式;二是倾听;三是询问;四是查看,现场查看与观察目的有关的资料;五是思考;六是记录。记录要及时、准确、灵活、有序、全面、详尽。实施观察时应做到:

(1) 严格而灵活地执行计划;
(2) 选择适宜的观察位置;
(3) 善于辨别有关和无关因素;
(4) 善于抓住引起现象的原因;
(5) 观察焦点应该放在观察对象的活动及其引起的反应上;
(6) 注意一贯性的事件,但不忽略偶然或例外的事件;
(7) 善于利用观察设备;
(8) 对于复杂的观察任务分组进行观察;
(9) 对同一事物,在类似的情况下,反复观察,以保证观察信度。

三、整理分析观察资料与撰写研究报告

(一) 观察资料的整理与分析

观察结束后,研究者需要对观察记录进行初步整理,对笔录资料要分门别类存放;对影音资料要登记并做目录卡片,以免事后因记忆模糊而造成资料混乱。整理与分析工作的基本内容包括:

(1) 整理资料,查看所需观察资料是否都收集齐全,确保资料的准确性和完整性;
(2) 审查资料,再次整理,查看所收集到的观察资料是否都有效,进行编码、分类;
(3) 初步分析,在整体把握观察事件的基础上,确定分析单位和进一步分析的工具与框架;
(4) 详细说明要解释的内容,对原始资料进行量化处理,进行定性分析和定量分析。

(二) 撰写观察报告

观察报告是通过对某个对象的观察记录进行分析、研究而写成的一种书面文字。写观察报告是科研活动的基本功。许多科学研究都离不开观察，观察报告就是对这种科学研究的记录、分析和总结，是开展科学研究的依据和基础。开展观察活动、写作观察报告，能够提高科研素质，培养科研能力，提高观察、分析及文字表达能力。

观察报告的格式包括主题（题目）、前言、主体、结尾等部分。主题要明确，让人一看标题便能大致了解观察的对象。前言部分应交代清楚观察的背景、对象、目的、任务、内容、方法、研究步骤等。主体部分应写清观察的过程、数据、分析。结尾部分写明研究结论，并进行反思与讨论、建议与对策等。为了使观察研究取得实效，应增加"自我评价"，使观察者学会肯定与否定，找准前进的目标与方向。

四、观察法实施的误差及其控制

教育观察中任何一个令人信服的结论都必须是可靠和有效的，即观察信度和观察效度。信度是指观察结果的一致性、稳定性和可靠性，效度是指观察结果所反映的想要考察内容的程度。提高信度和效度对于获得客观准确的观察结论至关重要。通常，在观察研究中一些因素常常导致观察误差的出现。第一，受观察者自身能力和水平的限制，在观察问题、观察对象、观察范围、观察内容的选择和操作上或者与观察目的存在偏差，或者存在不合理的观察设计，或者存在操作技术性问题；第二，受观察者本人的价值观、经验和期望的影响，如晕轮效应、宽大效应、趋中效应等，容易使观察者在做出判断时产生偏差；第三，由于观察者的存在影响了被观察者的自然表现，导致观察结果失真。这些观察过程中可能出现的偏差提醒研究者，在进行观察研究时，要尽量全面地考虑各种影响因素，控制和减少误差的出现。控制误差的主要方法有：① 提高观察者的素质，反复论证观察设计和观察提纲，选择有经验和受过专业训练的观察者，增强辅助工具的利用；② 克服个人主观色彩，可以多人或多组同时观察，或者多次观察；③ 消除观察对象的戒备心理，深入观察对象的生活，尽可能参加观察对象的各项社会活动，尊重观察对象的风俗习惯、语言、道德规范，顺应观察对象的生活方式。

思考与练习

1. 什么是教育观察法？教育观察法的种类及其特点是什么？
2. 什么是结构性观察？科学观察与日常观察有何不同？
3. 教育观察法的基本记录方法有哪些？
4. 如何设计教育观察研究？
5. 简述教育观察法的实施程序及要求。
6. 为什么会产生观察误差？如何控制观察误差？
7. 根据自身教育学习经验，选定一个研究问题，设计一份观察提纲。

第七章
教育调查法

※ 内容提要

教育调查法是教育研究中运用的一种重要的研究方法,也是使用频率较高的研究方法。本章首先介绍了教育调查法的内涵与分类,并在此基础上,重点介绍了问卷调查法和访谈法这两种最为常用的方法。问卷法与访谈法各有优缺点,在具体研究工作过程中,要视研究需要选择相应的研究方法。

问卷调查法一般包括样本抽样、问卷设计、问卷发放和问卷回收几个环节,其中样本抽样和问卷设计是问卷调查法最为关键的两个步骤。进行问卷设计时,研究者需要注意以下几个问题:问卷结构、编题原则、编题顺序、编题形式和题目呈现的形式,以期望收集到客观、完整的信息。抽样则具有一定的要求与策略。

访谈法是访问者通过口头交谈的方式向被访问者了解相关事实情况的方法,它具有互动性、灵活性等特点,运用访谈法时访谈前的准备工作至关重要。

※ 学习目标

1. 了解教育调查法的特征与分类;
2. 能够根据调查和访谈的对象、目的等进行调查问卷设计和访谈提纲的编制;
3. 掌握问卷调查法和访谈法的一般程序和注意事项,能够熟练运用两种方法进行教育调查。

※ 关 键 词

教育调查;问卷调查;问卷设计;访谈

※ 知识导图

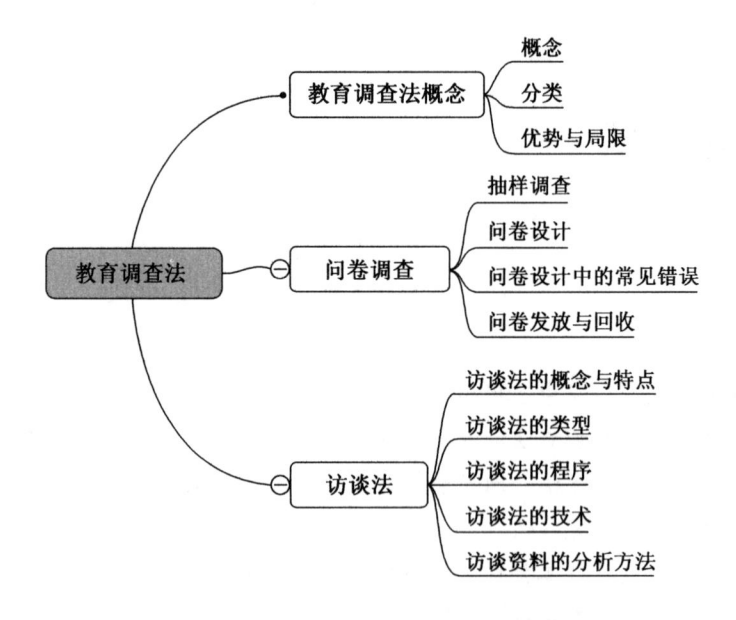

```
                           ┌─ 概念
          ┌─ 教育调查法概念 ─┼─ 分类
          │                └─ 优势与局限
          │
          │              ┌─ 抽样调查
          │              ├─ 问卷设计
教育调查法 ─┼─ 问卷调查 ──┤
          │              ├─ 问卷设计中的常见错误
          │              └─ 问卷发放与回收
          │
          │           ┌─ 访谈法的概念与特点
          │           ├─ 访谈法的类型
          └─ 访谈法 ──┼─ 访谈法的程序
                      ├─ 访谈法的技术
                      └─ 访谈资料的分析方法
```

调查研究是一项非常古老的研究技术,我国早在秦汉时期就有了针对人口数量的普查。如今调查研究已经成为社会科学研究中经常使用的一种方法,对于教育工作者和教育研究者来说尤其如此。调查法形式多样,使用方便,在研究过程中可以根据需要采用不同的形式,如调查表、问卷调查、访谈调查、座谈会等。在教育研究中,调查研究法是极为重要的,同时也因为其鲜明的优点而得到广泛的运用。本章主要对教育研究中运用最为普遍的问卷调查法和访谈法予以介绍。

第一节 教育调查法概述

一、调查法的概念

教育调查法是指为了达到一定的研究目的,依据有关的教育理论,通过观察、访谈、调查表、问卷、个案研究等方式,有目的、有计划、系统地收集有关教育问题或教育现状的资料,并在对收集到的资料进行科学分析的基础上获得关于教育现象的科学认识,提出教育问题解决方案或揭示教育规律的一种研究方法。

那么调查法有什么样的特征,我们先来看看下边的例子。

为了研究我国公民教育的发展状况,某课题研究人员从全国34个省、直辖市、自治区、特别行政区中选出具有代表性的15个省份进行调查。根据研究目标,研究者将各省份中小学阶段学生、初中阶段学生和高中阶段学生作为调查的对象,他们采用多阶段、分层抽样的方法,从总体中抽取了1 000名小学生、1 000名初中生和1 000名高中生作为调查的三个样本。在经过反复的斟酌、试用和修订之后,制定出了相关的调查问卷。之后,用了数月的时间,完成了问卷的分发、填写和收集,共回收有效问卷2 500余份。在对数据进行统计分析的基础上,得出了我国小学、初中和高中阶段公民教育整体状况的一系列结论。这些结论对于发现我国公民教育存在的问题、改善公民教育状况提供了重要的参考数据。

以上案例所运用的是调查法的一种,即问卷调查法,从这一案例中我们不难发现,调查法所具有的一些特征:

(1) 调查法基本上不受时间和空间的限制和约束。对相关教育问题的调查既可以在某一个学校的范围内进行,也可以在一个省域范围内进行,同时也可以进行跨省调研。而且在时间上,除个别对时间有严格要求的研究外,基本上不受时间的限制。调查法有效地克服了观察法所具有的时空条件限制,对于那些无法直接观察的教育现象,如学生和家长对于就近入学政策的态度、区域内教育资源配置状况、大学生思想道德状况等,均可以采用调查法间接地收集相关资料进行研究来解决存在的问题。

(2) 教育调查法是在自然状态下对教育现实情况的研究。调查法不对研究对象进行任何的控制和干涉,主要通过收集反映实际情况的相关资料进行研究,从而在根本上区别于通过控制实验因素进行研究的教育实验研究的方法。而且,这种研究强调的是对现实情况的研究,是通过对实际存在的教育问题、教育现象的分析和把握,来解决教育问题、揭示教育规律、预测教育发展趋势,从而在根本上区别于以历史事实为研究对象的历史研究法,同时也突破了文献研究对于文本本身的依赖。

(3) 调查法在进行资料收集方面明显优于其他的教育研究方法。一方面,教育调查法能够针对大样本大范围地进行资料收集,因此对于人数众多、对象复杂的研究,调查法往往能显示出自身的优势;另一方面,教育调查法收集资料的手段呈现多样化,除了以上案例中所显示的问卷收集之外,它还可以通过座谈、访问、测验等手段从当事人或熟悉研究对象的第三方获取相关资料。

二、调查法的分类

(一) 现状调查、发展调查和预测调查

根据调查目的的不同,教育调查法分为现状调查、发展调查、预测调查。

1. 现状调查

现状调查是为了了解或掌握某一种教育现象、教育问题或研究对象的当前状况和基本特征而进行的调查研究。现状调查一般可以分为实际存在的状况调查和实际存在的问题调查,前者主要着眼于了解某一教育现象的各个方面的基本内容,以求综合地反映某个地区、某个群体、某个时段教育的状况,如对于某省农村退休教师生活状况的调查。问题调查则是为了对当前存在的某一教育问题进行系统的调查研究,探寻问题的根源,为寻求解决问题的方案提供有价值的信息或有参考价值的意见,如对独生子女的教育问题的调查研究。

2. 发展调查

发展调查主要是对某一种教育现象或某一个教师群体、学生群体或其他教育相关人员的某一方面的特征随着时间的变化而发展变化的调查研究。一般调查研究需要在一定时段内对研究对象进行跟踪调查，以求发现某种规律，进而采取相关措施。如，对小学生家庭环境与学业成绩的调查研究，通过连续六年的追踪调查来获得关于研究目的的结论性或规律性的认识。

3. 预测调查

预测调查的目的在于通过对研究对象的调查分析，预测研究对象在未来一定时间段内的发展趋势，因此，预测调查既不同于现状调查对于"是什么"的关注，也不同于发展调查因时而变的发展变化研究，它关注的是研究对象将会怎样，是着眼于未来的研究，如"未来10年教师最应该具有的教育价值取向"的调查研究。

（二）事实调查和态度调查

根据调查内容，教育调查法可以分为事实调查和态度调查。

1. 事实调查

事实调查是为了了解某一教育现象、教育问题或教育群体等的实际状况而进行的调查研究，以求获得关于研究对象的现实情况的资料数据，以形成对其基本状况的清晰了解。因此，事实调查关注的是"是什么"的问题，如新课标在小学阶段的实施情况的调查研究。

2. 态度调查

态度调查是对调查对象针对某一教育现象、教育问题、教育政策、教育制度等所持有的意见、态度、意向或价值取向等主观意向进行的调查，如"针对香港中小学生进行的国家观念认同的调查研究"，"某学校就本校推选市优秀教师候选人在全校教师中间进行的意向调查研究"等。

（三）全面调查、抽样调查、典型调查和个案调查

根据调查规模和范围可将教育调查法分为全面调查、抽样调查、典型调查和个案调查。

1. 全面调查

全面调查也叫普查，目的在于获取关于样本总体全面、准确的资料，它主要用来调查一定的时间内某一教育现象的总量，因此是对样本总体的调查，一般是专门组织的一次性调查，如第六次全国人口普查。全面调查往往工作量大、时间性强，涉及面广，因此要求调查过程能够集中领导、统一要求、统一行动。尽管全面调查能够全面准确地获取信息，但是全面调查往往因为样本容量过大而只能获取一些研究对象的一些基本信息，而且因为需要花费大量的人力、物力、财力，在教育研究中很少采用这种方法。

2. 抽样调查

抽样调查就是从研究对象的整体中选出部分代表作为样本加以调查研究,进而依据所得出的研究结果来推断和说明整体特征的一种调查研究类型,抽样就是指从总体中抽出一部分作为样本。抽样调查避免了全面调查的弊端,同时,只要恰当地选取样本就能够得出样本总体的情况,而且还能进行更为深入的调查,因此在教育研究中被大量采用。

3. 典型调查

典型调查就是根据调查的目的和要求,在对全部调查对象进行全面分析的基础上,从中选择具有代表性的单位进行详细认真的调查。它是有意识地选取少数具有代表性的典型单位进行深入细致的调查研究,借以认识同类事物的发展变化规律及本质的一种非全面调查。典型调查具有调查单位少、调查范围小、省时省力、方法灵活多样、重点深入等特点。但典型调查在进行代表选择的过程中具有一定的主观性,因此,必须要搜集大量的第一手资料,搞清所调查的典型中各方面的情况,做系统、细致的解剖,从中得出用以指导工作的结论和办法。

4. 个案调查

个案调查是对一个学校、一件事、一位学生、一名教师或其他工作或研究人员等所进行的全面深入的调查,个案调查法一般从全体样本中选取个别有显著特征的样本进行调查研究。关于个案调查将在第十一章做进一步的阐述。

(四) 问卷调查、访谈调查、座谈调查、电话调查等

除以上调查分类之外,教育调查法根据调查的形式,可划分为问卷调查、访谈调查、座谈调查和电话调查等,其中问卷调查和访谈调查是教育研究中应用最为广泛的调查方法,在本章第二节和第三节将分别做进一步的说明。

三、调查法的优势与局限

调查法是了解事实、收集第一手资料的重要手段,已被广泛应用于社会科学的各个领域。在教育领域,教育调查法同样得到了广泛的应用,之所以如此,在于教育调查法有着自身独特的优势:

第一,教育调查法不受时间和空间的限制,简单易行。与行动研究或人种志研究不同,它不需要研究者直接感知需要了解的教育现象。作为一种间接的研究方法,它避免了研究者亲临现场,从而避开了时间和空间对研究条件的限制。教育调查法获取信息的形式多样,可以通过邮寄、电话、网络、报刊等进行问卷调查,也可以由研究者亲自进行访谈,因此,能够在较短的时间内获取研究所需要的信息;而且对于大范围、多区域的研究也同样快速有效。

第二,除不受时空限制之外,教育调查法还因为简单方便、容易操作而备受研究者的青睐。因为教育调查法一般是在自然状态下进行的研究,所以对环境条件几乎没有什么限制,更不要像实验法那样控制对象和其他条件,因此,简单易行,为众多的研究者所采用。

然而,教育调查法并非完美无瑕,作为一种研究方法,它与其他任何研究方法一样也有自己的缺陷,主要体现为:

第一,教育调查法无法确定现象之间的因果关系。它只能说明现象之间存在着某种关系,但却不能完全确定地指出两者之间的相关性。因为,教育调查法是在自然状态下进行的研究,而非如实验法那样去控制变量,这样一来,即便我们发现两个现象之间有关系,也不能确定究竟谁因谁果,它们之间的关系存在多种可能性。

第二,调查结果的可靠性受被调查者影响大,不合作的态度会降低研究效度。教育调查法是通过对被调查者的调查来获取研究所需要的信息,因此,被调查者的态度将会对研究结果产生较大的影响。如果被调查者以客观诚实的态度向调查者提供真实的信息,那么调查者便能够获得真实可靠的信息;反之,如果被调查者因为担心、厌烦等因素不能提供真实的信息,调查的信度也就自然下降。

教育调查法有着其他研究方法不可取代的优点,同时也有自身的局限,正因为如此,通常在进行教育研究的过程中,往往将教育调查法与其他研究方法结合使用。

第二节 问卷调查法

问卷调查法通常是指对较大人群样本,采取提问的方式获取数据资料,从而对所关心问题的现状进行统计性的描述、评价、揭示和预测的一种研究方法。问卷调查是以书面的形式、通过严格设计的问题向调查对象了解信息、获取资料,问卷由一系列精心设计的问题构成,用以测量被调查者的行为、态度和特征等方面的信息。问卷调查法已经成为教育研究中最受欢迎、应用最为广泛的研究方法。问卷调查法包含两个关键性的环节,一是抽样调查,二是问卷设计。

一、抽样调查

在抽样调查中,抽样是调查的第一个环节,所谓抽样就是依据一定的计算或科学的原理从全部分析单位中抽取部分单位的过程。其中全部的分析单位称为总体,被抽取出来进行调查的部分称为样本或样本总体,样本总体中所包含的样本的数目称为样本容量。如调查南京市大学生对昆曲的了解程度,研究者从南京市全部大学生中抽取了500人进行调查。这里南京市所有的大学生就是总体,而这500个被调查对象就是样本,500就是样本容量。

抽样一般是随机抽样,随机抽样的目的在于使总体中的所有分析单位都有均等的机会被抽取,因此随机抽样原则又称为机会均等原则、概率原则,如我们日常生活中的抓阄、抽签等方式就属于简单随机抽样。

因此,抽样的过程包括界定总体、选取方法、抽取样本这样几个环节,但抽样方法和原则并非是唯一需要考虑的,样本的大小对于调查研究也是重要的影响因素。一般来说,评价一个抽样方案的合理与否包括两个因素,一是抽样效果,二是研究代价。一般样本越大,抽样效果就越好,所以普查或全面调查的调查效果要比抽样调查的效果好,但代价太大,对于多数研究者而言,无论是人力、物力还是财力都是难以达到普查的要求的。当然也不能一味地考虑研究代价而无限地压缩样本容量,样本越小研究代价也就越小,但研究效果也就越不好。因此,一个好的抽样方案要在调查预算经费的范围内最大限度地增加样本,或在限定研究效果的情况下选择费用最少的方案。总的来说,样本的大小主要取决于四个方面的因素,一是样本的代表性要求,即样本能够在多大程度上代表总体;二是总体的性质,从总体的规模来看,一般来说总体越大则要求样本也越大,但是,当总体规模达到一定的程度之后,样本大小与总体大小也就无关或者只有极少的关联;三是抽样方法,不同的抽样方法往往可能要求不同的样本容量;四是研究费用,尽管研究者都希望能够选取足够的样本以获取更为准确可靠的结果,但样本过大就会导致研究费用过高,也就不具有现实的可行性,因此,费用往往是限制样本的一个重要因素。

二、问卷设计

(一) 问卷的结构

问卷调查的关键在于良好的调查问卷的编制,一份完整的问卷一般包括标题、引导语、个人特征资料、问题与答案这四个方面的内容,任何一个方面如果没有获得恰当的处理都将会影响问卷的质量和调查的效果。

1. 标题

问卷的标题目的在于对问卷调查的基本内容进行简明扼要的概括,一个好的标题至少要做好两方面的工作:第一,标题的形式简洁明了,使人一目了然;第二,标题一般采用中性的词汇,以避免因为明显的褒义或贬义色彩使调查对象产生不利于客观地回答问题的心理刺激,从而影响最终答案的真实性。

2. 引导语

引导语是置于标题之后、问题之前的一段说明性的文字,一般又称为卷首语、指导语等。引导语的功能包括:第一,说明研究者为何进行此项调查;第二,指导被调查者如何回答问题,说明或规定答题规范;第三,说明调查的保密性,消除被调查者在答题过程中的顾虑;第四,引导被调查者独立回答问题,并给予感谢和必要的鼓励;第五,说明调查人员的身份、通信地址或电话号码,以获得被调查者的信任和配合。

以上几个方面同时也构成引导语的主要内容,引导语在内容上一般包括称谓、调查目的说明、答题规范解释、保密说明、调查者对于对被调查者给予合作的期待和感谢,以及对调查人员身份和联系方式的介绍等。引导语在语气上应诚恳、谦虚、热情、平易近人,在内容上要言简意赅,避免用过于专业的术语、学术性或理论性的语言,同时也要避免过浓的文学化色彩。

尊敬的老师:

您好!感谢您在百忙之中抽出宝贵的时间参与本次问卷调查。本次调查活动目的是了解当前幼儿园教师参与园本教研的现状。问卷中的选项没有好坏对错之分,请根据您的真实状况填答即可。您所提供的信息采用无记名的方式,仅供研究参考之用。谢谢您的合作与支持!

常熟理工学院学前教育研究中心课题组
2021 年 1 月

3. 问题和答案

问题和答案是调查问卷的主体部分,是调查信息收集的来源和依据。依据问题的性质可将调查问卷中的问题分为背景性问题、客观性问题、主观性问题;依据问题的形式又可将问题分为封闭性问题、半封闭性问题和开放性问题。

(二) 问题的类型

前文已经指出问卷中的问题从性质上说包括背景性问题、客观性问题和主观性问题。背景性问题主要收集与研究结果有直接关系的有关被调查者的个人基本情况的信息,不同的研究所需要的背景信息也有所不同。具体如,被调查者的年龄、性别、职业、学历、专业、年级、婚姻状况等,背景性信息所提供的不同群体的不同情况为后期的分类分析研究提供了重要的依据。如:

1. 您幼儿园所在的地区为: A. 城市   B. 农村
2. 您的最后学历为: A. 大专及以下   B. 本科   C. 研究生
3. 您所在的年龄班: A. 幼托班   B. 小班   C. 中班   D. 大班

客观性问题是针对客观事实所提出的问题,是对已经发生了的或正在发生的事情的提问,如:

您的教龄是:
A. 1~2 年   B. 3~4 年   C. 5~10 年   D. 10 年以上

主观性问题主要是为了调查被调查者对于某些信息的认知程度以及对于某些事情的情感、态度、动机、信念、价值观、满意度等。主观性问题既可以以封闭性的问题形式出现,也可以以开放性的问题出现。

从问题的形式来说,问卷中的问题分为开放性问题、封闭性问题和半封闭性问题。开放性问题是指在进行问题设计时只提供问题而不提供答案,因为没有现成的答案可选,因此,被调查者可以根据自己的想法自由回答问题。从问卷形式上来说,开放性问题一般是问题加留白的形式,即在问题之后留出空白部分由被调查者完成答案。开放性问题因为没有特别的限定,所以答案的形式就比较灵活多样,各种不同的答案往往能够给予调查人员意想不到的启发和收获。但开放性问题也同样因为缺乏限定性而往往会导致大量与调查无关的信息的产生,而且对于这些信息难以收集和统计,整理起来比较困难,无法进行定量研究。更为重要的是开放性问题的回答要比封闭性问题的回答费时、费力,因此,拒绝回答的比率往往很高。因此,除非必要,一般要尽可能少列或不列开放性问题。

封闭性问题是那些已经给出备选项、由被调查者进行选择的问题,这类问题往往对答案的个数、回答的内容、方向和数量等予以限定,由被调查者选择与自身情况相符合的答案或自己认为正确的答案。封闭性问题从题型上来说包括填空式、是否式、多项选择式、排序式、等级式、条件式等。

半封闭性问题是介于封闭性问题与开放性问题之间的一种问题类型。比如，在封闭性问题的若干备选项之后，再列出"其他"备选项，对于这个"其他"备选题，被调查者可以根据具体情况做出相应的回答。

(1) 填空式

填空式问题适合于那些容易回答且方便填写的简单问题，如：

1. 你今年_____岁？
2. 你读小学_____年级？
3. 你们班有_____学生？

(2) 是否式

是否式问题只有肯定和否定两种不同的回答，回答者根据情况选择其中的一种，如：

1. 我从不在考试中作弊。 A. 是 B. 否
2. 我认为学生应该尊敬教师，但教师也应该尊重学生。A. 同意 B. 不同意

(3) 多项选择式

即给出两个或两个以上的备选项，被调查者从诸选项中选出一个或多个作为答案。多项选择式是问卷中最常见的问题类型，它又包括多项单选、多项多选、多项排序、多项任意选等形式。如下边三个多项选择式题目：

1. 你们幼儿园一日活动中运用英语的比例是_____。

    A. 无   B. 只有在入园和出园的招呼语中
    C. 有一小部分用英语   D. 基本上用英语

2. 在教授英语的过程中，主要是通过什么形式教幼儿英语的（可多选并按主次排序）。

    A. 正式授课   B. 游戏活动   C. 日常生活活动
    D. 环境创设   E. 家园合作

3. 你选择上大学的目的是_____。

    A. 实现个人的最大价值   B. 更好地为社会服务
    C. 找到一份理想的工作   D. 满足父母对自己的期望

(4) 等级式

等级式的问题都属于单项选择，它通过提供被分成两个或两个以上等级的答案来让被调查者进行选择。如：

1. 您对当前研究生招生方式的满意程度

    A. 很高   B. 较高   C. 一般   D. 较低   E. 很低

2. 你是否赞成对当前的高考体制进行改革

    A. 非常赞成   B. 赞成   C. 无所谓   D. 反对   E. 非常反对

(5) 条件式

条件式问题是指有的题目只适合部分被调查者回答，各被调查者可以根据自己的情

况选择不同的题目进行回答。

1. 你是否参加过奥数辅导班？ A. 是　　 B. 否

（如果是请回答第二题，如果否请跳过第二题继续其他题目）

2. 你认为奥数辅导班对你的数学成绩提高有帮助吗？

A. 成绩大幅度提高　 B. 成绩有所提高　 C. 成绩和过去差不多　 D. 成绩反而下降

（三）答案的配置

尽管从理论上来说调查问卷的题型有很多种，如开放性问题、封闭或半封闭性问题，但封闭性问题往往构成了问卷的主要部分。对于封闭性问题而言，答案设置的合理与否将成为问题优劣的重要依据，在很多情况下会因为答案的不合理设置而使问题成为无效的问题。一般来说，封闭性问题的答案设置需要考虑三个方面的因素，一是问题与答案的一致性，二是答案之间的互斥性，三是答案的完整性或穷尽性。

所谓一致性是指不能出现答非所问的情况，问题所要求的内容要与所列答案之间具有对应性。所谓互斥性是指所给出的答案之间应彼此互不包含、互不重叠，从而对于被调查者而言只能选择其中的一个答案，如果被调查者同时选择了两个或两个以上的答案，则说明答案之间不符合互斥性原则。如：

您的职业是什么？

A. 农民　　 B. 医生　　 C. 教师　　 D. 知识分子　　 E. 工人

在这一题目中，教师、医生明显属于知识分子，而对于现代社会而言，农民和工人也同样可以是知识分子，从而也就因为知识分子对于其他选项的包含性而违背了互斥性原则。

所谓完整性或穷尽性是指所列的答案包含了答案的各种可能性，从而对于任意一个被调查者而言，必然有其中一个答案符合其情况。如：

您的文化程度是_____

A. 小学及以下　 B. 初中　　 C. 高中　　 D. 大专或本科　　 E. 硕士及以上

很显然，这个例子的五个选项穷尽了各种文化程度的类型，因此符合穷尽性原则。但如果有被调查者发现在所有的选项中均不能发现适合自己的选项，则意味着答案的设置违背了完整性原则。如：

你最喜欢的学科是_____（对小学生的调查）

A. 语文　　 B. 数学　　 C. 英语　　 D. 体育　　 E. 音乐

以上五个选项显然没有包含小学的所有学科，如社会、美术等，这样就必然有一部分被调查者难以从选项中发现适合自己的答案。

（四）问题的数目与顺序

一份问卷究竟应该有多少问题是合适的？这里并没有绝对的标准和严格的要求，一份问卷中问题的数量首先与调查的内容有着直接的关联，其次问卷设计的方法也对问题的数量有着一定的影响，再次，调查研究中所具备的人力、物力、财力等也是对问题数量的重要制约因素，问题过多将会对后期的分析带来极大的工作量，在人员不足、资金有限的情况下反而不利于研究的进行。但毫无疑问,对于一份调查问卷而言,问题既非越多越好,也非越少越好。问题过少则难以充分地获取教育研究所需要的信息,而问题过多容易引起被调查者的为难情绪或厌烦情绪,从而影响对问题回答的质量和最终的回收效果。一般来说,被调查者在 20 分钟以内回答完毕是合适的,最多不要超过 30 分钟。

不过在很多情况下我们的确会遇到问题数目比较多的问卷,对于这些问卷通常需要额外满足一些条件,如,研究者有充足的经费能够为被调查者提供适当的奖品,或能够对被调查者予以结构式的访谈,又如,被调查者对于问卷的内容比较关心或感兴趣、比较熟悉。

一份问卷有很多的问题,这些问题不能随意摆放,而必须按照一定的顺序进行排列。顺序的安排以能够让被调查者更为认真、高质量地回答问题为依据。一般来说题目顺序的排放有以下一些基本要求:

(1) 难易程度上按照先易后难的原则,即把容易回答的问题放在前面,而把那些复杂的或需要思考的问题放在后边,这样被调查者会以一种轻松的心态完成问卷的填写。相反,如果把困难的问题放在前边可能导致被调查者产生畏难情绪,甚至是反感情绪,不利于被调查者对后续问题做继续回答。

(2) 内容上按照从事实到态度的原则。问题的排序一般将行为事实性的问题置于前面,而将价值态度的问题置于后边。行为事实问题是已经发生或正在发生的事情,或者是一种客观存在的事实,因此是被调查者比较熟悉或比较容易作答的题目,把它们置于前面有利于提升被调查者答题的信心。而价值态度方面的问题则多涉及被调查者思想上或内心深处的东西,因此不愿轻易向陌生人表露,如果把它们置于问卷的前面则可能导致被调查者的反感而导致拒答或应付性回答。

(3) 形式上按照从封闭性问题到开放性问题的原则。调查问卷一般将封闭性问题放在前面,而将开放性问题放在后边。这是因为开放性问题的回答往往需要较多的思考时间和写作时间,而多数调查者并不愿意用太长的时间来回答这些问题。

(4) 根据对调查对象的了解,将那些能够引起被调查者兴趣的问题和被调查者比较熟悉的问题放在前面,而把那些被调查者相对生疏或不太感兴趣的问题放在后边。如果一开始就能够引起被调查者的兴趣,那么调查就可能能够顺利进行。而对于比较熟悉的事物,人们总能够轻易谈及自己的看法,因此也能够轻松地予以回答。

(5) 问题的性质上按照先一般后特殊的原则。所谓一般性问题是那些一般人都不避讳的问题,愿意回答甚至乐于回答的问题;所谓特殊性问题是指牵涉个人隐私或与政治等有关的敏感性问题。特殊性问题往往会造成被调查者的紧张情绪,被调查者出于自我保护的警惕心理而放弃作答或填写虚假的信息,将不利于调查的顺利进行。因此,一般将特殊性问题放在后边,而将一般性问题置于问卷的前边,一方面,即便被调查者不愿意回答这些敏感性问题,但前边的一般性问题已经作答,这些资料可以得到保留;另一方面,被调查者通过前面大量题目的填写而出于惯性继续对特殊性问题进行回答。

(五)问卷设计的一般步骤

问卷设计的过程并非问题堆积的过程,问题的形成也不是由问卷设计者主观随意决定的。问卷设计有自己的方法,设计过程中也有自身必须遵守的原则。而且问卷中的问题编制与研究目的、研究对象等都有着直接的关系。因此,问卷设计必须遵守相应的程序,具体来说包括做好编制前的准备工作、形成问卷初稿、进一步试用和修改、确定终稿、印制问卷等环节。

1. 做好问卷编制的前期准备工作

问卷中术语的运用、语句的组织,以及问题的选择和确定等都不是完全随意的。在调查研究中,尤其是对研究者并不完全熟悉的领域,要做好充分的前期准备和探索工作。一般包括两个方面:一方面收集有关文献资料,了解已有的相关研究成果,通过分析研究首先形成基本思路和问卷的初步结构;另一方面则通过非结构性的访谈和观察,亲自与各类对象进行自然、随意、融洽的交谈,在交谈过程中观察他们的行为、特征和态度等,并了解他们的社会背景、体验他们的生活,进而根据所了解和掌握的信息设计问题和答案,从而避免不符合实际的问题的出现,同时也避免含糊不清的现象的发生。问卷编制的前期准备工作在整个问卷形成过程中发挥着重要的作用,是问卷设计的必经环节。

2. 形成问卷初稿

经过前期的准备工作,在对要调查的问题和可能的答案有了初步的印象之后,研究者就要反复思考以将问题结构化、逻辑化、具体化,设计问题的内容,选择答案的形式,最终形成问卷的初稿。一般来说,形成问卷初稿有两种方法。一是卡片法,卡片法是一种由具体问题到总体结构的问卷设计方法。卡片法的第一个环节在于将经过前期准备而选择的问题罗列在每一张卡片上,一题一卡;然后根据问题的类型对卡片进行归类,并对每一类卡片中的问题进行排序;之后再根据问卷整体的逻辑结构对各类卡片进行排序,这样便使所有卡片形成了一个完整的整体;最后再对各个问题进行细节上的调整和补充,并输入电脑,形成初稿。另一种方法是框图法,框图法与卡片法相反,它是一种由总体结构到具体问题的问卷设计方法。因此,框图法的首要环节是确定问卷的总体结构,包括内容构成和结构顺序;之后罗列每一部分的问题,并安排问题的前后次序;最后对所列问题进行检查、补充、调整和矫正,并输入电脑形成问卷初稿。其实卡片法遵循归纳的逻辑,而框图法遵循演绎的逻辑,在问卷编制的实际过程中,往往需要两者结合共同完成问卷的初稿。

3. 问卷的试用与修改

问卷初稿设计完成之后,尚不能直接用于调查,一般要经过多次的试用和修改方可投入使用。一旦问卷被发放于被调查者面前,问卷可能存在的问题便无法进行补救和挽回。这样的问卷回收之后不可避免地会对资料统计和分析造成重大的影响。因此,问卷初稿设计完成之后一般要经过试用和修改的程序。

一般问卷试用有两种方法,一是将问卷初稿打印 40 份左右,在小范围内进行测试,然后进行统计分析,检查问卷存在哪些不足和缺陷,如问题是否全面、清晰,问卷的内容和形式是否正确等,具体来说,这种方法检查的内容主要包括回收率、有效回收率、填答错误和填答不全四个方面。另一种方法是将打印好的问卷送给相关领域的专家或研究人员,他们依据自己的经验和认识,从各个方面对问卷进行评价,指出问卷的不足和错误。

一般两种方法可以同时结合运用,一旦试用完成,且专家和研究人员给出了对问卷的评价和建议,就可以对问卷进行修改。当然修改并非一次性工作,有时需要对已经修改的问卷再次进行试用和修改,直至完全符合调查研究的需要。

4. 印制问卷,付诸实施

对于已经经过试用、修改并最终定稿的问卷就可以付诸印刷了,然而,在问卷形成的最后环节还要做好进一步的校对工作,以免在问卷中出现低级性的错误,影响问卷的质量和被调查者对调查研究的态度。

三、问卷设计中的常见错误

要想设计出高质量的问卷,还必须了解问卷设计的基本要求,防止在设计过程中出现错误。

1. 概念抽象

在问卷设计中应尽可能根据被调查者的实际情况进行语言表述,一般情况下要避免使用专业性、学术性以及生活中不太常用的概念和术语。如:

你是否赞成在高考中采用标准分数计分?

A. 赞成　　B. 不赞成

标准分并非日常生活中的术语,大多数人并不完全理解标准分的计算方法和原理,从而也就难以获得真实准确的信息。

2. 问题模糊不清

问题或答案的模糊不清往往使被调查者难以把握,从而影响调查的效果。如:

你认为目前的教育制度需要进行怎样程度的改革?

A. 全面迅速　　B. 全面缓慢　　C. 部分迅速　　D. 部分缓慢

在这一问题中,"教育"概念本身的模糊性使被调查者很难回答究竟是国家的教育体制改革,还是学校教育制度改革,还是教育行政管理制度改革? 是高等教育制度改革还是基础教育制度改革,抑或是学前教育制度改革? 这样的问题注定不能得到有效的信息。

3. 问题带有倾向性

在进行问题设计时有意无意地将研究者的意图加入问题之中也是问卷设计中常见的错误。如:

在素质教育已经深入人心的今天,你认为哪种教学方法对发展学生的创新思维更为有利?

A. 合作学习　　B. 实验法　　C. 讲授法　　D. 问题解决法

在这一问题的前提当中已经蕴含了素质教育已然得到了广发的接受和认可,这样一来,作为传统教学方法的讲授法自然成为不被选择的选项。一般来说,在进行问题和答案设置时要尽可能做到价值中立,不把自己的态度和立场牵涉其中,更不能故意设置诱导性的暗示。

4. 问题具有多重含义

在问题的表达方式上,一题多义是经常出现的问题,所谓一题多义即问题存在多重含义导致被调查者无法选择。如,"您是否适应在学校的学习和生活?"在这个问题中同时问了学习和生活两个方面,有的学生可能适应学习但不适应生活,有的学生则刚好相反,或者两者都适应,这样便导致被调查者无法回答。

5. 问题与答案不协调

问卷中问题与答案是一个整体,不可分割,两者之间必须保持内在的一致性,相互协调、密切配合。有什么样的问题,就准备什么样的答案,不能出现答非所问的情况。如:

您对您博士毕业院校是否满意?

A. 学校住宿条件很好　　B. 学校学术声誉很好

C. 导师队伍很强大　　　D. 学校科研条件良好

这道题本来是要问被调查者对自己曾经读博士的院校是否满意,答案应该是"非常满意""满意""不满意""很不满意"等,而以上答案所针对的问题应该是"您对您博士毕业院校哪个方面最满意?"这样才能使问题和答案之间协调一致。

6. 答案设计不合理

在进行答案配置的时候,一般要符合穷尽性和互斥性的原则,然而,除此之外还可能存在一些其他的问题。如:

您平时是否经常上网?

A. 经常　B. 有时　C. 很少　D. 几乎不上

这道题的答案配置似乎符合了穷尽性和互斥性原则,然而同样是不合理的答案设计,因为不同的人对是否经常上网有不同的理解,如对一个大学生来说"经常"可能意味着一天四五个小时,而对于一个中老年人来说一周上一次网可能就意味着"经常"。其实,这个问题可以修改为"您每天上网几个小时?"

7. 表达上拖泥带水

在问卷的措辞上,语言冗长拉杂、拖泥带水也是常见的问题之一。一般来说,编写问卷要做到语义清晰、语言简洁,用最简洁的语言表达最想表达的内容,除了在问题上坚持少而精的原则外,在语言上也要坚持相同的原则。问题过长会导致答题时间的延长,同时也影响被调查者对题目的理解。如:

你认为减轻学生学习负担会提高学生的学习兴趣或者相反?

这个问题中的"或者相反"完全多余,应予以删除。

8. 直接问敏感性或刺激性的问题

提问应尽可能避开敏感性的问题或刺激性的问题,以避免被调查者产生抵触情绪,或造成被调查者情感的伤害。这类问题一般是牵涉被调查者不愿公开的影响到个人利益、前途、声誉、自尊等方面的问题。如：

作为一名差生，班主任是否对你进行过个别辅导？

A. 经常　B. 有时　C. 很少　D. 从不

在这个题目当中，"差生"可能会对被调查者产生一定的刺激，伤害被调查者的情感和自尊。

9. 用否定形式提问

问卷要尽量避免使用否定性的问题，尤其避免使用双重否定的问题。如：你是否认为当前不需要对高考进行改革？你是否认为没有人不孝敬自己的父母？因为答题者习惯于肯定的问题形式，因此很容易以肯定的形式进行答案选择。再如：

你认为不适合做教师的人的个性是：

A. 随和　B. 孤僻　C. 知识面广　D. 严厉

在这个问题中，答题者极可能按照"适合做教师的条件"来回答问题。

10. 使用假定性的问题

很多问卷所设置的问题，都是先假定一种情况，然后让被调查者在假定的情况下回答问题，这也是一种常见的错误。问卷调查一般是对事实情况的调查，因此，要尽可能避免假定性问题的出现。如：假定你是一名教师，你会怎样对待学生？在这个问题中可能因为被调查者年龄小而不完全理解教师的职业要求，或者被调查者缺乏相关的经历而无法回答。

四、问卷的发放与回收

问卷事实一般包括问卷设计、调查对象选择、发放问卷、回收问卷和审查问卷几个环节。问卷调查的质量不仅取决于问卷设计和调查对象的选择，同时也取决于问卷的发放、回收和审查。

（一）问卷的发放

问卷发放的形式多种多样，主要包括邮寄、报刊、网络、个别发送等。在问卷发放时需要注意两个问题，一是能够提高问卷的填答质量；二是有利于提高问卷的回收率。邮寄、报刊和网上调查都是调查人员不在场的情况下由被调查者对问卷进行作答，这种方法的好处在于方便发送，降低成本，尤其是牵涉到不同区域的大样本调查时，一般调查者往往不能亲临现场。其缺点是回收率难以保证。个别发送是指研究者将印制好的问卷亲自或委派专门的（或经过培训的）调查人员发送到被调查者手中，并当面讲清调查的意义和要求，亲自对被调查者的问题予以解释，这对提高问卷的填答质量以及问卷的回收率都是大有助益的。

（二）问卷的回收

问卷的回收在整个问卷调查中是极为重要的环节，一般来说，成功的问卷调查回收率应该在70%以上,如果回收率低于50%,结论的可靠性就难以保证,意味着问卷调查已经失败,调查就应该终止。因此,在整个问卷调查过程中必须注意有意识地提高问卷的回收率,一方面要做好问卷设计,另一方面也要挑选好恰当的调查对象,争取其最大的合作;同时,在条件允许的情况下,还要尽可能选择回收率较高的调查方式。根据统计,报刊投递的问卷调查的回收率约为10%~20%,邮寄问卷的回收率约为30%~50%,送发问卷的回收率一般在80%~90%,而访问问卷的回收率可达100%。最后,如果能争取权威机构的支持,借助于主办者的权威性和知名度,往往会提高被调查者对问卷调查的信任程度和回答意愿。

第三节 访谈法

一、访谈法的概念与特点

(一) 访谈法的概念

访谈法是访问者通过口头交谈的方式向被访问者了解相关事实情况的方法。访问的过程主要是访问者和被访问者面对面的互动过程,这个过程决定了这一方法的主要特点。

(二) 访谈法的特点

访谈法不同于问卷调查法,它有着自身的特点。首先,访谈法具有互动性。由于调查过程是双向传递的过程,即访问者和被访问者通过提问和回答相互作用的过程,这使得调查质量的好坏在很大程度上取决于互动过程中人际交往的质量。其次,访谈法具有灵活性。访谈是面对面的直接调查,因此它可以根据访问对象和访问过程的具体情况,灵活多样地选择问题、提问的顺序、提问的形式和措辞,有针对性地进行访问,访谈法具有灵活性。如下边的案例:

在某项关于调查小学课堂秩序的研究中,研究人员制定了教师和学生的调查问卷,但由于小学生年龄从6岁到12岁不等,尤其是低年级的小学生无法单独完成问卷,再者由于教师对课堂秩序认识是多方面多维度的,为了全面了解小学课堂秩序的现状,研究人员同时采用了访谈的方法。

针对教师的访谈提纲:
1. 您在课堂教学过程中一般会对学生提出哪些要求?
2. 您认为这些要求在教学过程中发挥着什么样的作用?
3. 您理想的课堂秩序是什么?与现实的差距在哪里?有解决的办法吗?

针对学生的访谈提纲:
1. 在课堂上,老师一般会要求你们遵守哪些规矩?(上课开始时、教学过程中、快下课时都有哪些要求)
2. 你觉得老师提的这些要求好吗?

3. 当你们违反课堂纪律时,老师会怎样处理?
4. 你觉得老师一般喜欢什么样的学生?能举个例子吗?
5. 上课的时候老师是否要求你们保持安静不动,你能做到吗?

上述访谈提纲在实施过程中可以调整提问顺序,也可以根据被访者的回答进行追问,必要时可以增加、修改问题。在教师访谈提纲中,由于教师是接受过师范教育的专业人员,其对课堂秩序已经有所认识,故而问题多围绕课堂教学实践中的秩序及教师观念中的理想秩序展开。访谈结果表明,一部分教师对课堂秩序有着较为清晰的认识,对课堂秩序与教学之间的关系也有自己的体会,还有一部分教师虽然平时对学生有课堂秩序方面的要求,但是并没有明确意识到对学生的要求是否都合理,也不完全意识到课堂秩序与学生发展之间的关系。不论是哪种类型的教师,受访教师都表示访谈中涉及的问题提醒了他们需要全面思考什么才是有助于学生健康发展的教学,对课堂秩序在教学实践中的作用有了新的反思。在学生访谈提纲中,出于对学生年龄和认识水平的考虑,访谈问题主要集中在课堂教学秩序的实际情况调查和自身对课堂秩序的感受方面。通过对学生的访谈,调查人员从获得的大量与课堂秩序有关的事例中,总结出课堂秩序执行的严格与否和学生学习成绩的好坏之间有直接关系,大多数学生对日常教学中的秩序没有过多的意见,因为"从一年级开始就已经习惯了",但是不论成绩好还是不好的学生都希望教师能够一视同仁,公平对待所有同学。

(三) 访谈法的优缺点

每种研究方法都有它的优越性和局限性,正确认识访谈法的优点和缺点能够使调查尽可能全面和准确。访谈法的优点包括:

(1) 访谈法能广泛了解各种教育现象。作为一种口头调查方法,访谈法既能够了解当下的教育现象,又能够了解已经发生的教育现象;既可以调查事实、行为方面的问题,又可以询问观念、情感方面的问题,因而具有广泛的调查对象。如访问者可以询问教师对现有课堂秩序的看法,也可以询问教师自己在课堂上是如何维持秩序的,同时也能谈及教师所认为的理想的课堂秩序。

(2) 访谈法能深入探讨各种教育问题。访谈过程是访问者与被访问者双向传导的过程,它既可以交流复杂的教育现象,也可以探讨教育现象的内在联系和本质,同时也可以研究教育问题的方法等,可以说,访谈法能够深入探讨教育现象的各个方面。

(3) 访谈法具有较高的成功率和可靠性。访谈法由于发生在调查者与被调查者当面接触的环境中,因此调查的回答率较高,一般不会发生被调查者拒绝合作或半途而废的情况。在访谈过程中,由于调查人员的在场,可以对被访问者的表情、态度进行观察,又可以对被访问者回答问题的质量加以控制,使得调查资料的真实性和准确性大大提高。这种当面提问、当面回答的方式一方面可以减少被访问者对问题的理解不清或是误解误答,另一方面在一定程度上减少了由他人代填或是几人共同商量填答的情况,有利于提高调查资料的效度与信度。

(4) 访谈法适用于各种调查对象。由于当面调查法主要依赖于口头语言,因而它适用的调查对象范围十分广泛,既可以用于文化水平比较高的调查对象,也可以用于文化水平比较低的调查对象。

同时,访谈法也有自身的缺陷和不足:

(1) 访谈法具有一定的主观性。访谈法的结果和质量很大程度上取决于访问者的素质及被访问者的合作态度和回答能力上。一个认真负责和熟练掌握访谈技巧的访问者可以了解到许多真实情况,一个积极合作而又有较强回答能力的被访问者也能够提供许多有价值的信息;反之,访谈只能了解到一些表面或不真实的信息。因此对访谈结果做出判断时要充分考虑访问者和被访问者的主观状况。

(2) 访谈法不能匿名。由于访问调查是当面提问、当面回答,因此当访谈涉及人们的隐私、利害关系等敏感性内容时,难以用当面访谈的方法来收集资料。同时,当面访谈可能对被调查者造成思想压力,被调查者的一些顾虑有时会直接影响到问题回答的真实性和可靠性。

(3) 访谈获得的资料需要进一步查证、核实。访问调查是口头调查,调查所获得的都是一些口头信息,它们的真实性和准确性都有待证明。

(4) 访谈法费人力、费财力、费时间。访谈法一般都需要较多的访问人员,需要专门培训;访问时还需要动员访问对象及所在单位给予配合;访谈结果还要花费更多的时间。

二、访谈法的类型

按照不同的分类标准,访谈法可以分为不同的类型。

(一) 结构式访谈与无结构式访谈

依据访谈形式可以划分为结构式访谈和无结构式访谈。结构式访谈也称标准化访谈,是按照统一设计的访谈结构进行访谈,即选择访谈对象的标准和方法、访谈中的问题、提问的方式和顺序、对被访谈者回答的记录,有时甚至连访谈的时间、地点、环境等外部条件都事先安排好。结构式访谈便于对访谈结果进行统计和定量研究,但由于要求访谈各要素基本保持一致,所以这种方法缺乏弹性、针对性不强,有时难以对问题做较深入细致的探讨。无结构式访谈也称非标准化访谈,即如何提问,事先没有统一的标准,只拟定一般性的访谈提纲所进行的访谈。无结构的最大好处就是弹性大,在实际访谈时可以根据实际情况做必要的调整,有利于适应不同的外部环境,有利于发挥访谈者和被访谈者双方的主动性和创造性。

(二) 个体访谈与集体访谈

依据访谈对象的构成可以分为个体访谈和集体访谈。个体访谈是一对一的方法,其优势在于适宜了解在公众场合不宜询问的问题,易于取得被访谈者的配合,访谈成功率高,在能够保证匿名性的情况下可以收集到丰富的信息。集体访谈是对若干人的访谈,是通过集体座谈的方式了解教育情况的方法。集体访谈是比个体访谈更高层次的方法,需要访谈员具备熟练的访谈技巧,同时具有能够驾驭调查座谈的能力。

(三) 直接访谈与间接访谈

依据访谈双方是否直接见面可以划分为直接访谈与间接访谈。直接访谈是访谈者与被访谈者面对面的交流,这种方法可以根据访谈对象的情况和访谈环境,灵活掌握访谈方式和进展,因此质量较高。间接访谈指通过电话等手段进行的访谈,其优点在于时间快、费用省、保密性强。

(四) 一般访谈与特殊访谈

依据访谈对象的特征可以划分为一般访谈与特殊访谈。一般访谈是指对一般人员的访谈,特殊访谈指对有较高知名度的人、突发事件的当事人、儿童或是聋哑人等特殊对象进行的访谈。

三、访谈法的程序

(一) 访谈前的准备

访谈调查的顺利进行离不开完善的准备,这些准备工作既包括选择访谈对象、访谈的进入、访谈人员的准备,也包括访谈提纲的准备等具体内容。

(1) 访谈对象的确定。访谈法是访谈者与被访谈者面对面的交流,这种交流建立在双方平等的基础上,这样一来,在最初选择访谈对象时,就应当有意识地避免那些可能处于弱势、强势地位的人。对教师来说,要避免直接访谈自己的学生,因为学生处于教师的管理之下,一般不会就相关问题坦诚相告。访谈自己的朋友和熟人也可能存在相似的风险,这种情况下的访谈关系可能被双方的友谊关系左右,从而影响事实的澄清和意义的挖掘。

(2) 访谈的进入需要得到被访谈者所在单位、部门或上级领导以及被访者本人的同意。尤其当被访谈者是访谈者不认识的对象,访谈人员常常需要通过正规的渠道取得资格,如果被访者是学生,则需要其家长的同意。这种同意有时候是书面的申请或表格,有时可能是口头的同意。总之,访谈者在联系中越细心周全,就越能为访谈关系奠定良好的基础。

(3) 访谈人员的确定。访谈人员的素质和能力决定了访谈的质量,通常对一名合格访谈者的基本要求有:具有适当的性格气质;具有良好的学识能力;具有较强的交际能力;有很高的职业道德水准。除此以外,一名访谈人员在调查展开之前还必须充分了解调查内容和调查工具,同时进行必要的方法训练。

(4) 访谈提纲是根据调查的主题和内容而设计的访谈依据。访谈者需要综合各方面因素确定访谈将采取的方式、设计提纲,在结构式访谈中还需要设计完整的问卷,如果问卷中包括许多难以口头叙述的内容,还必须事先设计各种回答卡片,以防止被访者由于记不住太多的答案而任意回答的情形。

(5)访谈调查的时间、地点的选择以被访谈者的具体情况为准,一般要求安排在访谈者较为空闲、方便的情况下。访谈所花费的时间要视情况有所安排,一般而言个别访谈的时间以不超过一个小时为宜,对集体访谈来说,时间长些无妨,但事先应做好计划。

(二)访谈的实施

当被访者接受访谈者之后,访谈就可以正式开始了,在访谈过程中最重要的就是对访谈内容的记录。访谈记录分为当场记录和事后记录。当场记录要征得被访者的同意,不同的人对此反应有所不同。有的被访者可能由于看到访谈人员记录得越认真,自己说得就越起劲。当场记录需要注意不能够因为记录影响到访谈,如不能影响到被访谈者叙述的连续性。有的被访者可能因为看到调查人员的记录而担心调查的保密性等问题,从而产生顾虑,遇到这种情况,访谈者需要耐心做好解释工作,如果被访者始终心存顾虑,访谈人员也不易勉强,可以在事后补充记录。事后记录必须在访谈后尽可能短的时间内追忆,对某些关键性语句一定要原话记录,切不能自己"概括总结"。

(三)访谈的结束

好的访谈要善始善终,访谈的结束要做好最后的收尾工作。

1. 控制好访谈的时间

一般来说,访谈的最佳时间是20分钟左右,集体访谈时可以适当延长时间。具体情况根据访谈的实际状态灵活控制,但需注意不能引起被访人员的疲惫和厌烦,从而影响调查结果。

2. 结束语

访谈结束时,访谈者应当对被访谈者的参与和配合表示感谢,如果这次的访谈没有结束,还需进一步调查的话,也应当约好下次访谈的时间和地点。

四、访谈法的技术

正如前文中指出的,一个优秀的访谈调查人员能够快速与被访者建立信任的关系,与其展开真诚的对话交流并取得丰富的资料。这说明技术在调查中发挥重要作用,下面将对访谈法的技术加以概括总结。

(一)听的技术

在访谈中聆听是最重要的技术。有研究认为这种聆听有三个层面:第一,对被访者讲话内容的聆听,估量所听的内容是否详细完整,并形成继续访谈的问题;第二,对被访者"内部声音"的聆听,领会其真实的感受,必要时加以追问;第三,对被访者聆听的同时保持理智,即访谈人员在访谈过程中除了关注谈话的内容和过程外,还需要掌握时间,明确访谈进度,以及对被访谈者的各种非语言信号进行捕捉。概括来说,访谈人员需要"接受的听",也就是对被访者的语言及其背后的含义进行主动接受,这是开放型访谈中最基本的倾听方式,在听的过程中,访谈人员可以不时地使用"是的""明白了"等非指导性话语,或是用点头、目光、语言等非语言信息鼓励被访者继续讲下去。这种积极聆听的方式由于不同于日常交际而需要访谈者改变自己多说的习惯,同时也要求访谈者全面把握访谈过程,利用好每部分的时间。"听"的技巧要求访谈者主动跟随被访谈者的话语,而不是轻易地打断。

(二) 问的技术

成功的访谈是要被访者多说而访谈者多听,但是访谈者能够以正确的方式提出真正的问题同样重要。总体来说,提问是为了使被访谈者围绕调查主题进行阐述,在讲述过程中尽可能地展示细节、澄清事实。提问时必须口齿清楚、语速适中、语气中立,提问应当遵循先易后难的原则以避免被访谈者产生紧张心理。转变话题时最好用被访者刚刚用过的词汇和句子进行承上启下,如"您刚才提到教学理论在教师中的普及具有重要意义,我还想知道它对您的教学实践具体有哪些影响呢?"在所提的问题中,开放性的问题既允许被访谈者选择自己喜欢的谈话方式,又能够使访谈者尽可能多地掌握资料。如访谈者提出问题:"您对反思性教学是怎样认识的?"此时被访者也许会讲述自己对反思性教学的认识过程或者是关于自己进行反思性教学的一个故事。

(三) 回应的技巧

访谈过程是访谈人员与被访者相互交流的过程,如何对被访者进行回应在某种程度上决定了访谈的方向和深度。访谈人员对被访者的回应包括语言回应和非语言回应,其目的是与对方建立一种对话关系,常用的回应类型主要有以下几种:认可、重复和重组、追问、有技巧的观察。这些访谈技术的掌握和灵活运用无疑会帮助访谈者尤其是新手快速收集资料,但是访谈同时也是一门艺术,是访谈者个性的一种展示,这意味着对技术的掌握并不是全部。访谈者要想使调查取得成功,还需要兼顾其他可能影响调查的因素以及自身的不断揣摩。

五、访谈资料的分析方法

访谈调查,尤其是深度访谈将会产生大量的文本性资料,将这些文字简化为重要的资料是得出最终结论的最后一个环节。在整理材料的过程中要避免研究者的预设结论,即研究者不能用一系列假设去验证被访者的表述,也不能将访谈材料与已经形成的理论体系联系起来考虑。同时,对材料的整理是一种归纳性简化,而不是演绎性简化,研究者必须以开放的态度处理材料,从文本中找出研究者感兴趣的重要信息。

> 思考与练习

1. 教育调查法有什么样的特征?在教育研究过程中存在哪些方面的优势和不足?什么样的研究适合于运用教育调查法?

2. 试析各种不同的教育调查法的优缺点。

3. 假定你现在要对某个问题进行调查研究,请按照本章关于问卷制作的方法和要求,设计一份调查问卷。

4. 一般我们在进行访谈之前都会事先准备一些问题,但在很多情况下也要根据访谈对象对问题的回答情况进行适当的追问,有时也可以问一些在访谈过程中临时想到的比较重要的问题,以便获得更为充分的访谈资料。请你们每两个人一组,选定一个主题,进行一次模拟访谈,亲身感受访谈的过程。

5. 利用图书馆资源登录"中国博硕论文资源库",查阅一些带有问卷设计的毕业论文,仔细阅读论文中交代问卷的信度和效度情况。

第八章
教育叙事研究法

※ 内容提要

教育叙事研究法是教育行动研究的具体表现形式之一,也是适合一线教师开展的一种科学研究方法。其基本特点是研究者以叙事方式表达对教育的理解和解释。它不直接定义教育是什么,也不直接规定教育应该怎么做,它只是给读者讲一个或多个教育故事,让读者从故事中体验教育是什么或应该怎么做。

教育叙事的核心是要关注"情景真实、可信度强,细节精彩、可读性强,感悟深刻、启发性强"三大要素;而作为教育叙事研究的文本表达则要包括"背景:交代故事发生的环境,主题:明确叙述的问题或意图,细节:关注反映主题的素材,结构:裁剪素材与构成情节,反思:体会感悟或理论思考"五大要素;教育叙事研究的基本模式可以简单描述为"四个一":一节课(课例研究)、一项活动(行动研究)、一件事(关键教育事件)、一个人(个人的教育史)。

※ 学习目标

1. 了解教育叙事研究的基本含义;
2. 熟悉教育叙事的三要素,能够结合自己的实际开展叙事研究;
3. 熟悉教育叙事文本的五要素,能够撰写自己的叙事作品。

※ 关 键 词

教育叙事;文本表达;模式;案例

※ 知识导图

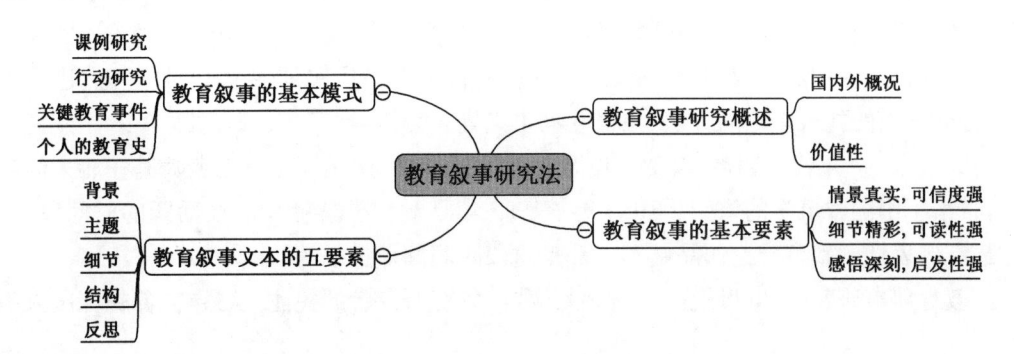

```
                  课例研究
                  行动研究      ┐
                  关键教育事件   ├── 教育叙事的基本模式 ┐
                  个人的教育史   ┘                      │
                                                        ├── 教育叙事研究概述 ┬── 国内外概况
                                              教育叙事研究法                  └── 价值性
                  背景          ┐                      │
                  主题          │                      │                     ┌── 情景真实,可信度强
                  细节          ├── 教育叙事文本的五要素┘── 教育叙事的基本要素 ├── 细节精彩,可读性强
                  结构          │                                            └── 感悟深刻,启发性强
                  反思          ┘
```

115

20世纪80年代到90年代中期,教育实验法、教育调查法、教育统计与教育测量等定量研究方法在教育研究中占据着主导地位。近年来,人们逐步认识到,教育科研不能简单照搬自然科学的研究方法,行动研究、质的研究、案例研究等方法得到了越来越广泛的认可。与注重科学主义的量化研究相比较,现在的教育科研方法注重的是人本主义的质的研究。所谓质的研究是以研究者本人作为研究工具,在自然情境下采用多种资料收集方法对社会现象进行整体性探究,使用归纳法分析资料和形成理论,通过与研究对象互动对其行为和意义建构获得解释性理解的一种活动。教育叙事研究是一种质的研究方法,是教育行动研究的具体表现形式之一,具有质的研究方法的基本特征,如具有自然情境性、研究者的自身工具性、自下而上的归纳性、对事实的解释性和建构性等。

教育叙事研究已引起了广大教育科研工作者的关注,并被逐渐运用于教师的教育教学经验研究中。教育叙事研究重视普通人的日常生活故事,包括重视这些生活故事的内在情节,是教师了解教育和向别人讲述其所了解的教育的最重要的途径之一。叙事研究报告体现为蕴涵细腻情感的叙事风格,既有细致翔实的故事性描述,又有基于事实的深刻分析;既力图创设出一种现场感,把真实的教育生活淋漓尽致地展现出来,又要在众多具体的偶然多变的现场中去透析种种关系,解析现象背后所隐蔽的真实,从而使教育生活故事焕发出理性的光辉和智慧的魅力。教育叙事研究获得某种教育理论或教育信念的方式是归纳而不是演绎,也就是说,教育理论是从过去的具体教育事件及其情节中归纳出来的,所以它比较容易被一线教师和研究者所掌握和使用,不像量化研究那样需要教师或研究者有较高的专业知识技能。

第一节 教育叙事研究概述

一、国内外教育叙事研究概况

教育叙事研究兴起于20世纪70年代,是由加拿大的几位课程学者倡导的。他们认为:教师从事实践性研究的最好方法,是说出和不断地说出一个个"真实的故事"。

叙事普遍地存在于文学艺术作品和我们的日常生活、工作当中,是人们表达思想的有力方式,因此,叙事学一直受到文学、艺术和文化研究者的关注,社会科学研究中的"叙事研究"即借鉴了文艺理论中的"叙事学"。作为质的研究方法的表现形式之一,叙事研究的主要理论基础有哲学现象学、解释学以及后现代主义理论、文学中的叙事学理论。除此之外,叙事研究还吸取了多种理论和研究方法,如哲学中的后实证主义、批判理论、建构主义,社会学中的扎根理论的方法、象征互动主义等。

20世纪80年代中期,叙事学理论开始被逐步介绍到中国,特别是杰姆逊在北大的演讲,带来了中国叙事学的繁荣。1986年—1992年是对叙事学译介的最活跃的时间段,西方最有代表性的叙事理论作品基本上都是这段时间翻译过来的。

教育叙事研究自20世纪90年代引起我国教育研究者的关注,从最初"养在深闺人不识",到后来"飞入寻常百姓家",教育叙事研究已成为教育的流行热语。

首先是理论界开始关注并介绍"教育叙事研究",出现了一批颇有影响的研究成果。

许美德所著的《思想肖像:中国知名教育家的故事》访谈了11位当代中国知名教育家,其中既有王承绪、李秉德、朱九思等中国当代教育学的开创者,又有谢希德这样的曾为当代中国的科学事业与大学发展做出卓越贡献的科学家与教育家。作者细致刻画了11位教育家的成长历程、事业发展与学术贡献,勾画出近百年来中国教育复杂多变和丰富多彩的发展图景,精彩诠释了在中国社会文化及其教育发展中,通过这些知名教育家所呈现的中国教育发展取向和独特命运,为人们提供了一个独特而富有魅力的研究视角和领域。该著作是以"教育叙事"的方式实现"知人论世"的代表著作。

华东师范大学丁钢教授不仅发表了系列关于教育叙事研究的论文,而且在他主编的《中国教育:研究与评论》中,推出了系列教育叙事研究的报告,在国内引起较大反响;而所著的《声音与经验:教育叙事探究》更是为教育叙事研究建立了理论和方法的基本框架,通过对西方叙事理论和方法的梳理反思,尤其是对教育叙事理论资源的辩证分析,提出把教育叙事的理论建立在教育叙事与日常教育实践关系的基础上,进一步廓清了其方法论及其意义,并指出了作为理论探究的教育叙事研究的五个方面的理论范畴,从而为教育叙事探究奠定了理论与方法论的基础。

王楞等著的《教师印迹:课堂生活的叙事研究》是对中小学教师课堂教学生活进行长期现场观察和田野工作的研究成果。作者们运用叙事研究的方法,从课堂观察入手,对教师这一特殊群体的教学进行研究,通过故事描述教师所从事的课堂教学活动,使人们熟悉又陌生的课堂生活得以展现,从而揭示了那些看似平常,甚至教师本人习焉不察的行为背后隐含的教育内涵,在课堂实践中寻找教师确认的意义链接,并解释教师所从事的课堂教学活动的意义。

朱永新主编的"新教育文库·我的教育故事"丛书包括5本,即《走在教育的路上》《发生在教育在线的故事》《麻辣学生酷老师》《守望高三的日子》《魔法作文营》,由福建教育出版社于2005年推出,这套号称"真正的中国的教育叙事研究"的丛书记录了发生在"新教育实验"背景下一个个真实鲜活的教育故事。

从以上研究可以看出,教育叙事研究是一种从教育实践出发,从校园生活出发,从真实教育事实出发,从自然教育情境出发所进行的研究。这种研究的显著特征在于"实",它是教师在教育活动中对实事、实情、实境和实际过程所做的记录、观察和探究,从而获得对事实或事件的解释性意见。一方面,教育叙事研究迎合了新课程改革中强调从"教本"到"文本"的转变、从"分等"到"平等"的转变、从"设计"到"涌现"的转变、从"授受"到"对话"的转变,突出以个人实践知识及能力为重要内容的培训又与教育叙事研究取得了共鸣。教师从叙事中进行反思,从案例中感悟道理,教育叙事研究成为教师专业发展的重要途径。另一方面,教育叙事研究本身所具有的"人文性""经验性"特征,要求叙教育之事、叙有意义之事、叙过去之事、叙真实之事;以"自下而上"为研究路径,通过现场工作,使教育事件在情境中真实地展开,使教育事件具有描述和解读的价值,相对于以往烦琐的、复杂的、严格的科学研究范式来说,教育叙事研究更容易被中小学教师掌握和运用。

二、教育叙事研究的价值

教育叙事研究关注的就是教育本身,是对教育事件本质的揭示,教师作为"田野工作"者其实就是要回归各种各样的教育经验,通过教育叙事研究使研究者、事件当事人以及读者在日常生活的叙事研究中理解教育经验的丰富意义。它让我们重新审视自己过去教育生活中司空见惯的幽微细节,去发现其中细微的教育蕴涵,从而把作为叙事者的教师自身的思维触角引向自我教育生活的深层,使看似平淡的日常教育生活显现其并不平凡的教育意义。

从基层教育工作的视角看待教育叙事,其价值主要体现在以下一些方面:

1. 丰富教育科研的方法

教育科研除了实验法、调查法、统计法和测量法等定量研究的方法外,行动研究和案例研究等研究方法也越来越受到足够的重视,教育叙事研究方法正是在这种新的教育科研思潮的影响下应运而生。与其他研究方法相比,叙事研究更具有弹性、灵活性、多样性等特点,正是由于这些特点,教师在开展叙事研究时就更能够体现现实针对性,更能发挥创造性,这种方法也就更能为教师所掌握和运用。

2. 丰富对教育的理解

教师们对教育的理解很多时候表现为一种缄默知识的形式,如教师个人的实践知识,是在长期实践中逐渐积累的、被经验沉淀的,这是形成教师个体教学风格的重要因素,教师的教育机智很多情况下就是缄默知识在起作用。基于缄默知识的特殊性,实践者自身有时也是不识庐山真面目,通过教育叙事的方式,在老师讲述自己的教育故事的过程中加深了对教育的理解。

3. 丰富研究成果的表达

一说起研究成果的表达,老师们就觉得是撰写论文、课题研究报告、专著等等,其实不同的研究方式有着丰富多彩的表达方式,就教育叙事来说,像苏霍姆林斯基倡导的教育日记就特别适合一线教师,他说:"我建议每一位教师都来写教育日记。教育日记并不是什么对它提出某些格式要求的官方文献,而是一种个人的随笔记录,在日常工作中就可以记。这些记录是思考和创造的源泉。那种连续记了10年、20年甚至30年的教师日记,是一笔巨大的财富。每一位勤于思考的老师,都有他自己的体系、自己的教育学修养。"

4. 丰富教学生涯的历程

教育叙事让老师们用心去关注自己的教育教学过程,用手中的教育规律去挖掘丰富多彩的教育生活,那些看起来日常、琐碎的育人历程里引人深思的蕴意在叙事中得到了丰满,把自己放回到亲身经历的过程中,再走出故事的时候,让自己有了一次反思自己、提升自己的机会,而这些点点滴滴的积累正是让自己感知教育真谛的绝好机会。

第二节 教育叙事的基本要素

一、情景真实，可信度强

教育叙事必须基于真实的教育实践，所叙述的是自己已经发生的教育事件，而且是真实可信的教育故事，绝不是凭空捏造的"美丽谎言"。在特定的环境、人物、时间、背景等众多因素下才会有一定的故事发生。因此，教师平时要善于捕捉这些教育故事的"源文件"。只有"原汁原味"的教育事件才有特定的意义。

在内容上，教育叙事可以是教学故事、德育故事，也可以是管理故事，但不管是何种内容，教育叙事最好单独地、有针对性地采用一个故事。从日常发生的小事入手，于平常中见深刻，于细微处见精神，通过叙述一些细小的事，促使自己反思与体悟，从而达到教师自身专业素养的提高。在写作手法上，教育叙事应区别于教育案例和教育随笔，应不同于教育案例先陈述案例，再进行理性分析，也不同于一般的讲故事。而应采用边叙述故事情节，边在其中夹杂些对细节的感悟及反思，用夹叙夹议的"杂文"化笔调和散文化手法写作而成，因此教师在写教育叙事故事时应注意做到夹叙夹议。

大狐狸该死吗？
——童话阅读微型课题教育叙事
常熟世茂实验幼儿园　朱惠芳

2010年9月，微型课题研究首次在常熟实施，我跃跃欲试，成为第一批申请人之一。在实施微型课题的过程中，我深感微型课题虽小，但小得实用，小得具体，小得针对性和操作性俱强，老师和孩子都大有收获，就如同一片绿叶，自可展开细腻的脉络。于是我一发不可收拾，年年参加，在一次关于童话阅读的微型课题中，快乐与感动的芬芳俯首皆是，现撷取一朵，记叙如下。

狐狸命运风波乍起

在一次微型课题教学活动中，我和孩子们一起翻开了一本图画书，书上是《小熊请客》的故事。在讲到大狐狸敲着门要吃好东西的时候，我停了下来，向孩子们提出了一个问题："大狐狸想来抢好东西吃，小熊和小客人们该怎么办呢？"

孩子们争先恐后地回答：

——拿棍子来打大狐狸，赶走它！

——用开水烫死它！

——在墙上开个洞，里面放把枪，打死它！

——把毒药放在苹果里，毒死它！

——拿炸弹炸死它！

——……

我不由得愣住了,头皮发麻,这些要置狐狸于死地的残忍想法都是打哪儿来的呀?这只狐狸就这么该死吗?这绝对不是我的初衷。

试究孩子们的想法,我们能发现其他故事或媒体的影子:有毒的苹果来源于《白雪公主》;炸弹、枪来源于部分动画片;开水烫来源于《三只小猪》;等等。孩子们听了故事,记住的却是一幅幅血淋淋的镜头,对于他们来说,这些镜头就是故事中的兴奋剂,刺激着孩子稚嫩的心灵,从而当其他的童话中出现负面的形象时,孩子们就会把一些暴力的想法加诸其上。

我意识到,今天故事的讲述应退到次要的地位,而剔除孩子们心中的残忍想法、让孩子们保持一颗纯真童心才是最重要的。

美丽宽容步步引导

我决定,就从现在开始,改变孩子们的想法。

于是,我赶紧叫停孩子们的发言,引导孩子们想想:"狐狸不劳动就想吃好东西,这样不对,但是狐狸并没有做很大的坏事,为了想吃好东西,就让狐狸死,狐狸是不是太可怜了呢?"

孩子们静了下来。

"你们喜欢吃好东西吗?"

孩子们异口同声地回答:"喜欢!"

"对呀,狐狸也喜欢吃好东西,谁都喜欢吃好东西,但是狐狸哪里不对呢?"

"狐狸自己不拿东西,还要抢别人的东西吃。"

"那我们能不能想办法让狐狸变好、也吃到好东西呢?"

于是,孩子们又开始了想象:

——大狐狸去劳动,自己买好东西;

——大狐狸去采了野花来,送给小熊,小熊就给他吃东西了;

——大狐狸可以友好地说:"你们好,我想和你们一起吃好东西,行吗?"

我根据孩子们的想象把故事的结局做了改变:

大狐狸看见大家都不喜欢他,知道自己错了,于是他也爱上了劳动,还买了大蛋糕,和小熊他们一起分享,小熊、小猫、小狗和小公鸡再也不赶他了,他们经常在一起交换好东西吃呢!

故事讲完了,孩子们听得心满意足,脸上都甜甜地笑了,而我似乎也长松了一口气,孩子们的天真世界不能过早地注入这样残酷的思想,他们应该学会美丽的宽容,学会真诚的期待。世界很美,虽然总会有阴暗的角落;人们很善良,虽然总会有邪恶的心灵;天空很明亮,虽然总会有阴霾的云朵。

童话之爱峰回路转

这件事情之后,我在给孩子们选择童话时更谨慎了,并与家长们做了沟通,提醒他们不要给孩子们看不合适的图书与电视节目。我希望,童话阅读在孩子们心中播撒的,是一颗颗真善美的种子,而实际上,这一颗颗真善美的种子在孩子们的心中,正悄悄地萌芽。

一个秋天暖暖的下午,我和小朋友们手拉着手,一起在幼儿园里散步。忽然,大鲲叫了起来:"老师你看,一个巴巴踢(我们这里蚱蜢的俗称)!"

这一下,孩子们都围了上去,小恒有经验地把两只手掌一合,就把蚱蜢合拢在了手心里。

"拿个小瓶装好它!"

"别让它逃走了!"

男小朋友们纷纷说着。

可就在这时候,小慧忽然说了一句:"这个蚱蜢也在散步呀!"

这一句一下子触动了一些女小朋友的心绪,她们发出了不一样的声音:

"小蚱蜢来找叶子做小床的。"——她们联想起了童话《红树叶》。

"小蚱蜢等会也要回去午睡的。"——这是想起了童话《想午睡的小甲虫》。

"晚上,小蚱蜢的妈妈要来接它的。"——这儿又联想到了童话《接宝宝》。

听着孩子们一句句天真的话语,我的心里真是既惊讶又欣慰。最终,孩子们和小蚱蜢玩了一会儿之后,又把它放回了草地。看来,美好的童话正悄悄地熏染着孩子们的心灵,让他们变得更体谅、更善良。

孩子们还没有辨别是非的能力,但是学习、模仿、复制别人行为的能力很强,会无意识地对故事或其他媒体中一些错误的行为进行模仿。正是在这次微型课题的大狐狸事件中,让我认识到,我们幼儿教师除了应给孩子提供有正确导向的图书之外,还要引导孩子在阅读过程中辨别好与坏、真与假、美与丑,从而让孩子形成正确的价值观。要知道,每一个孩子都有一颗水晶般的童心,无论在何时何地,我们都要细心地呵护,就像呵护一片青葱的草地,就像呵护一片蔚蓝的天空。

"忘掉一个小故事容易,忘掉一个写在纸上的大道理也不难,可忘掉一个写在趣味小故事里的大道理却难!"教育故事就应是这样!

二、细节精彩,可读性强

在教育叙事研究中要有解决问题的情景性、冲突性、过程性、复杂性,并且讲求"艺术处理"。同样一件事情不同的人叙述效果就不一样。原因就是有的人能够在抓住"事件本质"的前提下,绘声绘色地讲述。

一张"邦迪"的温暖

常熟市浒浦学校　钱春英

花开花落,有多少温暖的故事在其中上演;细水长流,有多少温暖的故事随之遥远。在这充满活力的每一天,你又在被多少人所悄悄温暖?

又是一节平凡的数学课,我依旧捧着教案微笑着踏进教室,准备带领孩子们走进知识的殿堂。刚上课不久,坐在教室靠走廊的学生就举手报告:"老师,对面的窗户有反光,我们这里看不出,要把窗帘拉上!"我走到那里一看,还真的反光,新设备最大的缺点就是屏幕是玻璃做的,反光严重,导致坐在靠边的学生看不清楚课件演示。于是,我赶忙走到窗口拉窗帘。可是我怎么拉窗帘都不动,原来我们教室里缺了一块窗帘。怎么办呢?我踮起脚尖,拉住了窗帘的一个角,努力想把窗帘拉一点到书橱上去,结果一个不小心,手撞到了铁书橱的角上,顿时,一阵钻心的痛。不过为了不影响上课,我将受伤的手指攥紧了,继续我的数学课。

课还在继续,疼痛也越来越加剧。后面的学生是根本没有注意到我的手指受伤了。但坐在"贵宾席"的王同学看到了,他盯着我流血的手指看了看,显得非常着急。我用眼神示意他不要出声,我不要紧的。当我再一次弯腰辅导他作业时,他偷偷地塞给我一张"邦迪",让我赶快包住伤口。那一瞬间,我感到一股暖流涌遍心田,伤,已经被它治愈了!谁说这个孩子没心没肺是个捣蛋鬼?是的,他学习成绩不理想,上课开小差,课后还要和同学吵架惹是生非,作业时常会漏做几题,他是个让所有老师都头疼的学习困难户。但是孩子的心灵依旧纯洁无瑕,他懂得关心老师,懂得付出爱心。人与人之间的爱是相互的,我平时只要一有空就辅导他的数学作业,哪怕回到家里还要打个电话提醒他妈妈督促孩子完成作业。我知道他是外地的,家境贫寒,因此有什么好吃的也会记得给他留一点。看似他平时还是那么大大咧咧,我还想这孩子是没救了。原来不是的,在他内心深处,还是有那么一根温暖的弦。今天,他轻轻地拨动了。从他焦虑的眼中我看到了他对我的关心,默默递过来的"邦迪"传递了无限的温暖。

温暖是黑夜中的一盏指路明灯,让迷失方向的人走向光明;温暖是雪地里的一个火堆,让寒冷的人们感到扑面的热气;温暖是沙漠中稀有的一滴水,让口干舌燥的人感到甘甜。一张"邦迪"的温暖,让我感受到爱有时需要静静体会,每一个人表达爱的方式不同,却可以让别人感到暖意,只要细细体会,你便会发现,温暖,无处不在。

教育叙事研究不是简单地纪录生活,而是需要教师在一定教育理念指导下观察与思考教育生活。叙事研究中的"事"来源于教师教育教学实践中的一个个具体的教育细节。老子说:"天下大事,必作于细",教育细节是精神,需要我们去塑造;教育细节是科学,需要我们去研究;教育细节是艺术,需要我们去追求;教育细节是效益,需要我们去创造。教师要善于在教育叙事研究中呈现教育细节、关注教育细节、提炼与升华教育细节。在叙事中,教师把教育细节作为一种资源,用心地体察、感悟、反思,通过叙事研究将其加以提升,将会更好地提高教育教学质量。

三、感悟深刻,启发性强

教育叙事研究是一种反思性研究。教师在叙事中反思,在反思中深化对问题或事件的认识,在反思中提升原有的经验,在反思中修正行动计划,在反思中探寻事件或行为背后所隐含的意义、理念和思想。离开了反思,叙事研究就会变成为叙事而叙事,就会失去它的目的和意义。

教育叙事研究表面上以叙述为主,但实际上它是教师在对自己的经验进行全面深刻反思的基础上写的。波斯纳提出了"经验+反思=成长"的教师成长公式,该公式体现了教师成长过程是一个不断反思经验的过程,反思是教师专业化发展的主要途径之一。教师写教育叙事的过程,就是对自己的教学活动进行全程监控、分析、调整的过程,是更彻底的自我反思、自我培训、自我提高的过程,真正能达到"为自己的教学进行研究,对自己的教学进行研究,在自己的教学中进行研究"的目的。

每一朵花都有盛开的理由

常熟市莫城中心小学　朱　兰

教育,是一幅长长的画卷。我们教师在这幅画中描画,也在这上面书写,那么怎样的教育才能彰显生命的色彩?在与"问题生"小邦的较量中我深深体会到:教育绝不是简单的知识传递过程,教育就应该让学生的生命得到最自然的舒展,用生命润泽生命,才会有智慧的生成、生命的发展。

"我以前的字还是不错的,现在的字之所以这么差,都是因为作业太多了,只有快点写完才能出去玩……"

"她为什么那样自以为是?居然如此武断地说我的作业不是自己写的!仗着自己是班长吗?"

"不知道为什么老师总是要我做那么多作业,一点自由也没有,为什么都说是为我好,可是我却总感觉不到……"

站在对面的小邦如此抱怨着。我知道他不是个简单的孩子:思维敏捷、能言善辩的他学习成绩不错,但现在的他在所有任课老师的眼里都很有"问题"——他不会因为你是老师,就悻然地接受你的批评,相反他会尽可能地反驳,理直气壮地展开他的辩论,直到把你气得说不出话;他认识不到自己的过错,或者是不愿意承认自己的不足,因为他永远是最有理由的!

科学老师与我交流——你们班的小邦怎么这样?上课不认真听讲,回答问题不举手,总是随性乱插嘴,没一点学生样!美术老师向我"控诉"——坐在最前面的矮个子男孩,看起来很机灵,很可爱,怎么那副漫不经心的样子啊?每次上课都不带美术工具,不管批评教育了他多少次,他总回你一句:"忘带了。"体育老师对我抱怨:"自由活动最活跃的是他,做操最散漫的也是他。"数学老师不止一次忧虑地向我反映——他总是不交作业,天天说忘记在家,总是说明天带,但每次测验成绩又总不低于九十分,这样的孩子怎么办?英语老师也大喊头疼——单词不抄,作业天天不带,批评他,他的借口一套一套的,比你还有理。

就是这样一个孩子,向我发起了一次又一次的挑战,是对我班主任工作的考验。我和小邦之间的较量开始了……

第一回合:正面交锋

那一次轮到小邦值日,可是他拿着扫帚在教室晃来晃去就是不动手打扫,同学小成看不过了,就上前说了几句,可他置若罔闻,依然我行我素。负责的小成上前拉了他一把,希望他能认真完成自己的值日工作。这下不得了了,被惹毛的他动手就回了小成一拳,然后两人就大打出手了。事后我找小邦谈话,他不假思索,理直气壮地回我:"我没错,是他先动手的!"我找来两人对质,他继续强词夺理,丝毫没有意识到自己的错,更没有打算妥协的意思。说真的,做了十年班主任,还真没见过这样的孩子,我感到师颜无存!对比他,我突然发现班上其他的所谓"调皮"的孩子是那么可爱——老师的批评一股脑儿接受——哪怕只是表面,最起码老师不至于在这么多学生面前下不了台啊!

可是理智告诉我,如果现在我用所谓的老师的"威严"来喝住他显然是不妥的。我选择了从自己身上找问题——到底什么样的学生才是老师要的?老师到底要培养什么样的学生?听话的?乖巧的?无棱无角的?

我不能拔去他的"刺"——那样会很疼;可是我又不能任其发展,那样受伤害的不仅是其他人,还有他自己。现在已经有很多同学对他敬而远之了。

怎么办?思量再三,决定仿效陶行知先生"四颗糖果"故事那样从"宽容"开始。面对他天书般的作业,我不再批评责备,只是关注——若有一点点进步,我都会告诉他我感觉到他的认真了;若有老师再向我告他的"状",我不会找他"算账",而是想方设法地站在他的角度帮助他分析,直到他心悦诚服;一旦他哪天没有拖拉作业,我都会在课堂上侧面表达我的愉快……

真正的生命教育只能建立在尊重与信任的基础上,建立在宽容与乐观的期待上。而此时的我也渐渐地看到小邦在悄悄转变——字明显认真了,作业显然不拖拉……我终于懂得,小邦需要的不是批评与埋怨,而是理解和另一种方式的交流!

"教师热爱儿童的高尚品德在于要像园丁一样,首先要认识他们,发现他们的特点,而予以适当之肥料、水分、太阳光,并须除去虫害,这样才能欣欣向荣,否则不免枯萎。"正如陶先生教导我们的那样,要"认识"学生,特别是认识"问题生","体谅"与"理解"、"支持"与"帮助"是很重要的一环。这样才能扫清师生心理障碍,缩短师生心理差距,为转化"问题生"创造条件。

第二回合:润物无声

"老师,我不想和小邦同桌,他经常讲话,我也跟着倒霉,没说话,也常被老师批评……"每次编排座位时,我都感到很为难,因为大家都不愿意和小邦同桌。

任课老师们总说:"上课只要听到有讲话声,不用朝别处望,准是小邦。"其实我也有同感,小邦讲话,还常带到一批人。

为了解决这个问题,我安排他一个人坐。尽管能遏制他讲话,但看到他一个人孤单单的,备受冷落,又觉得这样太苛刻。他也三番五次地求情:"老师,您就让我和同学们一起坐,我以后不讲话了好不好?"可我给他找一个同桌,几天后,他又开始讲话了。

有一天中午班主任要开会,我担心小邦又在教室滔滔不绝。我对他说:"你就坐在讲台前替老师维护纪律,如果发现有讲话的就记录在班务日志上,我回教室后根据你的名单来处理这些上课讲话的同学,你可要替老师管理好纪律。"小邦高兴地说:"放心吧,我保证完成任务!"开完会,我询问班级纪律,同学们说:"小邦不讲话,我们就不讲话,他坐在讲台前,大家都望着他,他自己也不好意思讲话呀!"

听了大家的议论,我觉得这是个好主意。正如陶行知先生"四颗糖果"的故事,凭着赏识唤醒学生的良知,让他们从心灵深处产生改变自己的愿望那样。对于小邦,我也可以如法炮制。其实小邦基础知识扎实,智商也很高,好讲话主要是他学习游刃有余,无事可做。于是那以后的每节课,我都会提前将上课内容给他安排好,让他给同学们讲解教学中的部分内容,讲完后我继续补充。一节课下来,他也没有讲话的时间和机会了。小邦俨然成了一位小老师。

每一个"问题"学生都怀有基本的自我和积极向上的需要,这就像植物需要生长,太阳东升西落一样自然而然。然而,"问题"学生在学业、纪律、行为方面的不良表现,让他们在自尊和成功等方面的需求往往被严厉的批评甚至是歧视所压抑,这使得常常感到被忽视的他们以自己的方式去追求自尊需求的满足,以变异的行为去求得暂时的自我肯定。

小邦喜欢在课堂上爱讲话、"出风头",不过是想以独特的方式引起大家的注意,不然每天就觉得没什么意思。他这种期待被重视、被了解,希望得到老师的关怀和喜爱的渴望,远远超过了一般的学生。作为教师的我们想要理解这些"问题"孩子,就必须善于走进他们的情感世界,把自己当作他们的朋友,去感受他们的喜怒哀乐。"真教育是心心相印的活动。唯独从心里发出来,才能打动心灵的深处。"

第三回合:协同作战

我当然不会一厢情愿地相信,从此小邦就会按部就班地做一个好学生,这不,一个星期下来,他就原形毕露了。

那一次,他又克制不住打了架。家长知道后,气急败坏地叫他整理书包,拉着他要他回家,说不让他上学了。我在做家长工作的同时,在班内开了一个紧急的班会:"我们大家是一个整体,任何一个同学都不能掉队,现在他遇到了困难,我们该怎么做?"

随后,同学们每个人给他写了鼓励话语:

"人生犯了错误不可怕,可怕的是面对困难的态度,我们每个同学都想让你站起来,我知道在你的心中也想成为一个优秀的学生,那么努力去做吧,人最主要的是相信自己,从而战胜自己!"

"老师常说班级好比一个家,而我们就是家的主人,每个人的行为都会影响到整个班集体,你是否想过,你的改变会给我们带来快乐与惊喜!"

"这段时间,我们欣喜地看到了你的转变,我们喜欢你爽朗的笑容,喜欢你幽默的话语,喜欢你课堂上精彩的回答,让我们成为好朋友,一起成长,一起进步吧!"

……

我把这些充满热情的话语放在他的面前:"好好看一看,告诉我你的感受,好吗?"

第二天,他眼睛红红地跑来:"老师,我错了,我保证以后不会再让你失望了!"

我知道他会努力的!现在的他不再孤僻、带"刺",有时候还和老师、同学开玩笑。我觉得我该允许他这样做,因为这正是孩子在用自己的方式改变自己的形象,这也是我们让孩子走进我们心灵的最好机会。

每一朵花都有盛开的理由。对于这个十岁的孩子,尤其还是一个没有形成良好行为习惯的孩子,你要求他一整天都坚持像其他孩子那样,对他是太难了。面对他这样的学生,要允许他犯错误,允许他反复,相信他所说的向上的心不是撒谎,是真实的心灵表露,只是他的自制力需要我们帮助不断提高而已。

有人说,每一个问题孩子的内心,其实都有一个丰富的世界。的确,即使是班级里的"老大难",也是有爱的需求、被人尊重的需要、被人肯定的渴盼。作为老师,我们也经常要反思,这样的孩子,心理需求是什么?这样,也许我们和孩子之间的距离会缩短。

孩子就是花朵。他们需要我们老师的一路呵护和鼓励。没有哪一朵花比别的花高级或者优越，也没有哪一朵花就比别的花低级，每一朵花都有盛开的理由！作为教师，面对这些不起眼的学生，也许是一次不经意的赞赏，一次特别的问候，一次真诚的谈话，就会给这些外表看似粗鲁、内心却更敏感的孩子一次加油的机会，一次激动的可能。

日子在前进，我和孩子也在且行且珍惜。不同班级中"问题生"的问题还会出现，这就需要我们恰如其分地利用好"新生命教育"的工作方法——宽容、热爱、尊重、赏识，用爱"打动心灵深处"。我相信用心是可以创造奇迹，用心是可以改变孩子的未来的。

因为，每一朵花都有盛开的理由！

通过教育叙事研究，可以把教师带入创新的、发现的、反思的生活中，有利于教师对自己的经验进行反思，提高教师原有经验的可利用性，强化成功的教学技能，积累教学策略，提升自己的教育教学理念，促进教师教育科研能力的提高，使教师从理性的高度去审视自己的教育教学行为，从中提炼出精华，形成科研成果并进而指导自己或他人的行为，并进一步加强教师对自己教育教学过程的监控，提高教师的元认知能力。

第三节　教育叙事文本的五要素

教育叙事文本的五要素分别为：① 背景：交代故事发生的环境；② 主题：明确叙述的问题或意图；③ 细节：关注反映主题的素材；④ 结构：裁剪素材与构成情节；⑤ 反思：体会感悟或理论思考。

小季，我能帮你吗？
——我和一个心理有问题学生的故事
常熟市外国语初级中学　徐莉芳

人在旅途，茫茫人海里总会有人和我不期而遇，其中，有的擦肩而过成了匆匆过客，有的印在脑海成了同事朋友，有的则驻足在我生命里成了知己和亲人。今天故事里的他，我感激上天让我和他在几千个学生中邂逅，他成了我每天的牵挂。

（一）背景：交代故事发生的环境

九月一日，小季来到了我的班级，新入学的他不像其他同学一样激动或紧张，而是独自默默地坐在座位上，经常一只手托着下巴，上课似听非听，难得翻书，不看黑板也不举手，课间从不主动和人说话，更不用说调皮捣蛋。无论做什么，他都比别人慢一拍，非常胆小怕事，特别是上完厕所，他要来回好几次看水龙头有没有关。食堂用完餐他又要回头好几次看餐具有没有放好。他的许多表现让人觉得有点不可思议。一个多月过去了，原本陌生的同学基本上熟悉了，而他还是"默默无语""独来独往"。渐渐地，同学、老师不再惊奇他的沉默寡言，也习惯了他的拖拖拉拉，其他人也知道学校又多了个"怪"学生。

上面的背景介绍一下子让读者对小季这样一个特殊的学生有了深刻的印象：独来独往、行为怪异，这样的交代就像一篇小说开启了读者对主人公以后发展的担心、关注、期待……

（二）主题：明确叙述的问题或意图

作为他的任课老师，直觉告诉我孩子多少有点心理问题。联系了家长，打听了他原来的小学同学，都说他一直都这样。每天看着他沉默孤独的样子，我的心里很痛很纠结，因为我不知道怎样帮他，因为像小季这样心理有问题的学生近几年似乎有增无减，因为现在很多孩子的心理问题还是得不到家长老师的足够重视而耽误治疗，因为……工作二十多年，我接触过、听说过不少"问题"学生，绝大部分其实不是品行问题而是心理问题，如青少年"恐惧症""抑郁症""癔症"等，有些"假性症状"随着青春期的成熟可以慢慢消失或自愈，但很多孩子都被认为是厌学而没有得到及时治疗，不得不中途辍学，有几个我印象特别深的至今还在我脑海：三年从未和老师同学说过一句话的"自闭症"男孩，数学考试两小时只能做两道选择题的"强迫症"孩子，还有一个不想上学只想在家懒床睡觉的"抑郁症"孩子……我不知道这些孩子现在过得怎么样，如今，看着文静瘦弱的小季，我好想帮他！可我能做些什么？

有爱就有希望！

作者把本叙事中的小季放到了她多年做学生工作的经历中去寻找答案，却在自我的思考中发现了冲突，冲突本身就是叙事的问题所在，显然作者想要用"爱"带给小季希望，让这个"怪"的孩子回归正常成长的轨道！

（三）细节：关注反映主题的素材

细节一：

作为他的英语老师，我每天都有和他相处的机会。课前课后，我喜欢走近他身边，揉揉他的小脑袋，有话没话和他聊几句，上课时我经常会提问他，偶尔还会用难一点的问题"请教"他，当着全班同学表扬他，让他找到上课的兴奋点。有一次背英语课文，他在很短的时间内很流利地背给我听，放学时我特意让他当着全班同学再背一遍，同学们投来了欣赏的眼光，我也感受到了他全身散发出的自信光芒。那一天他一定很激动，从他母亲电话里的笑声就可以知道孩子是多么开心！当然，有时候他还是不能专注上课，或干脆趴着睡觉，旁边同学推他也没用，这样的时候我就说"让他睡一会吧"。我告诉同学："虽然他上课不是很认真，作业也不能全部完成，老师也同意他少做或不做，但他还是为了能做作业，每天晚上很晚很晚才睡，现在他想睡觉，我不忍心叫醒他。"班里所有同学都感受到了我对他的特殊关心和包容，但他们从不生我气，其他任课老师也在我的劝说下对他特别耐心。

细节是叙事的核心，所有隐藏的判断都在细节描述中突显叙事人的价值判断，比如细节一中作者用"公开表扬"的方式让小季成为同学们共同关注的人，用表扬的手段把小季推入班级的群体中，让他的"独来独往"还原为天真的孩童世界，这个看似平常的叙述，带给了作为教育工作者的一些思索，"关注每一个孩子的成长"不是一句空话，要落实在行动上需要爱的力量！

（四）结构：裁剪素材与构成情节

细节二：

也许是老师同学的宽容在"纵容"他的"不合群"，我了解到他已经多次在艺体课上独自溜回原教室,害得大家到处找他但又不敢多说他。在一次上体育课时,我"逮"着他中途溜回教室的机会,第一次对他进行了严厉的批评和教育,他最后答应我以后不再逃课。那天午餐时,我等在食堂门口,看见他低头走近时,我牵着他的小手坐到了我的餐桌旁,请他和我一起用餐,边吃边和他说说我为何批评他,批评他以后老师心里难受的感觉。这种"先批后哄"的教育方法对他还很奏效,以后他真的没有再逃课。对待小季这样的孩子,其实我心里很忐忑,究竟是宽容一点还是严格一点好?抑或是顺其自然,别太在意?

细节三:

当我用自己的方式悄悄地爱着他的时候,小季对我产生了强烈的信任和依赖感。今年的九月十日中午,升入初二的小季悄悄地走到我身边,送出了他有生以来的第一张贺卡,并祝我"节日快乐"!这是我收到的最珍贵的教师节礼物。又过了两个星期,周五放学时,小季出乎意料地来到了我的办公室,他交给我的是他升入初中以来第一次做好的课堂作业,并打开了和我说话的心扉。当我听到他和我说的每一句话时,我激动得眼泪都掉下来了,握着他不是很暖和的小手,我把他拥在怀里,说:"孩子,你真的很棒,你知道吗,老师有多么喜欢你,同学有多么佩服你!我一直在等你和我说说你的心里话。"他问:"真的吗?"那一刻,我俩竟然说了很多很多。他走后我把我的惊喜和感动告诉了他母亲,我和他妈妈约定,"我们一起努力!"

上述的三个细节是叙事者进行剪裁后构成的一个完整的结构,这个结构就是"当众表扬+私下批评+家校合力",上述的三步体现出作者长期做学生工作的智慧,对待特殊的孩子,她有着足够的耐心、足够的爱心等待花开带来的惊喜!

(五)反思:体会感悟或理论思考

现在的小季,时不时地来到我身旁,喜欢和我说说话,问一些"怪怪"的问题,而他父母也打消了让他初二病休的主意,希望孩子顺利度过初中三年。小季告诉妈妈,他不想和现在的老师同学分开。听小季这样说,我的心里倍感安慰!

毋庸讳言,小季这样心理有问题的孩子,现在每所学校都有那么几个,比较普遍。升入中学,随着学习压力的增大和青春期的到来,很多症状渐渐"外显",有些"问题"让老师、家长都感到束手无策。但是,对于一个成长发育期的孩子来说,所有的症状在我看来其实都是早期,有的心理问题是"假性",是正常的心理现象,但有的的确是"真性",作为家长、作为老师都不能视而不见,更不能懈怠,及时恰当的干预可以帮助孩子少走歪路。对小季这样的孩子,作为老师,我想我所能做的就是一边精心呵护着他在校的每一天,一边坚持做他父母的思想工作,鼓励他们不要停下带孩子看心理医生的脚步,这个过程也许要一年、二年甚至三年。

相信,阳光总在风雨后!

最后的部分我们终于看到了作者对叙事后的价值判断:"相信,阳光总在风雨后!"一个孩子在学校教育环境的成长是最重要的,作为教育者,教师面对每一个孩子都不能掉以轻心,小季只是作者面对的众多学生中的一名,但对于小季的家庭却是唯一的,作者的这次教育经历是一次双赢:作者自己在小季的成长中获得了作为教育工作者的特殊回报,小季以及他的家人因为小季的变化坚定了进一步前行的步伐。

"朽木"也可雕！

常熟市星城小学 张丽萍

秋日的傍晚，夕阳撒满整个校园。送走最后一位学生，我匆匆整理着讲桌上的备课本，突然发现里面夹着一封陌生的来信。信封上并没署寄件人，但歪歪扭扭的字迹，一看就知道来自一个孩子。会是谁呢？打开信封，先看署名——薛＊，上个月刚来的一个插班生呀！插班前一直跟着爷爷奶奶在农村生活，刚回到做生意的父母身边。上课不认真，作业的质量就更不敢恭维了，潦草又马虎，教育了几次收效甚微。最糟糕的是爱撒谎，来了没多久就接连犯了三次，没带书还敢模仿老师的笔迹在书上打上等第，被同学拆穿了也不脸红……真是朽木不可雕也！他，会有什么事情想和我谈？我们天天见面，为什么不当面说呢？

"……老师，你知道吗？爸爸妈妈老是骂我学习不好，又懒又馋……今天吃饭时，我夹菜几次没夹住，他们又骂我笨。其实，是我的两根筷子有点弯，夹菜不方便。可爸妈根本不听我的解释……平时他们在商场里生意不好，不称心，回来也要骂我……老师，我在给你写这封信时不知流了多少泪！想想同学们也都不愿意理我，真没意思！我真有这么差吗……"父母在不顺心时对不成器的孩子发脾气，这不是什么特别的事儿。但对于小薛来说，他不能接受并感到了很大的困惑。好在他对老师还十分信任，希望能得到我的帮助。我何不利用这个机会走近他，给他一些关心与帮助，说不定对今后的转化工作有很大的帮助呢！

第二天，我找来了小薛，摸摸他的脑袋，笑眯眯地告诉他，老师收到了他的来信。他的脸顿时红了，想说什么又忍住，片刻后终于结结巴巴地说："老师，信里的事都是真的，您相信我吗？"看着他认真的表情，我点点头表示，老师愿意就这件事给他的爸妈打电话，帮他解释清楚。我注意到，他的眼睛一下就闪亮起来，脸更红了。

和家长的交流十分顺利。当听到儿子学习上进步的一些情况后，电话那头就热情起来了，接着我婉转地提出小薛的委屈，当父母的顿时不好意思了，一再表示自己过于简单粗暴，下次一定注意。最后，家长再三要求我多多教育、关心他们的孩子，我都一一答应。这次，我没提他撒谎的事。我想，家长需要自尊！

第三天，我发现小薛上课时总是笑眯眯地望着我，作业也尽量整洁了一些。放学后，他留了下来，等同学们都走了，他过来告诉我，爸爸妈妈向他道歉了，这可是第一次！"老师，谢谢您！"说完，他又红着脸跑开了。我想要求他今后别再撒谎，却终于忍住，目送他蹦跳的身影消失在围墙的拐角处。我想，给这个孩子一些时间！

渐渐地，我发现小薛很愿意和我接触，经常跑来问："老师，我帮您干点什么吧！"于是，擦黑板、理本子、整理讲台……都被他包了。有一天放学后，我去教室写卡片，没进门就听到里面传出叮叮当当的声音，向课桌后望去，只见一个瘦小的身子挤在三角橱里卖力地敲着。听见脚步声，小脑袋从橱里钻出来。呀，是小薛！"你……""老师，三角橱的橱门坏了几天了，放了扫帚后门总是关不上，我来修一修！"第二天，我在晨会课上大力地表扬了他，同学们都热烈地鼓掌。我看到，小薛笑了。

以后的日子里，他的改变更大了：自己上新华书店买来《习字册》，利用午休时间练起字来了;同学有了困难他总是抢着帮忙,人缘也好起来了;在校运会上,他报了两个田径项目,为班级争了光……更可贵的是,在两个月里他没有做一件不诚信的事,这是多令人激动的变化呀!渐渐地,他不再孤独,身边的小伙伴多起来了,快乐的笑容常挂在脸上,在期终的"班星月榜"上出现了他的照片和名字……小薛已真正地融入集体中来了!

"朽木不可雕也!"这是我国古代教育家孔子评价宰予的一句话。如今常被用于形容人不求上进,无法成材。现在看来也许是极不妥当的。当今社会,随着科技的日益发展,过去被人们当作废物的锯末、木屑,现在都被人们用科学的方法派上了大用场。这就说明:只要方法得当,任何"废物"都能变废为宝。

近年来,我们一直在进行"后进生心理问题及其教育方法的研究"微型课题研究。帮助后进生树立自信,开发自身潜能,使其智力与非智力因素得到正常发挥和和谐发展,优化学习心理,提高学习效果,是我们追求的研究目标。在实践、研究的过程中,我们真切地感受到:每一个后进生的内心都有着难以言说的痛苦,他们也有不甘落后的时候,也有可贵的闪光点。教育者应该善于捕捉转化他们的最佳时机,永远充满爱心地对待他们,尊重他们,发现他们身上的积极因素,就像在沙砾中寻找金子一样,在他们暗淡的心灵中找到闪光点,及时加以鼓励,使之发扬光大。如此,后进生也会成为优秀生,将来也会成为社会的有用人才!

第四节 教育叙事的基本模式

一线教师在自己的教育实践过程中天天都能面对活生生的教育对象,教育叙事是他们对那些流逝在时间里的教育现象用他们的方式来诠释自己的教育行为的最好方式。教育叙事的基本模式包括"一节课(课例研究)、一项活动(行动研究)、一件事(关键教育事件)、一个人(个人的教育史)",显然上述的研究都是一线教师研究中的专长,它们是最贴近教师们的教育生活的一种研究。

一、一节课(课例研究)

尊重个体差异　内化活动经验
——由一个失败的教学环节引发的思考
常熟市福山中心小学　王继红

【事件】

拼成了一个近似的平行四边形。

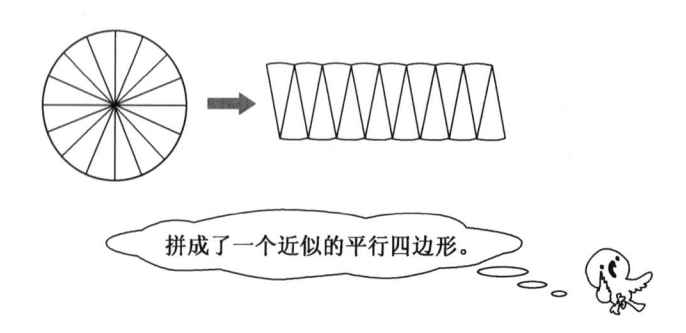

拼成的图形越来越接近于长方形。

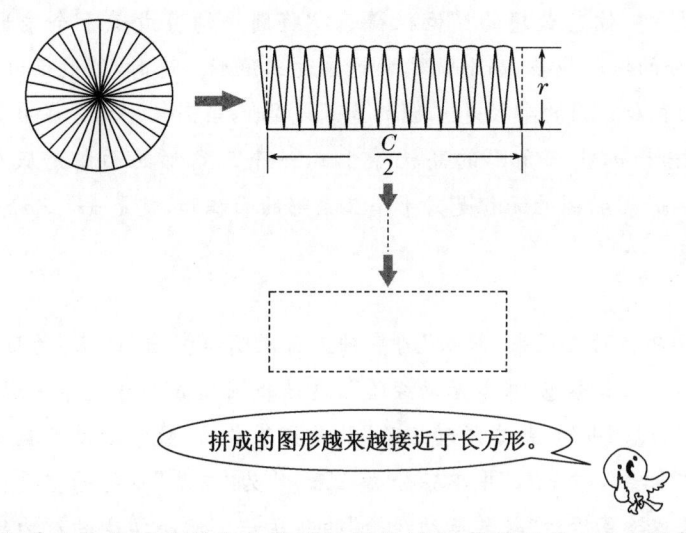

我正在引导学生推导圆的面积公式:"把圆平均分成若干份,可以拼成一个近似的长方形,平均分的份数越多,拼成的图形越接近长方形……""可是为什么要拼成长方形呢?"很不礼貌的声音打断我,这个声音不小,足以让大部分听课老师都听见。我心里一阵窝火:好你个朱柯衡!在我们平均分四份的时候你不说,在我们平均分八份的时候你不说,在我们平均分十六份的时候你也不说。眼看现在就要总结了,你不举手就嚷嚷,在公开课的时候你这样,你不是让我下不了台吗!眼看听课老师盯着我,我只好心中暗自腹诽,脸上波澜不惊,眼睛扫了一眼,挑中了拎得清的黄婧:"黄婧,请你告诉朱柯衡,为什么要拼成长方形?"到底是我的得意门生啊!黄婧心领神会:"我们现在正推导圆的面积公式,要从已经学的面积公式入手,我们已经学过长方形的面积是长乘宽,如果进行等积(面积)转化,把圆转化成长方形,那我们就可以通过长方形的面积公式推导出圆的面积公式。首先,将圆平均分成若干个小扇形,再把这些小扇形拼成一个大的平行四边形,平均分的份数越多,平行四边形就越来越接近长方形。圆的面积就转化成长方形的面积,长方形的长就是圆周长的一半,可以用 πr 来表示,长方形的宽相当于圆的半径,可以用 r 表示,长方形的面积等于长乘以宽,圆的面积就可以表示为 $πr^2$ 。"有条有理完完整整总结了圆面积的推导过程,我赞许地点点头,并转过去对朱柯衡说:"现在你明白了吗?"谁知他对我说:"我知道为什么要转化成长方形,可是为什么要转化成长方形啊?"听着他说话语句不通,我真有点生气:学生和学生区别咋这么大啊!一个已经学到了本课的重点,而且能熟练推导。这一个可好,前言不搭后语!可没办法,听课老师盯着哪!"那你想拼什么?"我想:随便你说一个,拼平行四边形也行,三角形也行,梯形也可以,我就可以顺势而下,请他课后进一步研究,这事就可以一笔带过了。谁知他说:"我不想拼……"听他说完四个字,我真是头晕目眩,有的听课老师都拿住听课本掩嘴偷笑了,我不想在这里纠缠了,我只好敷衍地说:"你肯定有其他的推导方法,但上课时间有限,这样吧……下课后我们两个单独分析分析。"……

下课后,朱柯衡很快就来找我了,"王老师,不拼长方形也能推导出圆的面积公式!"本来想冲他发火的我一愣:原来他不是在课堂里捣乱。我做了一个深呼吸,尽量使我的声音平和下来:"说说看!你怎么想的?"他很得意:"将圆平均剪成若干个扇形,这个扇形很'像'小三角形,分的份数越多,扇形就越来越接近三角形。这时,圆的面积就转化成若干个小三角形的面积和。圆的半径是 r,圆的周长是 $2\pi r$,当圆被平均分成 n 等份时,小三角形的底就等于 $2\pi r \div n$,小三角形的高就等于 r,一个三角形的面积是底乘高除以 2,即 $2\pi r \div n \times r \div 2 = \pi r^2 \div n$,圆的面积是若干个三角形的面积和,就是 $\pi r^2 \div n \times n = \pi r^2$。"

我呆若木鸡……

【分析】

《课标(2011年版)》在原来"双基"的基础上首次明确提出"四基"的目标要求,即"基础知识、基本技能、基本思想、基本活动经验",这是我国义务教育数学课程目标的一次新的突破和完善,"四基"中的"基本活动经验"就是指基本的"数学活动经验",在这里将"数学活动经验"从"重要数学知识"中单独分离出来,作为"四基"目标的重要内容之一,这是我国十年数学课程改革后对"数学活动经验"的新认识。然而学生的智力结构是多元的,有的学生善于形象思维,有的学生长于计算,有的学生擅长逻辑推理。另外,每个学生的生活背景、家庭环境和文化感受不同,面对同一问题的思维方式也不同,解决问题的策略也不可能完全相同,这就决定了数学活动经验具有明显的个体差异。

"圆的面积"一课的教学是一堂教师引导为辅、学生主动探究为主的"数学活动的教学"课。我组织学生进行折、剪、拼、反思、总结、推导、应用等活动,让学生经历了探索圆面积计算公式的探索、猜想、推理与验证的全过程,使学生在活动中体验、积累、及时反思总结。学生在我的引导下可谓是一步一个脚印,扎扎实实走完了全程。

但我还是忽视了一点,学生是不同的,四十多个学生不可能是一模一样的思维。在面对我提出的"圆怎样转化成我们学过的图形?"这一问题时,他们并不知道该怎么具体操作转化,我照教材的程序暗示了转化的方法,这样的设计一方面是出于节省时间的考虑,另一方面是给予学生明确的学习任务。现在回过头来分析,这种做法不妥当,学生随后的折纸、剪拼等活动实质上已经不再是真正意义上的探索了,最多只是一种技术层面的验证,而且在我的暗示下方法只剩一种了(即书上的标准推导过程),限制了学生的发散思维。在这一环节的处理上,我还是小看了学生的能力,如果我能充分信任学生,注重学生的个性差异,抛出问题之后不急于指明剪拼的方向,而是直接给予学生一定的时间自己去折、剪、拼、观察、反思和总结,让学生自己进行想象和探索。我巡视指导,和学生交流探讨,在学生操作遇到困难,不能继续折下去和剪拼下去的时候,及时了解原因,及时发现学生出现的新问题和新发现,及时肯定学生的探索成果,并引导学生进一步思考,那朱柯衡的推导方法是一道多么亮丽的风景啊!

学生的个体差异决定了数学课堂教学不能封闭式灌输,而要开放式地组织活动,每个学生在学习过程中都有一定的自主性,教师应给各种不同意见以充分表达的机会,尊重学生在数学活动经验方面的个体差异,让过程充分展开、让思维充分碰撞、让方法在不断的体验中生成并内化迁移,积极拓展学生的学习空间,为学生提供足够的时间和空间让他们用心去体验数学、感悟数学,内化为数学活动经验。

二、一项活动(行动研究)

"回拨"的启示

常熟市虞园小学 沈艳红

曾经也和大多数老师一样,认为学困生的拉差补缺绝非一朝一夕之事,为他们创设成功体验的机会,无非是降低要求,设置分层作业,让学困生完成一些基本题,掌握最基本的语法知识,确保他们能"消化好"。除了有利于提高他们的自我效能感、增强自信心外,说穿了,真有点自欺欺人的意思。直到有一天,感受到了"回拨"对于学生英语学习的激励作用,体会到"回拨"的效应。

(一)何为"回拨"?

"回拨"源于我校正在实施的英语"快乐听"。老师在电脑上布置英语听力作业,学生在家利用电话或手机接听,并答题,完成听力作业。"快乐听"设置了一个让学生啧啧称奇的"特异功能"——"回拨"功能,即若因病有事漏听时可回拨,补做听力作业;或者因不满意先前答题情况也可回拨,重新答题,系统计算学生最后一次作业的成绩。

起初,我并未在意,寻思着这一定是电信公司的又一种赚钱伎俩。后来,一位家长跟我提到,她的孩子为了获得听力满分,即使只错一题,也不满足,一次次回拨,直到全部答对为止。再后来,目睹班中一些学生的英语成绩平平,但"快乐听"的成绩却遥遥领先,想必也是"回拨"的功劳。

我脑中灵光一闪,"回拨"带给学生的是更多通往成功的机会,追求成功的权利,勇于实践的途径,克服困难的勇气以及在一次次回拨中成绩的提升和成功愉悦的体验。这些体验成功的机会与权利是我该给予我的学生们的,这些勇气、体验与切实的提升也是他们真正需要的。于是,我决定:把"回拨"植入"我的成功足迹"中!

(二)享受"回拨"效应。

这是"我的成功足迹"实践活动的"柳暗花明",它使我的眼界一下子开阔了许多。学困生们享受到了英语学习上诸多方面"回拨"的权利,真正为他们拓宽了创设成功体验的渠道。背书背得不好,可"回拨",挑背得不满意的片段重新背;单词默写得不好也可"回拨",认真复习、重默,直到你满意为止;练习做得不佳也可"回拨",寻求老师、同学的帮助后,加上自己的努力,一定能取得令你满意的成绩;甚至,考试考得不满意也可申请"回拨",认真听老师的讲解,想明白其中的语法规则,融会贯通,重新考试,一定会印上你成功的足迹;有时,老师的讲课如果没有"消化",也可申请"回拨",老师会针对你的薄弱环节,耐心为你重新讲解,直到你完全"吸收"为止。

与其让学生在一遍遍重做、一次次订正中逐渐丧失学习兴趣,消磨自信心,不如利用他们的求胜心理,变被动为主动,给他们"回拨"的权利,给他们成功的机会,让他们在"回拨"中获得更多锻炼,取得进步、赢得成功,在进步与成功中提高自我效能感。

三、一件事（关键教育事件）

用教育点化顽石

常熟市大义中学　季　燕

对于微型课题，我接触得不是很早，一直觉得，课题是一种高大上的东西，不是我这个普通教师可以触及的。虽然在"课题"前面加了一个"微型"，但是，还是觉得它离我是如此之遥远，因而，对它，我一直是敬而远之的，直到5年前在学校的大力倡导之下，我决定尝试着去了解它。

记得那一次的选题，我的灵感就是源于同事们茶余饭后的一次漫谈。

漫谈中的他，小刚，一个家境特殊的孩子。在他还不记事的时候，他的父母便离异了，母亲远嫁他乡，从未回来过，父亲去了遥远的地方打工，很少回家。在我看来，这个孩子可以说是不幸的，他的日子过得挺艰难吧，那一刻，隐约觉得，作为思品课教师的我对转变他或许可以尽些绵薄之力的，特别是正值我在进行微型课题选题的当下。

为了确定更适用于小刚的课题研究，我便想知道关于小刚的一切，开始好奇地打听起来，得知：小刚由于没有父母伴之左右，造就了现在的他：孤傲、自闭、纪律性差甚至有时还会自残，当同学们正在聚精会神地听课时，他竟会很响亮很夸张地接过老师的话头；当同学们正在鸦雀无声地做着作业时，他竟会冷不丁地自言自语起来；当同学们正在认真地晨读时，他竟会背着书包冲进教室；当感觉到哪里不顺心的时候，他竟会将铅笔对准自己的喉咙……我不知道该怎样形容当我得知这一切之后的惊愕，只是我更坚定了要帮助小刚的决心。

感觉，他是一个在缺乏关爱的家庭中长大的孩子，长期的心理压抑，使他自卑、叛逆，把自己紧裹在自我中，我要帮他，就要让他感受到关爱，让他敞开心扉、学会沟通，树立自信，而且，又不能太刻意。基于此，我决定将关爱融入课题研究之中，将情感教育作为研究的方向，说实话，倘若不是进行课题研究，对于情感态度价值观，我或许只是作为教学设计时的一个目标，仅仅是一个目标，不会对它做深入、系统的研究，但是，当我决定将它作为研究方向后，我便开始普遍撒网，不论是教学的素材选择，还是茶余饭后的谈资；不论是教学过程的进行，还是教学方式的选择；不论是校内的沙龙，还是校外的培训，我都会特别关注与情感教育有关的内容，长时间漫无目的的"聚焦"会催生某些"顿悟"，这些顿悟对于课题的研究是弥足珍贵的。

顿悟有时会使某些问题迎刃而解，但有时也会让我感到困惑：情感是一个抽象又宽泛的东西，对于情感教育，我该具体进行哪些专题的教育？运用什么样的方式进行更有效？怎样才能既不伤害孩子的自尊心，又可以帮他改掉陋习？对于这些，我着实下了一番功夫细细斟酌。可是，对于我的好心，小刚丝毫不领情，还是老样子，甚至是变本加厉，上课时，钻上钻下，不知在找什么，作业更是一片空白……

面对这样的一块顽石，我觉得必须动动脑筋，想想办法了。

于是，我花了一节课与小刚好好地谈了一次，发现长时间的独立生活已渐渐使他变成了一个特立独行,有主见、有头脑的孩子,他有自己的思想,他敢想、敢说,但他骨子里有渴望,眼神中也有掩饰不住的迷惘。我知道他那副轻松的表情后面,一定藏着不为人知的辛酸,任何人都不可能愿意过孤独寂寞、放荡不羁的日子,何况他还是个孩子。他说,只因特殊的家境,让他想通过某些偏激行为来引起别人的注意,也正因特殊的经历,让他对别人的关爱熟视无睹。我听后,大为欣喜,觉得他本性并不坏,他的某些叛逆只是为了引起他人的关注,仅仅如此而已。只要我坚持不懈、持之以恒地对其进行引导,进行情感熏陶,这样一块顽石,一定会慢慢改变的,我高兴地想着。

  在之后的日子里,为了帮助小刚,也为了课题的更好进展,每课的教学设计中,我会更加关注情感态度价值观的细化与落实,让小刚在我的教学设计中体会世界的美好与人间的真情;每周的思品课,我会在教学中不时地创造合作、探究的机会,让小刚在与同学的接触与探讨中,感受同学的友情与合作的快乐;课间休息,我会刻意在他身边多逗留,看看他在做什么,有时摸摸他的头,问他一两句,让他在与我的闲谈中体会我对他的关爱;在他座位的四周,我刻意和班主任协商,安排了成绩优异的学生,并且叮嘱他们好好地帮助小刚,让他在同学的帮助下体会到集体的温情;有集体活动时,我一定会主动地询问小刚,鼓励他积极参加,希望他做一个健康向上的孩子……

  果然,在坚持了一段时间之后,他慢慢地开始变了,不像之前那样排斥我了,刚开始,话不多,只是简单地回答,时间长了,渐渐地能主动参与到课堂的讨论中去,讲些他感兴趣的事,也乐意参加一些集体活动,上课也不在肆无忌惮地讲话,他懂得了遵规守纪,懂得了尊重!这时,在课后,我总会趁热打铁地说:"老师知道你有时过得很不开心,以后有什么委屈或不快,就和老师说说,老师很愿意帮助你。好吗?"他看了看我,用力地点了点头,眼泪在眼眶中打转,我看得分明。

  这样的一块顽石,真的变了,我高兴极了。课题终有结题的一天,但是,情感教育却一直在延续……

  小刚,只是我在教育生涯中所碰到的一个个案,也是我在微型课题研究中所遇到的一个特例,但是,从这样的一个孩子身上,让我体会到:教师工作是一项细致繁杂的工作,微型课题是一项平易近人的研究,作为教师的我们,要有太阳的姿态,不管学生是参天大树,还是田间小草,都要让他们有得到阳光普照的权利;不管学生是富贵的牡丹,还是路边羞涩的小花,都要让他们有开花的权利;不管学生是顽石还是璞玉,都要让他们有被雕琢的权利。每一天,每一件事,每一分钟,我们都要细心地观察,耐心地指导,静心地反思,用我们的真诚,试着去读懂学生的眼神,试着去走进学生的内心世界,那么我们会更清楚地知道每一个学生他们真正需要什么,让每个学生的心头都开出幸福的花儿,让每一块顽石在我们的精心雕琢之下都变成一块璞玉!

四、一个人(个人的教育史)

"骗"出来的"佳作"
常熟市莫城中心小学　马雪芳

班上学生李长海是个作文"差生":一听说上作文课就头疼,写起作文来总是挠头摸耳的,四年级了,每篇作文超不了100字。请读一读他的一篇"大作"——

劝说老爷爷

有一天,我和妈妈去莫城玩。

我看见一位老爷爷在卖青蛙。我走到老爷爷旁边,说:"您好。"老爷爷对我说:"你好啊,小朋友,你是来买青蛙的吗?"我说:"不是的,我是来劝您的,因为青蛙是有益动物。"

老爷爷听了,就把青蛙放了。

唉,这种学生叫我怎么教呢?

明天上午又是两堂作文课。我能想象明天一进课堂,准能看到李长海一副哭丧着的脸,本来我全身充满着的上课激情一定会被他那副脸面一扫而光。哎,有啦,我何不另用一个方法给他上作文课呢?

以下是我与李长海的第一次对话(作者简称"马",李长海简称"李")——

马:长海,你作文基础差一点,所以作文有点跟不上。

李:我最怕作文。

马:既然你最怕作文,那从明天开始,你作文就不要写了。

李:真的?

马:真的!不过不是真的一点儿也不写,同学一周写一篇作文,你一周里每天写一句话,能做到吗?

李:只要不写作文,一天写一句话,这个毛毛雨啦!

马:好,一言为定!你明天的作文课不要出声,你只管做你的事,比如做做作业,看看课外书等等。

李:好,马老师,遵命!

下周一一早,李长海交给我一个硬面抄,上面写了五句话,如"今天马老师向我们展示了他的'一句话本'。""阿水羊肉店里的羊肉面真好吃啊!""哇,李煜同学已经全部读完了学校规定的课外阅读必读书目,我必须要加油哦!"……我在五句话的最后批了一个大大的"优秀"。

以下是我与李长海的第二次对话——

马:长海,你的五句话写得很通顺,错别字也少了,老师看了很高兴。不过,从本周开始,老师给你加一点要求,就是每天写两句话,好吗?

李:只要不写作文,每天两句话,这个毛毛雨啦!

马:好,下周再把硬面抄交给我。

李：一言为定！

下周一一早，李长海的硬面抄端端正正地放在我的办公桌上。打开本子，五天的十句话呈现在我的眼前，如"今天我和几个小伙伴在小河边玩。河边长满了嫩绿的小草。""王静怡的舞跳得真美。她跳完舞，我们热烈地鼓起掌来。"……我当然又在十句话的最后批了一个大大的"优秀"。

以下是我与李长海的第三次对话——

马：长海，看到你写话的进步，老师非常高兴。我想从本周开始改变一下写话的方法，就是每周写三次话，每次写三四句，能做到吗？

李：只要不写作文，这个毛毛雨啦！

又是周一一早，李长海的硬面抄端端正正地放在我的办公桌上。打开本子，只见写的话字迹比以前清秀多了，语句通顺，内容具体，如"铁树铁锈色的茎干上整整齐齐地布满了鱼鳞状的斑块，手摸上去很坚硬，我想扳一片下来看看，可两指捏住了斑块用力拉，斑块一点儿也没有松动，手指反倒被斑块的尖头扎了一下，很疼的。""芦叶绿得有点发黑了。采一叶下来闻闻，清香扑鼻，这清香有点像晒干的新稻柴和晒干的狗尾草的混合香，任何高明的化学家也化合不出来。撕一缕芦叶，放进嘴里嚼嚼，起先有点苦，继而转为微甜，再嚼就越发甜润了，怪不得好婆用这种芦叶包裹的粽子，即使不蘸白糖，吃着也是甜糯的呢。"

……

很快，一个学期悄悄结束了，李长海也在"只要不写作文，写几句话，这个毛毛雨啦"里渐渐养成了记日记的好习惯，这真是一件我始料不及的事情！我把他的一篇日记"去头加题"后推荐给了上海的《快乐学习报》，很快发表了，请你一读——

爷爷的好习惯

我的爷爷今年已经70岁了。他虽年至古稀，两鬓斑白，但从不服老。你看他走起路来腰板直，脚步快。如果看他的背影，谁也想不到他是一个已过退休十多年的老汉。

爷爷虽然上了年纪，但他还是很爱学习。每天都要把他的所见所闻记录下来，一记就是两三页，硬面抄他已经写了八九本了。每天中午、下午，都能见到爷爷在认真学习。有时奶奶叫他吃饭都听不见。我感到很奇怪，便问爷爷："您这么大年纪还用学习？"爷爷笑了笑摸着我的头说："傻孩子，活到老，学到老，学到70还嫌少。"

爷爷还很爱运动。每天早上六点钟就起床，然后在阳台上做健身操。有时爷爷还要出去买菜。我对爷爷说："爷爷，你要注意身体啊！"爷爷却说："没事，生命在于运动嘛！"

爷爷还是一个充满爱心的人。我犯错误的时候，大家都不理我，只有爷爷还耐心地对我说："这样做不对，以后要改正。"每次我和爷爷出门时，爷爷都要给我买一些好吃的，他一心希望我努力学习，长大以后成为一个有用的人才。

爷爷是一个我最敬佩的人！

以下是我与李长海的第N次对话——

马：长海，你的日记是越写越好了。

李：我已喜欢写日记了，一天不写就全身难受。

马：希望你把这个好习惯一直坚持下去。

李：好的。马老师，以后你让我也和同学一样写作文吧。

马：傻孩子，其实你这个学期一直在写作文，总量反而比其他同学还多呢。只是你写作文与其他同学的形式有一点点不同而已。

李：噢，原来日记也是作文。

马：对，而且是最好的作文练习。

结语：谁说作文有差生？如果真的班上有所谓作文差生的话，肯定是我们的教师教作文的方法不对头！

> **思考与练习**

1. 本章依托一线教师开展的微型课题研究，以大量真实的案例阐述了叙事研究的一般特点，你能否从自己的实践出发也开展一项微型课题研究？

2. 叙事研究很大程度上是教师们讲自己的教育故事，透过现象看本质，请你回顾一下自己最近的教育教学实际，选取一个教育教学情景，撰写一个自己的叙事作品。

3. 你能否也能依据上述作品中的日记素材撰写一篇教育叙事？

第九章
教育经验总结法

※ 内容提要

　　教育经验总结法无疑是开展教育科研活动最主要的研究方法之一。教育经验本身具有普遍性、实践性和多样性的特点，其内容丰富多彩。但是，对经验的表面描述代替不了对教育教学规律的研究，这就需要我们重视经验总结的科学性，运用科学、规范的总结方法提高经验的理论水平，同时在总结经验的方式方法上，转变观念，开阔视野，放眼世界，不受因循守旧思想观念的束缚，不断以革新创造的精神去发现新问题，总结新经验，探索出新的科学途径，从而更好地指导教育教学实践，发挥经验应有的作用。

　　教育经验总结法一般具有选择研究对象、收集资料、计划与实施、经验概括和总结成果等几个步骤。

※ 学习目标

1. 了解教育经验总结法的性质、特点、类型及意义；
2. 认识并理解教育经验总结法的含义及其实施的基本要求；
3. 掌握并学会进行经验总结的一般步骤及撰写经验总结报告。

※ 关　键　词

　　经验；教育经验总结法；先进经验推广；总结报告

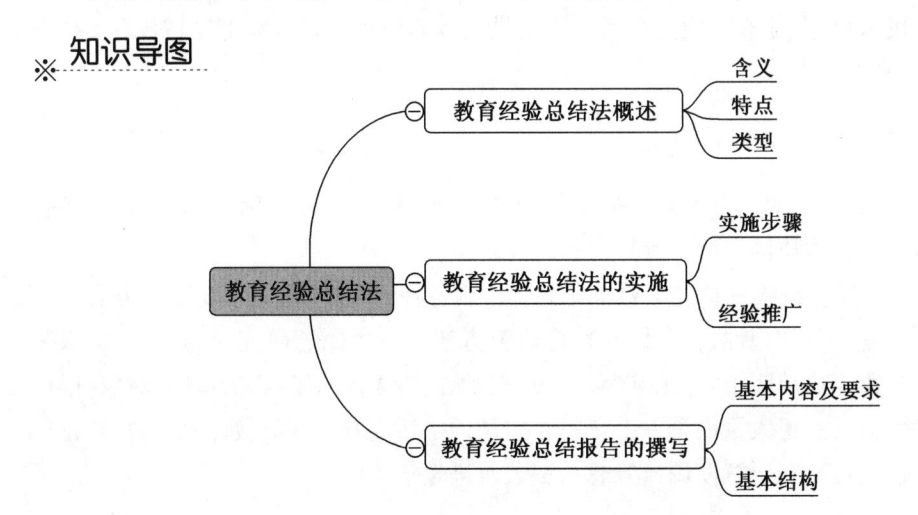

※ 知识导图

```
                          ┌── 含义
         ┌─ 教育经验总结法概述 ──┼── 特点
         │                └── 类型
         │
教育经验总结法 ─┤                ┌── 实施步骤
         ├─ 教育经验总结法的实施 ─┤
         │                └── 经验推广
         │
         │                      ┌── 基本内容及要求
         └─ 教育经验总结报告的撰写 ─┤
                                └── 基本结构
```

教育经验总结是一种最古老的研究方法，也是使用频率最高、最简单易行的研究方法之一。人们的教育实践活动总是丰富多彩的。教育实践中蕴含着的诸多闪光思想也是人们运用智慧去发现、去累积而不断凝练成的。教育实践工作者和教育研究工作者如果能善于运用经验总结法，对于丰富教育理论、指导教育实践都将具有重要意义。

第一节　教育经验总结法概述

一、教育经验总结法的含义及特点

（一）教育经验总结法的含义

教育经验总结是教育研究活动的一种类型。所谓经验总结，是研究者依据一定的价值取向对某种实践活动进行回溯性研究，将感性认识上升为理性认识，由局部"经验"发掘普遍意义，探求事物发展规律的活动。因此，教育经验总结法是依据教育实践所提供的事实，按照科学研究的程序，对教育事实综合运用多种研究方法进行筛选、提炼和理论概括，揭示其内在联系和规律，使之升华为具有普遍指导意义的教育理论，促进人们由感性认识上升为理性认识的一种教育研究方法。

许多客观实在往往是在它们发生之后我们才能感觉到它，而感觉到了的东西也不一定能认识它、理解它，不一定能看清它的本质。这种感悟、体验常常只是表面的、朦胧的、杂乱无章的，将这些零散的认识进行整理、归纳，运用科学的方法去粗取精、去伪存真、由此及彼、由表及里地进行加工，再经过客观思考分出层次，找出规律，那些原始体验就上升为经验。教育经验总结是一种有目的、有计划的研究活动。它对经验现象进行思维加工，进而获得比较深刻、比较系统的教育知识。这种研究方法遵循实践—认识—再实践—再认识的客观规律，对教育过程中所出现、经历过的事物、现象进行深入、系统的归纳、综合、分析和提炼，从而寻找出教育教学工作的规律性经验。如果我们能将这些经验推广、应用开来，让更多的人借鉴，那么就能为今后工作提供有效的预测、指导，对于提高教育工作质量和效率具有积极意义。

（二）教育经验总结法的特点

教育经验总结法是对已经发生过的事物的特征、发展过程、相关因素、影响机制进行认识，从中揭示事物本质的方法。其特点表现在：

（1）适用性：教育经验总结法不要求研究者控制各种研究变量，也不要求研究者具备任何特殊条件，是一种常规性、普及性的教育研究方法。只要愿意研究、有心研究的人都可以运用，操作程序简单明了，易于掌握。一线教师在实践中拥有丰富的研究对象，因此可以经常使用，能够获得大量的第一手资料。它贴近生活，贴近实际，教师对于总结、推广或借鉴这些经验有热情，愿意使用经验总结法去改进教学工作。

(2) 普遍性：所谓教育经验的普遍意义，一是在于经验要经得起一定时间、空间的检验，在应有的时间、空间范围内，经验都不失其存在的意义；二是在于经验要经得起相关实践的检验，在相同条件下，经验的运用能取得良好的成效，即所有运用类似方法的实践活动都可以获得成功。那种在特殊情况下取得的"经验"不是教育科研意义上的经验，是不具有普遍性特征的。

(3) 实践性：教育经验总结的过程离不开实践。就实践者而言，必须边实践、边探索、边总结，逐步实现由感性认识到理性认识的飞跃；就研究者而言，必须经常深入教育教学第一线，调查、访谈、观察、思考，必要时还要亲自参与实践过程，以获得丰富的感性材料，并在此基础上通过经验总结建立起科学理论。教育实践是经验总结的物质基础，经验总结是教育实践的理论升华。教育经验总结的成果最终还要回到教育实践中去。

(4) 发展性：随着时代的发展和教育改革的深入，教育经验的内涵必将随之发生变化。辩证唯物主义认识论告诉我们：实践—认识—再实践—再认识，这种形式循环往复以至无穷。这种实践与认识的循环是呈螺旋式上升的，每经过一次循环，就会进入更高一级的程度。教育经验的形成和发展正是体现了这一辩证唯物主义的认识论。

(5) 综合性：教育经验总结法既可以单独使用，又常与其他研究方法相配合。教育经验总结的方法除能有效地完成对某个群体或个人或某项实践的总结外，还常常配合其他方法一起完成研究过程。如行动研究就是在研究过程中不断用经验总结法对研究方案的实施情况（已发生的事实）进行总结，从而不断调整下一步行动方案，最终实现研究目标的。

当然，教育经验总结法也有其不足：① 所得结论一般都是定性的，具有条件制约性，推广有效性会降低；② 难以避免主观性，客观性较低。经验结论的准确性常常受到怀疑。因此，研究结果在很大程度上取决于经验总结者的理论修养水平。不同研究者对同一事实过程的认识程度不同，总结的深度就不同；不同研究者对同一事实过程的研究角度不同，总结的侧重点和研究结论就不同。运用教育经验总结法时应该注意：① 选择具有代表性和典型意义的总结对象，同时要重视经验的推广和社会效益；② 要全面考察、综合研究，要将定性研究与定量研究相结合。

二、教育经验总结法的类型

教育经验总结法是由整理事实，转化为解释事实，再上升到抽象事实。因此，从教育经验总结的层次来讲，经验可以分为描述性总结与解释性总结。描述性总结只是具体陈述当时是怎么想、怎么做、有什么成效等一系列事实，一般带有个人特点，尚处在感性认识水平，如"教学随笔""教学偶拾""教学札记""教学后记"等。解释性总结是在"描述"基础上，深入探讨"为什么"，揭示其原因、理由，总结性提炼出其中蕴含的教育理论与思想，如教育观、教学观或教育基本原理等。

从经验总结的内容来讲，经验也可以分为全面总结与专题总结。全面总结是对某一教育实践的各方面情况进行系统的回顾与评述，同时对总体情况、各类别情况、成绩、进步、不足、建议等进行全面总结。这种总结虽然全面，却容易表面化，难以深入。而专题总结又称单项总结,它是对某项工作、某方面问题、某种活动的专门性总结。这类总结对象明确,针对性较强,内容比较集中。专题性总结偏重于总结经验,一般对存在的问题、今后努力的方向不提或一笔带过。

从个人掌握经验的来源看,经验还可以分为个人经验和群体经验。个人经验是指个人独特的体验和认识,带有较强的个人化色彩,有时只可意会,不可言传。群体经验是指由社会上许多人共同掌握的经验,这些经验可能是历史上形成的,甚至成为习俗和惯例,也可能是由先进的个人经验推广而来的。个体经验和群体经验决定了研究者的能力水平和在教育经验总结中的基本思维方式。

教育经验总结中的基本思维方式有经验思维方式和理论思维方式。经验思维方式是指人们运用生活中的亲身感受、实践中的直接知识乃至传统习惯的观点等进行思维活动的方式,主要作用在于认识和把握具体事物及其外部联系。其特点是对外界事物的直接把握,可以通过观察和实验的方法实施。理论思维方式是建立在经验思维基础之上的一种较为高级的思维方式,以揭示和把握事物的内在本质和一般规律为根本任务,依据一定的系统知识、遵循特有的逻辑程序而进行的思维活动方法。其特点是严密的逻辑性、抽象性。

一个好的经验要能体现稳定性、创造性、高效性,且符合教育发展和改革需要;而一个好的经验总结则要具有描述事实的确证性、解释事实的合理性、指导实现的可能性。

第二节 教育经验总结法的实施

教育经验总结是对教育活动及其经验认识进行搜集、整理、分析、提炼,从而形成较为系统的、合乎逻辑的认识。教育经验总结可以有不同的规模;可以采用各种各样的形式;可以总结自己的经验,也可以总结他人的经验;可以由个人进行,也可以由集体进行,还可以由教育研究部门组织进行。因此,教育经验总结不限于固定的程式,也难于制定统一的方法步骤。我们只能根据经验总结的实践过程,提出大概的方法步骤,在实际运用时应该根据条件灵活采用。

一、教育经验总结法实施的一般步骤

(一)选题

1. 选题

(1)确定题目。选题就是选择需要总结的经验内容,即研究问题。课题的确定建立在研究者对已有经验事实的判断和选择上。题目的选择要从实际出发,根据教育实践中存在的问题或是迫切需要解决的问题确定总结经验的题目,否则就没有总结的意义。因为人们对某一问题的认识要经过实践—认识—再实践—再认识的反复过程,所以也会出现对同一个问题进行反复研究、不断总结的情况,这是经验总结法进行选题时的突出

特点。

(2) 选定对象。根据研究目的，确定研究对象，对象可以是地区、单位或个人开展的教育实践内容。对象的选定要有代表性，采取优选的方法，慎重从事，选定对象的过程也是弄清对象的过程。对象也常常包括各种类型，以便获取完整的经验。

(3) 阅读有关文献资料。研究题目和对象确定后，就要围绕中心内容广泛收集、翻阅有关资料，包括有关方针政策、上级的文件指示、国内外研究动态，以及研究对象的有关历史和现实资料等。这不仅对进一步明确总结经验的指导思想、目的、任务、方法和步骤等非常重要，而且能使研究者在进行经验总结时更具方向性与创新性，避免盲目地摸索或重复已有的成果，提高经验总结的效果。

(4) 制订计划。根据研究任务和对象的特点，结合所具备的研究条件，对总结实施过程进行构想，这就是研究计划。计划应该包括研究的目的、任务、内容和基本要求；工作进程设计，即总结的起始、程序、实施、分析与综合；设计具体的研究方法；研究人员的组织与分工，以及结论的验证；等等。计划要留有余地，要充分考虑实施的可行性，并对可能出现的难以预料的问题做出应变考虑。方案设计要保证能采集到充分的、确证的和典型的资料。

2. 选题中应该注意的问题

由于所选的经验总结内容别人也可能进行过研究，所以在选题时必须注意：

(1) 要选择事实材料掌握得比较丰富翔实、具有代表性、认识清晰且深刻、成绩效果比较明显的问题进行总结，最好是那些变化前后形成鲜明反差的事实材料，这种鲜明的反差充分说明了教育经验的有效性，值得人们去总结。这样的问题容易考虑成熟，容易理出规律，也有说服力。肤浅的认识、一般的工作总结是没有研究价值的。无论是正面反面，还是文字或非文字的材料都要收集，这样才能呈现经验过程的全貌，便于他人学习借鉴。

(2) 要选择大家所关注的、亟须解决的热点、焦点和难点问题，即大家都想做或必须做而又不知该怎么做的问题进行研究总结。对这些问题的实践情况及时进行分析、提炼和总结可以为这类问题的解决提供有益经验，且有助于教育教学改革的发展。

(3) 对同样的问题要有自己不同的研究角度，提出自己的创见。对同一事物、同样的问题如果从不同侧面、不同角度进行研究，就可以得出不同的结论。如学校如何加强师德建设的问题，可以从加强领导的角度总结，可以从管理制度建设的角度总结，还可以从教师培训、心理辅导的角度总结等等。这些从不同视角总结出的不同观点和看法体现了不同的见解，使得师德建设这个问题有了丰富的、全面的、可以借鉴的经验。

(二) 研究方案的设计

根据经验总结法的概念及特点，研究方案的重点在于对研究内容和资料收集的方式方法的设计。首先，要提出研究问题，说明研究内容，即总结分析哪些方面的经验，对涉及的一些基本概念做出明晰具体的定义。其次，要确定材料收集的内容和途径。由于经验总结法的研究对象是已经发生过的事实材料，因此在研究方案的设计中，应该主要设计材料收集的范围、方法和途径，制定材料分析归纳、提炼加工的方法和步骤。具体包括：

（1）材料收集的内容。材料收集的内容一定要紧紧围绕研究目的、研究视角以及研究所要达到的目标，内容制定要全面，能间接说明问题的材料也不能舍弃。

（2）材料收集的范围、方法、途径。材料收集的范围、方法、途径要根据对课题有用的材料的分布情况、存在方式来制定。如果是总结他人经验，就要取得被总结对象的信任和支持，使其能够提供详尽的材料和体会；如果是总结群体经验，就要制定出了解事实材料的人员、途径、方法等。如果需要查阅资料，则要事先制定详尽的需要查阅的资料目录，包括会议记录、工作计划等，了解材料存在的地点、摘录要点等；需要通过访谈或调查了解的资料，要事先制定好访谈（调查）对象、访谈提纲、调查问卷等。

（3）组织研究人员。人员的组织需要根据研究内容和资料涉及的范围来决定。一般要选择对情况熟悉、对事实了解得比较清楚的同志参与，这样才能保证经验总结的效果。大规模的群体性研究应该有一定数量理论水平高、洞察能力强的同志参加，以便使经验总结得透彻、有层次。

（4）安排时间进度。尤其是大规模的群体性研究总结，一定要周密计划，制定详尽的收集材料、分析材料、撰写总结的具体时间、进度，防止局部工作影响整个课题的进展。

（5）确定成果形式。即确定研究总结出的经验的载体形式，一般有论文、著作、音像制品等。方案设计是研究过程中最为关键的一步。有了以上详尽的安排，可以说研究工作就完成一半了。

（三）教育经验材料的搜集与整理

教育经验总结法就是要以教育过程的具体事实为基础，如实地反映教育过程的客观规律。离开了对教育事实和资料的搜集与分析，教育经验总结就成为一句空话。

1. 资料的搜集

根据研究的目的、任务，围绕"经验"的中心内容，广泛搜集有关研究资料和对象的历史与现实材料，加以鉴别、核实。总结经验要以具体事实为基础，如实地反映事物的本来面目，即选择能够反映事物全貌、容易介入、材料具备丰富的角度。因此，首先是收集反映先进经验的各种书面材料，如学校保存的各种书面和音像资料：工作计划、工作总结、会议记录、规章制度、教案、工作日志等，这些都是学校工作过程的真实记录。重点要考虑是否准确、完备，已经加工的材料要考察其合理性。这是总结工作的基础阶段。其次是通过各种途径直接获得第一手材料，如观察法、调查法的真实、准确、详细的记录。再次是对反映先进经验的实际效果进行考察验证。以上步骤是反复交叉进行的，目的是采取各种方法和途径来取得完整、系统的材料。

2. 资料的整理

资料整理是从收集材料阶段过渡到研究阶段，由感性认识上升到理性认识的重要环节，直接关系到经验的可信度与准确性。通过对原始记录进行整理对经验资料进行初步归纳。首先，对每一件事实材料进行检查、判断、比较、选择，以达到去粗取精、去伪存真、删繁就简、查漏补缺，提取有用之材，使事实资料系统化、条理化的目的。对事实资料的检查认真细致,避免将一些微小的、表面的、不易引起人们注意的材料盲目舍掉,有时这些细微的材料正能反映事物的一些关键点。同时切忌凭主观的好恶对材料进行取舍,以保证材料的客观性。这就需要对这些事实进行由此及彼、由表及里的分析鉴别,探求某种措施对实际教育过程所产生的效果,进而从众多事实中挑选出最具代表性、最能反映问题实质、最能证实经验成立的事实材料。经验总结过程中对经验事实往往要经过多次反复的筛选。其次,从研究的目的出发,按照一定的分类标准,将积累的事实材料分门别类地排列组合,将收集来的资料按时间顺序或事物发展的顺序,或按事物的不同性质分门别类地进行归类,使这些资料能够较清楚、较明显地反映出事物的全貌或发展的全过程。经过以上的整理,这些资料就会给总结者留下一个清晰的事物的表象。

(四)教育经验的分析、提炼与验证

1. 经验材料的分析

经过筛选整理的事实材料应该是能够最有效地证实"经验"可行性的材料。一般来说,资料的分析过程是指运用相关理论对所搜集的经验事实进行分析,使经验条理化、系统化并上升为教育理论。首先,要从整理后的事实材料中整理出那些个别的、单独的事物之间的联系。其次,从具有相同属性的事物中抽取其共同的特征,归纳出其内部的联系性、有序性和因果性等关系,进而概括、抽象出事物发展的规律,并寻求发现事物发展的内在机制,用材料说明事物是如何发展变化的,为什么会如此发展变化,并通过归纳出的因果关系找出事物发展的趋向和条件。

在分析资料时要注意,研究者一定要有实事求是的科学态度,以保证材料的全面性、真实性和客观性;研究者要学习教育理论,以科学理论为指导深入问题本质,使经验具有坚实的理论支撑。研究者理论水平的高低决定了其观察、认识、分析问题的态度、角度和水平。分析过程中不能轻易盲目地下结论,而要听取多种意见,经过反复研究讨论,才能取得最终结果,同时要认真分析经验事实本身所提供的普遍意义和社会效果。这样的结果才能被大家所接受。

2. 经验事实的提炼

教育经验事实的提炼是指根据经验总结的目的要求及其主题,从教育经验事实出发,依据教育基本理论,对事物或现象做出科学的概括和界定,揭示它们之间的本质联系,从局部经验中发掘其普遍意义,使感性认识上升为理性认识,探讨事物发展的客观规律。没有理性提炼的经验总结就如同一般的工作总结。因此,科学性经验总结必须对经验事实进行必要的理性提炼。分析综合事实的过程为抽象概括、推理判断打好了基础,以便将丰富的经验上升到科学理论的高度。

(1)掌握理论——提炼经验事实的前提

教育经验总结的理性提炼必须有正确的教育思想和教育基本理论的指导,并根据某一总结的要求从有关专业理论成果中汲取营养。掌握理论武器绝不是为了在撰写总结论文时套用某些名词术语或预设一个框框,而是为了在对经验进行考察和研究的全过程中

学会概括问题,抓住本质,使经验总结具有坚实的理论支撑。因此,掌握相关理论是提炼经验事实的前提。总结者自身的理论素养如何将在很大程度上决定总结水平的高低。

(2) 概括主题——提炼经验事实的根本

经验总结的主题是指贯穿于某项经验形成全过程、起主导作用、反映经验本质特征、具有自己特色的某种思想观念、原则或方法论原理。主题是经验总结的"灵魂",是经验的"纲"。

任何经验主题都不是外加的,而是其本身固有的。它必须以充分的经验事实为依据,以理论武器和科学方法为指导,经过思维加工,从基本事实和感性认识中概括出来。人们通常采取"归类—提炼"的操作方法概括经验总结的主题,即首先对大量的事实材料和感性认识按项目进行归纳,然后再逐层予以提炼。例如,总结某校实施教育整体改革的经验时可以从学校教育改革的内容、方法、措施、效果和实施者具体的想法、体会等方面分别归类,寻找它们内部带有实质性的共同点。然后在"类"与"类"之间考察它们的内在联系。其间,应着力分析改革面临的主要矛盾,以及围绕解决这一主要矛盾所开展的实践活动及其实际效果,捕捉其经验中最本质的、最具有自身特色的内容,从而使主题明朗化。

由此可见,主题使经验"纲举目张",也使总结围绕一个中心,实现了观点和材料的有机统一。主题概括的成功既反映了总结者认识的深化,也使"经验"具有更普遍的指导意义。

(3) 揭示机制——提炼经验事实的关键

科学性经验总结主要是为了说明事物或现象为什么会发生某种变化,关键在于告诉人们怎样才能获得良好的效果,从而提高人们认识、把握和运用规律的自觉性以增强促进教育事业发展的能力。这就叫揭示机制。

怎样在经验总结中揭示其内在机制呢?首先,应该符合事物由萌发到成长完善,由低级到高级、由浅层向深层发展的规律。"问题"是"经验"形成的逻辑起点,即实践的依据和出发点,然后才有解决问题的思路和措施、过程和结果。因此,在总结经验时,我们首先要探讨其实践起始所面对的问题,然后再考虑和分析这些问题以及实践者所采取的措施与达到的效果之间是否有着内在的逻辑关系。接着,我们还要对实践进程中的若干阶段进行考察,分析其间的数量关系、典型人物、典型事件的变化,从而清晰地勾勒出事物发展的轨迹,探求经验形成过程中的各种因果联系及事物发展的客观规律。

其次,应该反映事物内在各主要因素间的相互联系和作用所产生的功能,以及这些功能所引发的事物的某种变化。必须分析它的多种条件、它的内部结构各要素及其相互关系;探寻在什么情况下,采取了何种措施,各种要素如何相互作用才形成某种功能而使事物发生变化、产生良好效果。这种综合分析的过程,就是深入揭示"经验"内在机制、把握事物内在规律的过程。

3. 经验效果的验证

一般情况下,经过综合分析与提炼,经验就总结出来了,即总结的过程就基本完成了。然而,作为先进经验的总结还有待于组织论证。通过论证,听取不同意见,接受质疑、提问,集思广益,吸收真知灼见,然后进行修改补充,完善经验总结报告。这样整个经验总结的过程就全部完成了,总结的成果也就出来了。由于经验受到时间、环境、总结者的主观愿望等因素的影响,很难一下子就非常准确地揭示出事物之间的因果关系。而且,总结出的经验是多方面的,有的价值高,有的价值低,为此,对总结出来的经验应该将其再运用到实践中去进行考察和评价。若出现偏差,应该及时对数据资料的准确性、研究内容、方法和过程的适当性等进行重新检核。

二、先进教育经验的推广

先进教育经验的推广是现代教育信息交流与传播的一种方式,也是经验接受实践检验、取得反馈信息的一种有效途径,还是获得社会效益的一个必不可少的环节。从人类知识发展过程来说,先进经验的推广是对事物再认识、再实践的过程。教育经验总结的成果必须再回到教育实践之中才能有效指导今后新的实践。具体做法是:

1. 直接推广

直接推广是指由教育行政部门、各专业研究团体和学校主办或参与,有目的地组织经验总结者和总结对象,以会议形式或现场演示,直接交流和传播教育经验,并由主管部门正式行文批转经验总结报告,要求所属单位或学校参照实施。例如,举办教育经验报告会,由推广单位或总结者介绍教育经验的内涵、实质,经验产生所依据的教育理论、教育思想,经验产生的条件、过程以及经验的使用价值等;举办推广经验的现场会,通过现场观察、听课、座谈等方式,把经验的成功之处清晰地、系统地、具体地介绍给大家,使学习者直接感受、理解经验的操作形式和要点。

2. 间接推广

间接推广是指将先进教育经验写成书面总结报告或录制成磁带、电视片等,由教育行政部门、专业研究团体、学校等组织,向教育报刊、出版社、广播电视台推荐,广泛宣传,扩大影响,促使先进经验的传播与实施,而各级各类单位则通过组织学习引介和推广这些经验。通过学习经验总结报告、经验论文、操作手册、典型案例等文字资料或录音、录像、光盘等音像资料,还可以通过网络交流使学习者掌握经验的基本内容。这种方式不受时间、地点和组织形式的限制,可以大范围推广和经常采用,而且在研讨和学习交流中,互相启发,互相学习,整体提高。但是经验推广的深度和效果不易保证。

以上教育经验的传播方式与活动可以互相配合、交替使用,推广的效果将会更好。经验的推广是一个反复学习、反复研讨、反复深入的过程。在这个过程中,推广者和学习者都在实践—认识—再实践—再认识的循环往复中,对经验的认识越来越深刻,从而使经验不断产生新的社会价值,与此同时经验本身也得到不断的深化和升华。

第三节 教育经验总结报告的撰写

教育经验总结报告是指运用经验总结法将教育实践经验事实转化为系统化、理论化的书面材料。尽管与其他研究论文相比,它的学术性不是很强,但是它在实践性上具有广泛的指导性。它所依据的完全是教育实践经验所提供的事实,是活生生的教育现象,通过研究者的深入分析与总结,使之上升到教育理论的高度,从而揭示教育实践的客观规律。由于对象选择更加贴近一线教师的教育教学实践,因此比较适合中小学教师实施和开展。

一、经验总结报告撰写的内容及要求

经验总结报告的撰写程序、格式与论文的撰写基本一致,但在内容的层次和深度上与科学研究论文有所区别。科研论文一般以理论的创见为重要成果,说明作者的新概念、新观点;而经验总结报告是对以往实践经验进行提炼,通过总结规律来改进实践,为今后教育实践提供可以借鉴的经验。因此,在教育经验搜集、整理、分析、提炼的基础上,根据教育经验总结的主题,确立总结报告的题目。同时拟定撰写提纲,以便理清思路、组织材料、提炼观点,更好地形成合理的论述结构。提纲的拟定需要注意:全文布局的安排,通盘考虑经验总结报告的逻辑框架和总体结构;按照论证思路来论证中心论点及分论点;注意安排好材料的使用,有机地组织好各论点需要列举的材料,为论证提供具有充分说服力的事实和论据;注意全文的篇幅,一般来说,教育经验总结报告的字数在 3 000 到 6 000 字。教育经验总结报告的内容应该包含:

(1) 从客观需求说明经验总结的目的、任务、内容以及寻求经验的价值和意义;

(2) 归纳概括出事物的共同规律和本质即经验;通过对资料的综合与分析,说明经验结果产生的过程、条件及因果关系;

(3) 阐明作者对经验及其产生发展过程的认识、看法和理由,目的是提高经验总结的理论层次和认识深度;

(4) 提出作者对推广使用经验的意见和建议。

总体来讲,教育经验总结报告应该做到:一是经验必须明确,让人知道到底如何做,为什么这样做,给人以清晰感;二是经验要可靠,一定要有理论依据,要有层次,理由充分,给人以高水平、可信感;三是经验要突出自身的特点,看问题有新的角度,给人以新鲜感;四是经验必须与当前的实际相吻合,能够推广和使用,给人以可操作感。

二、教育经验总结报告的结构

经验总结报告的撰写没有固定格式,但是从经验总结报告写作的思路上,一般有如下顺序:

(一) 标题

题目是一篇文章的标志，也是文章内容的高度概括。题目应该简洁、准确、新颖。题目宜小不宜大，反映出报告的中心主题和新颖之处即可。经验总结报告的题目可以有很多种表达方式，但是以能最简明地表达出因果关系的语言作为题目是最明了的。常见的写法有以下几种：① 最常见的写法，即单位名称、时间、内容和文体。如《×××学校2012年度英语教研工作总结》《×××教师对小学三年级作文教学的经验总结》。这种标题虽然比较呆板，但是一目了然，如果是送交上级有关部门的，常常使用这种标题形式。② 以成功经验作为标题，有时采用副标题的形式，如《动之以情，晓之以理——×××教师转变后进生思想的经验》。这种标题用语生动，表达形象，容易引起读者的兴趣。③ 以问题作为题目，如《怎样在数学教学中培养学生的自学能力？》，这种标题以问题方式向读者抛出本文的重心所在，不仅吸引读者的注意力，同时能引发读者的思考与共鸣。经验总结报告的题目形式很多，教师可以根据总结的具体内容来全面衡量，灵活确定。

(二) 前言

前言是对该项研究的整体情况而做的基本介绍，包括该问题是如何提出来的，要解决的现实问题是什么；该问题已有的研究情况、水平以及本次研究的特点及创新之处；该项经验总结的研究结果、结果产生的基本过程以及经验的使用价值。通过本部分的阐述，读者能够产生对该项研究过程及成果形成的完整概念。

(三) 正文

正文是报告的主体，占据了报告的大部分篇幅，体现了教育经验总结报告的质量和水平。正文必须围绕教育经验总结的中心论点组织材料进行论证，通过对教育经验的分析和提炼，把教育经验的重要价值体现出来。

该部分是经验总结报告的核心部分，目的是明确地把从事实材料中经过分析研究后所提炼出来的共性的内容、发现的规律、所要说明的观点明明白白地告诉大家。经验水平的高低、使用价值的大小与本部分对经验表述得是否准确、原因分析得是否透彻有很大关系。经验概括的思路要清晰，每一条经验与说明经验的资料要一一对应，让人一看就知道经验是什么，经验产生的原因是什么；对经验的表述要明确、具体、全面，要以概括、精炼和高度认识的语言进行描述；经验概括得要准确，与研究的实际情况相吻合；经验的表述要突出比以往的或同类的经验更有特点的地方，即突出其独到之处，避免雷同，这样才能体现经验总结研究的价值；对概括出的经验，要寻找到能解释它的理论依据，使经验在理论的支撑下更新颖、更精确、更清晰、更有深度。经验表述过程中使用的事实资料要适量。事实太少或过于简单则显得空洞，使经验缺乏信度；事实过多过杂就会变成累赘，削弱了想要说明的主题。对那些有说服力、与经验的产生有明确因果关系的资料应该重点说明，从而使经验产生的理由充分合理，使别人读后不仅知其然，更知其所以然。最后，对经验材料的提炼加工要与原有的经验事实进行比较，以突出经验的先进性和合理性。

(四) 结尾

结尾是教育经验总结报告的精髓。通过对正文论述内容的进一步概括和总结,形成规律性结论,突出研究结论和效果,再次强调经验总结的意义和价值;有的经验总结报告对研究过程中存在的问题或建议对策也在此部分论述作结。在说明存在的问题时,要对已经发现或掌握的研究过程中的不完善之处、事实材料的不充分之处、问题解决的欠缺之处以及研究的难点都应加以说明,以使读者在继续研究或在今后的工作中加以借鉴。应该说,任何一项研究都不可能十全十美,指出存在的问题或困难本身就是研究成果的一部分。

最后,关于问题与建议,建议一般是表达研究者的体会及对经验发展的看法,并对今后经验的推广及使用提出对策,对经验使用的前景及效果做出推断。作者既可以把问题和建议分散在每个具体的问题上,总结成绩的同时也适当地提出一些问题或建议;也可以在全面阐述成绩和经验之后,集中谈论问题和建议。前种写法多在每个方面的具体工作既有成功经验,又同时存在着明显问题时使用。这种写法使得问题突出,针对性强,便于读者阅读与理解。后一种写法多在仅是个别部分的问题突显时使用,这样的写法便于集中讨论问题。问题集中,建议凸显,利于深入总结和分析。总之,结尾部分要做到准确、精炼、有力,起到画龙点睛的作用。

报告初稿完成后,可以视情况进行适当修改,使得文章更充实完整。修改不必急于进行,可以自己思考后动手修改,也可以向专家请教,给予更高层次的点拨,完善经验总结报告。总之,只有经过不断修改,才能精益求精,最终形成一篇高质量的教育经验总结报告。

思考与练习

1. 教育经验总结的性质和特点是什么?
2. 教育经验总结法的意义和作用有哪些?
3. 教育经验总结法选题的途径有哪些?
4. 简述教育经验总结法的一般步骤。
5. 简述教育经验总结法的基本要求。
6. 如何传播先进的教育经验?
7. 试述教育经验总结报告的结构。
8. 撰写教育经验总结报告时应该注意什么问题?

第十章
教育行动研究法

※ 内容提要

行动研究是近年来在教育研究领域较受关注的一种综合性的研究活动。它的产生与发展有着多学科的背景。行动研究的宗旨在于探讨解决实践问题的具体策略,改进现实的工作状况,因而它既是一种研究的范式,又是一种社会实践行动。

本章主要介绍了行动研究的基本理论和实践方法。"行动研究"是研究者在真实教育情境中、通过教育实践活动而进行的,旨在提升教育品质、解决教育实际问题的一种研究范式,是一种应用性、综合性的研究方法;它以改进实际工作、提高教育质量为目的,以教育实践工作者为主体,以相互协作、共同研究为形式,以真实教育工作情境为场地,以促成教师专业成长为追求;可划分为独立式、支持式和协作式三种类型;可概括为"提出问题、制定计划、采取行动、实施考察、反思改进"五个步骤,针对不同类型的教育行动研究,流程有所差异。

※ 学习目标

1. 了解教育行动研究方法的基本理论;
2. 掌握行动研究法的主要程序;
3. 能够结合教育实际设计行动研究。

※ 关 键 词

教育行动研究;教师成为研究者;行动研究的程序

※ 知识导图

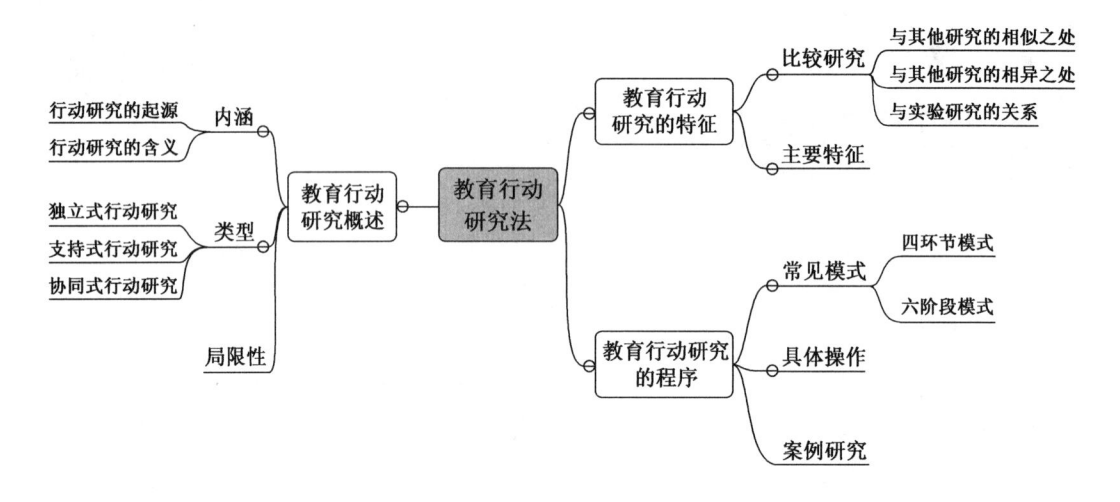

```
                                                           ┌─ 比较研究 ─┬─ 与其他研究的相似之处
                                                           │            ├─ 与其他研究的相异之处
                                         ┌─ 教育行动      │            └─ 与实验研究的关系
                                         │   研究的特征 ──┤
                     ┌─ 内涵 ─┬─ 行动研究的起源           └─ 主要特征
                     │        └─ 行动研究的含义
   ┌─ 教育行动 ──────┤
   │   研究概述      ├─ 类型 ─┬─ 独立式行动研究
教育行动              │        ├─ 支持式行动研究
研究法 ───────────────┤        └─ 协同式行动研究
   │                 └─ 局限性
   │                                                       ┌─ 常见模式 ─┬─ 四环节模式
   │                                                       │            └─ 六阶段模式
   └─ 教育行动研究 ──────────────────────────────────────── ┼─ 具体操作
       的程序                                               │
                                                           └─ 案例研究
```

第一节 教育行动研究概述

长久以来,"研究"往往是大学教师、科研人员的专利,"行动"是一线教师的职责。特别是以专家学者为研究主体的传统教育研究,多以得出一般性原理或普遍原则为目的,其结果对处理教育实践情境中的具体问题往往缺乏指导力,造成"理论实际两张皮"的现象。"行动研究"(action research)将"行动"和"研究"结合在一起,力求打破两者之间的隔阂,使教师能够从事直接有利于其教育教学工作的研究。

一、教育行动研究的内涵

(一) 行动研究的起源

20世纪60年代,教育学家斯滕豪斯呼吁让"教师成为研究者","教师不再只是研究成果的操作者和行政命令的执行者,而是以研究者的身份亲自参与研究的过程,提出研究的问题并不断地在解决问题的过程中,观察研究的进程,收集并分析相关的数据,在反思中改进自己的教育行动。"[1]这种对教师研究者身份的思潮为行动研究进入教育领域做了观念上的准备。

行动研究是西方在70年代后兴盛起来的一种教育研究方法。作为一个明确的术语和概念,它有两个来源[2]:一是在1933—1945年间,时任美国联邦政府印第安人事务局局长约翰·寇乐(John Coller)等人在研究改善印第安人和非印第安人之间的关系时提出来

---

[1] 胡中锋.教育科学研究方法[M].北京:清华大学出版社,2011:211.
[2] 郑金洲.行动研究——一种日益受到关注的研究方法[J].上海高教研究,1997(1).

的,他们认为,研究的结果应该为实践者服务,研究者应该鼓励实践者参与研究,在行动中解决自身问题。二是20世纪40年代,美国社会心理学家勒温(Kurt Lewin)及美国一些著名社会工作者在多方面的研究工作中发现,一方面,如果科研人员仅凭个人兴趣或是为了"出书"而搞研究,就难以满足社会的需求;另一方面,如果实际工作者空凭一腔热情工作,而不去研究自己身处的环境及面临的问题,又得不到研究人员的帮助的话,他们就只能无序蛮干,为了改变这种状况,勒温于1946年与其学生在对不同人种之间的人际关系进行研究时,提出了"行动研究"这一方法。之后他将行动研究的观点引入教育领域,他和研究团队开始和教育家们一起研究课程和教师专业发展的问题。

(二) 行动研究的含义

人们为行动研究下了难以数计的定义。现摘录几种:

(1)"行动研究"是社会情境(教育情境)的参与者,为提高对所从事的社会或教育实践的理性认识,为加深对实践活动及其背景的理解进行的反思研究。

(2)"行动研究法"是由社会情境(包括教育情境)的参加者进行的一种自我反思的研究方式,其目的在于提高以下几个方面的正当性与合理性:a) 他们自己的社会实践或教育实践;b) 他们对这些事件的认识;c) 实施这些实践的所在情境。[①]

(3)"行动研究"是对小范围真实情景的职责介入,并对这一介入所产生的影响进行周密检验的一种研究方法。[②]

(4)"行动研究"就是这样一个过程:通过系统收集实际工作的数据信息,对其进行分析,以便从中得到今后如何工作的指导信息。[③]

(5)"行动研究"是对某种情境所进行的批判性研究,其目的不只是在于增加科学知识的储量(也许有应用于未来情境的意图),也要导致所研究情境的实际提高。[④]

虽然以上这些定义各有侧重,但从中我们可以发现对行动研究理解的共同特点:

第一,为行动而研究(research for the action)。行动研究的首要目标是促进和提高实际工作质量,其所收集的数据信息是改进实际工作的基础和动力。因此,行动研究不拘泥于某些专门理论或学科知识,只要利于改进行动品质,对任何理论、知识、方法它都主动利用。

第二,对行动的研究(research to the action)。行动研究特别强调在一定情境下、小范围地针对实际行动中的有关问题开展研究,是一种"以问题为中心"的研究形式。发现问题,研究问题,改进行动,提高行为的有效性是行动研究的主线。由于行动情境的变动

[①] S. 凯米斯著,张先怡译. 行动研究法[J]. 教育科学研究,1994(4).

[②] Elliott, J. Action Research: A Frame Work of Self Evaluation[M]. Cambridge, Institute of Education, 1981:1.

[③] Kemmis, S. & Mctaggart, R. The Action Research Planner[M]. Geelong, Victoria: Deakin University Press, 1982:2.

[④] [英]德里克·朗特里. 英汉双解教育辞典[M]. 赵宝恒,等译. 北京:科学教育出版社,1992:6.

不居,因此行动研究不强调严格控制条件或进行对比,允许在总目标的指引下,边行动边调整方案。有些行动研究,甚至允许研究者依据逐步深入的认识和实际情况,修改总体计划,或更改研究的课题。①但行动研究的灵活绝不等同于随意——和其他研究模式一样,行动研究亦要严肃面对信度与效度的问题,这要求它不仅要有充分的理论支持,还要求研究人员掌握一定的研究方法知识。

第三,在行动中研究(research in the action)。行动研究从发起到反馈检验,其每一步都寓于实际教学工作之中:它的环境就是教师工作于其中的实际环境;它的研究主体就是将要应用研究结果的人——教师,在这里他们不是被别人研究,也不是被动地验证理论工作者的研究方案;它的结果的应用者也就是研究结果的产生者。所以,在某种程度上,教育行动研究就是教育工作者在实际工作中,为了改进工作而做的一些尝试性改革。

基于以上理解,教育行动研究可以被看作研究者在真实教育情境中、通过教育实践活动而进行的,旨在提升教育品质、解决教育实际问题的一种研究范式。首先,行动研究法是一种应用性研究方法,它服务于具体实际问题,以问题是否解决、解决成效如何、工作质量是否得到改进等作为评价研究效果的依据;其次,行动研究法是一种研究模式,它不属于具体的教育研究方法,而是更上位的、综合性的研究方法,在实际研究中要依据需要借助各种具体的教育研究方法,如本章所附的案例中,研究者还采用了问卷调查、文献分析、测验法等方法。

二、教育行动研究的类型

依照行动研究人员的构成形式,可以将行动研究分成以下三类。

第一类:独立式行动研究。

独立式的行动研究是指一个教师在具体的教育中进行的行动研究,它往往表现为对教学新方法的使用,对个别学生的干预,或是将某个教育观点转化为行动的过程。对教师而言,独立的行动研究在实施上有很大的便利性,在教育教学过程中发现问题便可通过行动研究加以解决。

第二类:支持式行动研究。

在行动研究中,当校内的教师为主要行动者,来自校外的研究者是咨询者和支持者时,我们把这种行动研究称之为支持式行动研究。

在支持式行动研究中,需要校内的行动者有较高的成就动机、较强的理论思维水平、对教育实践深入的理解能力、明确的教育理念和行动能力。行动者作为能动的教育理念革新者、教育方案的策划者和活动的实施者与改进者,校外的教育者则作为新理念的分享者、问题的协助发现者和改进策略与方法的研讨者,对校内行动者提供帮助。这种行动研究的好处,一是在以校内行动者为主体的情况下,能够有效地提高他们的能力。二是由于以校内行动者为主体,使得行动研究更适合于实践情境,具有与实践的亲近性和最大程度

---

① 程江平.教育实验研究与行动研究的比较[J].教育研究,1996(6).

的执行力。

第三类：协同式行动研究。

当校外相关者在"研究"中不仅开展咨询工作，而且对研究过程负有相当程度的责任，有深度的投入，而且也在"行动"时，这就是协同式行动研究。

据研究，西方20世纪80年代以来有效的大学与中小学伙伴合作的研究就具备协同式行动研究的特征。伙伴合作关注双方的发展，以大家共同关心的议题为合作焦点，其过程赋予教师权力，让所有参与者在伙伴合作的过程中，共同发现、解决问题。但需要警惕的是，协同行动研究中的校外合作者往往因为自身的社会地位和学术知识优势，而影响对中小学实践情境的真诚理解，高校人员对中小学的教育实践改革过于理想化反而会阻碍教育变革的实际推进。

三、教育行动研究的局限性

行动研究在其发展过程中也表现出自己的局限性，需要在使用中加以注意。

局限一：研究效益不高。

由于行动研究所针对的是特定教育情境下的特定问题，因此它的结论不具有普遍的推广性，降低了研究的效益。这是对行动研究最多的诟病，但其本质是对行动研究的误解。因为行动研究自产生之初的出发点就不是将研究结果扩大化，它是专门为解决具体情境下的问题而服务的一种研究范式，将此作为其研究局限有吹毛求疵的嫌疑，但这也提醒我们在选择研究方法时，要认真思考研究目的，选择最适合的方法。例如，本章所附案例中文津中学所开发的课程具有强烈的区域文化色彩，其代表成果《爱我绿杨》可以说是扬州地区文化的汇集，其对处在这个文化圈中的学生来说教育价值不言而喻，但对其他地区的人来说这个成果似乎远离了已有的知识经验，而这个研究本身的初衷就是开发"校本"课程，为提升本校的教育质量有所作为，其成果没有外推的必要。

局限二：研究时间有限。

在教育行动研究中，教育实践者本身就是研究者，这种双重身份可能会造成一般教师的适应困难，特别是在面对繁杂而耗神的教育教学工作时，还要腾出时间进行研究的确存在时间、精力不足的问题，而教师的职业身份又不可能为其留出更多的时间从事研究。这是行动研究难以克服的缺点，它直接影响了教师们从事行动研究的积极性。但学校在工作制度设计的时候可以做一些调整，给教师一定的研究鼓励和便利，以调动其积极性。

局限三：研究资料不易获得。

从事研究必然需要丰富的信息，获得信息的途径之一是进行调查。当教育实践者担负起研究者的角色时，需要向同事、学校领导或教育行政人员搜集资料，而这些资料有可能是涉及某些观点、立场的内容，因此可能会被同事认为是"出卖同事"，被上级认为是"颠覆领导"或"另有所图"。

局限四：研究质量难以保障。

与那些变量受到严格控制的研究类型相比，行动研究没有严格的计划，比较随意，使其受制因素较多，整个研究充满了不确定性，导致研究质量不易得到保障。首先，行动研究参与者以实际工作者为主体,他们在思想观念、研究能力以及研究的时间等多方面受到限制;其次,行动研究的对象不是完全可控的,它是在行动中研究"行动",常常要随着行动的变化而不断地调整方案,因而难度大,研究者不易把握研究进程和研究方向;再次,行动研究是一个要综合运用多种研究方法的研究范式,研究者需要熟练掌握实验、问卷调查、访谈、实物分析、测验、撰写研究札记、观察等多种基本方法,一旦这些方法的运用出现偏差很可能影响整个研究结果。因而,十分有必要对教师在职前、职中进行研究方法的培训,在行动研究中引入专业人士进行方法上的指导。

局限五:研究诊断存在困难。

行动研究的效果是由参与者自己评价判断,因而难于客观地诊断问题。[1]行动研究的效果取决于研究者对问题解决的满意程度,缺乏客观的评价标准,从这个角度来看作为研究它是不够严谨的。

第二节 教育行动研究的特征

一、行动研究与其他研究的异同

(一) 行动研究与其他研究的相似之处

一般来说,任何研究都是探索未知问题、生成新知识的过程,例如通过调查可以搜集到信息,借助实验可以得到关于某个方法的效果的知识。从这一点来看行动研究与其他研究方法是一致的。通过行动,研究者可以增长对相关问题的实践智慧,这本身就是一个促成知识成长的过程。

(二) 行动研究与其他研究的相异之处

1. 研究目的不同

一般而言,在传统研究中研究者可以预测未来的结果,通过操作、改变变量来控制结果,且这种对变量的控制形成经验后能够推广到其他情境中,其研究目的在于获得具有推广价值的专业知识;而行动研究的目的在于改进具体的工作情境,并增进专业理解,而不关注预测和经验迁移。[2]

2. 研究对象不同

传统研究一般是研究者作为局外人对他人进行研究,且尽量不要参与到研究情境中,以免影响研究的客观性;而行动研究的研究者通常就是实践者本身,其研究对象就是自

---

[1] 戴长和,等.行动研究概述[J].教育科学研究,1995(1).
[2] 蔡清田.教育行动研究[M].南京:南京师范大学出版社,2005:10.

己。具体到教育行动研究来看,研究主体往往是教师,他们对自己亲身经历的教育事件进行思考、改进,或者改善自己所处的教育情境。例如本章后附的案例中,研究课题组的成员都是中学教师,研究的问题是为自己教授的学生开发校本课程,研究中他们既是校本课程的设计者、执行者,也是这个过程的观察者和思考者——在这里,研究者和被研究者是一体的。

3. 研究结果不同

传统研究结果的得出与其应用是两项工作,如一项教育实验的结果要经过成果推广才能得以实践;而行动研究的研究和结果应用是同时展开的,就是一个活动的两个面,研究结果得出的同时其结果已经得到应用。例如本章后附案例的研究结果是该中学开发出了具有地域文化特点的校本课程,而这个开发离不开对课程的应用、修订、再应用。

(三) 行动研究与实验研究的关系

在众多教育研究方法中,实验研究是与行动研究最为相近的,因此有必要对二者的关系进行梳理。

1. 哲学思想基础的差异

任何一种认识形式都有自己的本体论假设,并在合理性辩护上依赖于这种本体论假设,本文论及的两种研究也不例外。行动研究所信奉的本体论假设是"参与的世界观"(participative world view),其核心内容是"人类经由参与,共同创造了人类的实在界",赋予世界以关系性、主观性和经验性,而不是那种长期所坚持的世界实体性、客观性和先验性的"正统的科学的世界观"(orthodox scientific world view)——这正是实验研究所基于的本体论假设。①

国内学者曾将知识分为两种类型——科学知识和人文知识。②科学知识是事实知识,存在于客观世界中;人文知识是关于命运的知识,存在于人的主观感受与创造中。与此对应的是两种哲学:一种是所谓认识哲学——它与科学知识相对应,其任务在于解释和说明世界,发现那些存在于客观世界中的真理;另一种是所谓行动哲学——它与人文知识相对应,任务是创造世界,改变人类的命运和生活。不难看出,实验研究的思想与认识哲学是相暗合的;而行动哲学正是行动研究的"灵魂"。

2. 实施技术的差异

实验研究与行动研究在操作层面上的差异是比较多的,现归纳如表10-1:

---

① 石中英.行动研究本体论假设的再思考[J].教师教育研究,2004(7).
② 赵汀阳.知识,命运和幸福[J].哲学研究,2001(8).

表 10-1 实验研究与行动研究的技术差异表

	教育实验研究	教育行动研究
研究目的	发展、检验教育理论;揭示教育规律,产出可供广泛群体受益的学科知识	改善实务运作,获得可以改进当前情境下教育行动品质的知识
研究人员	以专门的学术研究人员为主;要求拥有较为深厚的教育学科理论知识,具备扎实的研究能力;应在测量、统计学和教育科学研究方法等方面接受过专业训练	一线教师为主,专业研究人员协助;对教育教学理论有一定了解;通常不需要严格教育研究方法训练,故提倡有专家的咨询协助
研究问题来源	借助各种途径提出研究问题;研究者必须了解问题,但通常并不直接介入其中①	在每日教育工作中所产生的实际问题(而不是去迎合一些流行的学术术语或理论)②,这些问题足以困扰工作者
投入运作	一定的时间、资金、人员投入,这些投入主要考虑能否成功完成实验	研究者的时间、精力等投入要与学校的教育规划、教师的工作条件等有相容性,即研究的运作要符合实际条件
研究设计	刚性的、规格的;事先做出严谨、详细的计划、方案;明确实验因素,维持加以对比的条件;注意控制无关变量;尽量减小误差	弹性的、灵活的;按一般程序做出大体设计即可;不强调严格控制条件或进行对比;在研究实施过程中,常常根据具体情况在总目标的指引下,边行动边调整方案;但由于教师的自我投入,可能出现偏见
抽样	尽量在研究总体中选择随机的、无偏的、具代表性的样本	存在所要研究问题的周边的人群,一般就是研究者所教的学生
文献资料	研究者多查阅一手资料,且要最广泛地了解该领域的研究现状,并对文献加以分析	主要阅览二手资料,以求对所研究领域的基本情况有所了解
资料的收集与分析	搜集资料时特别关注其对研究信度、效度的影响;对资料要进行较复杂的分析;常采用量化分析;由于要追求研究结果的普遍化,非常强调统计上的显著性	注意收集参与人员的主观感受、意见等资料;做一些简单分析即可;由于追求对实际问题的解决,故强调教育上实用的显著性
测量评价	努力选取或设计最有效的测量工具,并在研究前进行试测	较不严谨
研究结果的应用	理论上讲可以普遍使用;研究者会提出应用建议	可立即用于研究者所在的研究对象(班级等),但结果很难应用到超越研究范围的情境中
研究报告	规范的学术研究论述	形式不拘一格

---

① 王文科,王智弘. 教育研究法[M]. 台北:五南图书出版公司,1987:31-33.
② Altricher, Posch & Somekh. 行动研究方法导论——教师动手做研究[M]. 夏林清,等译. 台北:远流出版公司,1997:8.

3. 二者的交融——"实验中的行动"与"行动中的实验"

其实,实验研究与行动研究是依照不同标准划分的,所以虽然二者有着种种的差别,但它们绝不是对立、矛盾的。

如前文所述,实验研究的核心是对某些条件加以控制或处理,从而寻找某些教育因素间的因果关系,与其相对的是非控制、非改造的研究,如调查、观察等。

行动研究的精髓在于寻求解决当下实际问题的出路,与之"互异"的应当是侧重揭示教育规律、增加理论知识基础研究(如图10-1)。

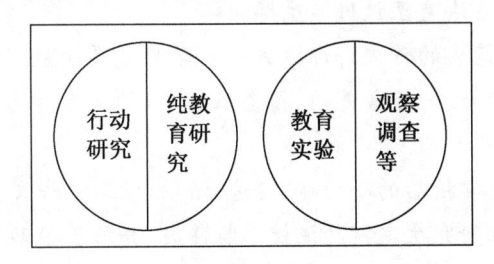

图 10-1 两者并非简单的对立关系①

可见,实验研究与行动研究之间是存在一个交集的——有人将其称为"实验性行动研究"②。这里,我们不去考察这种提法的精确性,但它至少反映出教育实验研究与行动研究间复杂关系的一个侧面。

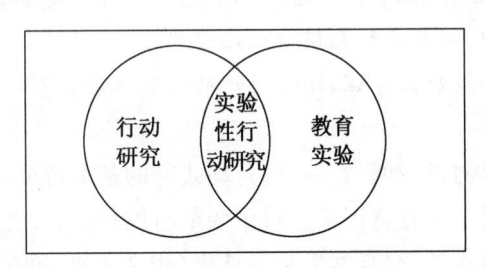

图 10-2 两者存在交叉关系

下面让我们通过一个笔者参与的研究实例来进一步考察两种研究的交叉关系。

案例:"提高小学高年级学生作文能力"的行动研究

研究教师: 赵韩(甘肃省积石山县刘集中心小学)

案例简介: 为了提高所带班学生的作文成绩,赵韩老师和其他教师合作,以另一平行班为对照班,先后尝试了以下教学改革:

☆引导学生画简笔画代替文字书写作文提纲。

☆利用办手抄报的形式展示作文。

☆指导学生先互评作文,再由教师评价。

---

① 王丽琴.浅谈教育实验中的行动研究[J].教育科学,2000(4).
② 王丽琴.浅谈教育实验中的行动研究[J].教育科学,2000(4).

之后,赵韩对他所带班的学生进行了一次"关于作文"的调查,此次调查赵老师先让学生在他的反思笔记本上写出各自对作文学习的看法,对于每一条学生的想法赵老师都详细阅读,其中对有启发性的做了勾画,最后总结出9条建议,选择其中的一些建议进行了半命题作文《难忘的……》的教学;尔后他针对自己已尝试过的作文教学新方法(如简笔画、手抄报、学生互相批阅作文等)制定了问卷,对班上的18名学生进行了调查,结果分析表明"学生对这些方式很感兴趣";结合这次问卷,赵老师还进行了一些学生访谈,对学生对作文的看法有了较为深入的了解。

继而又尝试了以下方法直至该班学生毕业:

☆改变以往老师读范文的作文讲评方式——学生先在小组内互相读自己的作文,交流意见,然后找出一篇最好、一篇最差的,在全班读,好的大家学习,差的大家给他出主意修改。

☆带领学生在户外(学校后的小树林、河边)活动,学写景作文。

其间,笔者和另一位研究生定期赴该校了解情况,并给予帮助。

主要教研形式是该校教师观摩赵老师的作文课,之后发表意见,讨论如何解决存在的问题;记录反思笔记。

据赵老师表示,该班进行了研究之后学生胆量大了,上课发言积极性高,课堂气氛活跃,"学生的作文水平确实提高了,在文化课竞赛考试中这个班是第一。总体来说,流水批阅试卷时其他老师认为这个班的水平是提高了"。与对照班相比,该班学生语文成绩略好,但成绩相对更加集中,对照班的两极分化比较严重。

新学期开始,赵老师改教数学课,而他总结的这些方法正在被目前五年级的语文老师试用着。

这是一个典型的协同式行动研究,具备行动研究的基本特征,是毫无疑问的。但从另一个角度来看,研究者对某些教育因素进行了变革与控制(如改变作文评价模式),并由此反映出了教学方式(参与式教学)与学生学习结果(作文水平)间的关系,其研究成果丰富了少数民族地区农村语文学科教学的理论(赵老师就此研究曾发表专业论文),研究又被在相似情境下(该校五年级的语文课上)重复进行着……这些使得该研究又不时体现着实验的色彩。

教育实验研究与行动研究虽然有各自的方法规范、研究功能和局限,适用于不同的研究目的、研究课题,但它们具有共同的本质——都是在一定理论指导下有目的的实践,它们既是科研性的教育实践活动,又是实践性的教育科研活动,是在研究与教育规定的双重目标下进行的探索;二者相互依赖,在实际的研究过程中,往往相互结合,彼此渗透,难以分开。

二、行动研究的主要特征

(一) 以改进实际工作、提高教育质量为目的

行动研究所关注的主要是教育决策者、校长、教师们所面临的实际问题,如教学改革、

课程建设、课堂教学、教师培训等。将各种实际问题发展成研究课题，主动吸收并利用各种有利于解决问题的经验、知识、方法、技术，通过实施行动研究干预，使问题得到解决。

(二) 以教育实践工作者为主体

不论是实践工作者进行的独立研究，还是与专家合作的"协同式"研究，行动研究都特别强调实践工作者的参与。教育行动研究所倡导的观点之一就是让教师成为研究者。

(三) 以相互协作、共同研究为形式

行动研究强调研究团队中各成员的协同与合作，构筑起一种平等、互助的研究关系。这种关系可以体现为两种研究共同体：一是由处在同一教育情境中的实践工作者们构成的合作团体，这使工作繁忙的教师们能够在研究中分工、配合，使各自的经验和资源得到分享，实现研究的最大收益；一是由实践者和相关专家构成的合作团体，行动研究不同于一般的"行动"是其过程中充满了实践者的理性反思，这就需要依赖专家们的力量来保障这些理性思考方向上的正确，只是这里专家所扮演的角色是顾问和协助者，不是研究的设计与执行者。实践者们对研究情境最为熟悉，拥有较丰富的行动知识，专家们掌握着体系化的理论知识，这种协作有利于形成一个优势互补的科学研究群体，能够发挥出群体的整体效应。

需要说明的是，在很小规模的单个教师的行动研究中上述合作有可能会以其他形式存在。

(四) 以真实教育工作情境为场地

与那些必须严格控制研究条件的研究不同，行动研究的研究场地是真实、自然的工作环境——一所学校、一个班级便是它的"实验室"，它所解决的是这个环境中的问题。行动研究必须且只能在问题产生的自然情境中进行，因为只有这样才能发现、诊断存在于教育实践中的真实问题，提出解决问题的改革措施并付诸行动，才能不断地通过多种方式手段来监察行动的效果，也才能通过及时反馈对行动和计划做出调整，以达到完善研究的目标。

(五) 以促成教师专业成长为追求

对教师而言，行动研究是一个研究过程，毋宁说是一个在理性指导下的工作过程。教师的专业发展有赖于在工作中不断进行专业反思，行动研究恰恰具备这样的作用。尽管行动研究的基本步骤和其他研究类型颇为相似，但聚焦作为研究者的教师便不难发现，这个过程是一个自我反思的、不断增进专业水平的上升过程。

第三节　教育行动研究的程序

一、教育行动研究的常见模式

已有的教育文献向我们提供了很多关于如何从事行动研究的建议,特别是用相对简洁的表述说明了进行行动研究时应当完成的环节和遵循的逻辑顺序,这就是行动研究的模式。

(一) 四环节模式

即"计划—行动—观察—反思"四个循环阶段。这一模式由行动研究的先驱者勒温(Kurt Lewin)最早提出(如图10-3)。后来,他进一步把反思后重新修改计划作为另一个循环的开始,从而把螺旋循环模式做了修正(如图10-4)。

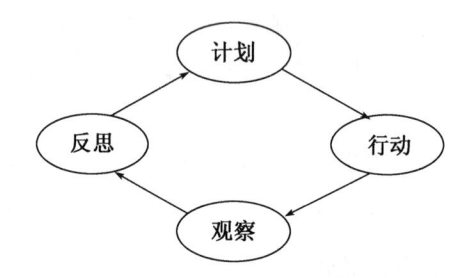

图 10-3　行动研究四环节模式 1

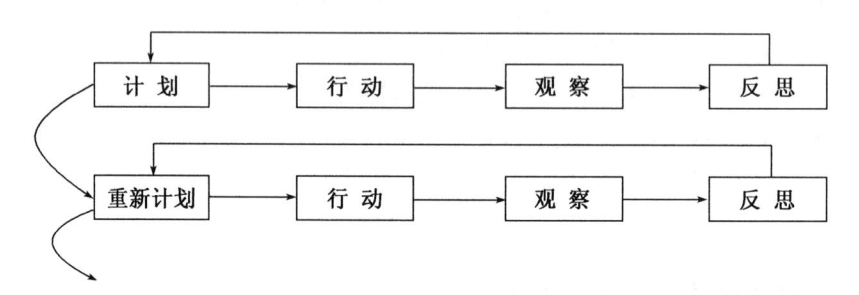

图 10-4　行动研究四环节模式 2

1. "计划"环节

这是行动研究的起始阶段。"计划"是指以大量事实和调查研究为前提,制订"总体计划"和每一步具体行动步骤的设计方案。

"计划"环节包含三个方面的内容和要求①:

---

① 黄树生.行动研究的理念、操作程序、基本环节与模式[EB/OL]. http://blog.sina.com.cn/s/blog_762b0e820100y3py.html.

(1) 计划始于解决问题的需要,它要求研究者从现状调研、问题诊断入手,要弄清楚:

第一,现状如何?为什么会如此?

第二,存在哪些问题?从什么意义上讲有这些问题?

第三,关键问题是什么?它的解决受哪些因素的制约?

第四,众多的制约因素中哪些问题虽然重要,但一时改变不了?哪些可以改变,但不重要?哪些是重要的而且可以创造条件改变的?

第五,创造怎样的条件,采取哪些方式才能有所改进?

第六,什么样的设想是最佳的?

(2) 计划包括总体设想和每一个具体行动步骤,最起码应安排好第一步、第二步行动的进度。

(3) 计划必须有充分的灵活性、开放性。随着对问题的认识需要逐渐加深,制订计划时既要考虑和包容已知的制约因素、矛盾、条件,又要把未曾认识、在行动中才发现的各种情况、因素容纳进去。

2. "行动"环节

"行动"即实施行动计划。随着研究者对问题认识的逐渐明确,以及行动过程中各种信息及时的反馈,不断吸取参与者的评价和建议,对已制定的计划可在实施中修改和调整,因此行动计划的执行和实施具有灵活性,行动是不断调整的。

3. "观察"环节

"观察"是指对行动的过程、结果、背景以及行动者的特点的考察,是反思、修订计划和进行下一步的前提条件。观察内容包括:

(1) 行动背景因素以及影响行动的因素;

(2) 行动过程,包括什么人以什么方式参与了计划实施,使用了什么材料,安排了什么活动,有无意外的变化、如何排除干扰;

(3) 行动的结果,包括预期的与非预期的结果,积极的和消极的结果。

这一过程中要注意搜集三方面的资料:背景资料是分析计划设想有效性的基础材料;过程资料是判断行动效果是不是由方案带来和怎样带来的考察依据;结果资料是分析方案带来的什么样的效果的直接依据。要灵活运用各种观察技术以及数据、资料的采集和分析技术,充分利用录音、录像等现代化手段,以获取最真实、直观的资料。

4. "反思"环节

反思是行动研究第一个循环周期的结束,又是过渡到另一个循环周期的中介。反思这一环节包括[①]:

(1) 整理和描述,即对观察到、感受到的与制定计划、实施计划有关的各种现象加以归纳整理,描述出本循环过程和结果,勾画出多侧面的生动的行动过程。

---

① 黄树生. 行动研究的理念、操作程序、基本环节与模式[EB/OL]. http://blog.sina.com.cn/s/blog_762b0e820100y3py.html.

（2）评价解释，即对行动的过程和结果做出判断评价，对有关现象和原因做出分析解释，找出计划与结果的不一致性，包括总体计划和下一步行动计划是否需要修正，需做哪些修正的判断和构想。

（3）写出研究报告，行动研究的报告有自己的特色，允许采取很多种不同的写作形式。如让所有的参与者共同撰写叙事故事，让不同的多元的声音一起说话，也可以编制一系列个人的叙述、生活经验，让当事人直接向公众说话。

在勒温的螺旋循环模式基础上，德金（Deakin）提出了目前行动研究广泛采用的操作模式（图10-5）。这也是一种四阶段的模式，但它把这四个环节内容结合教育实际，并用实际例子说明，使模式内容更形象化、具体化。①

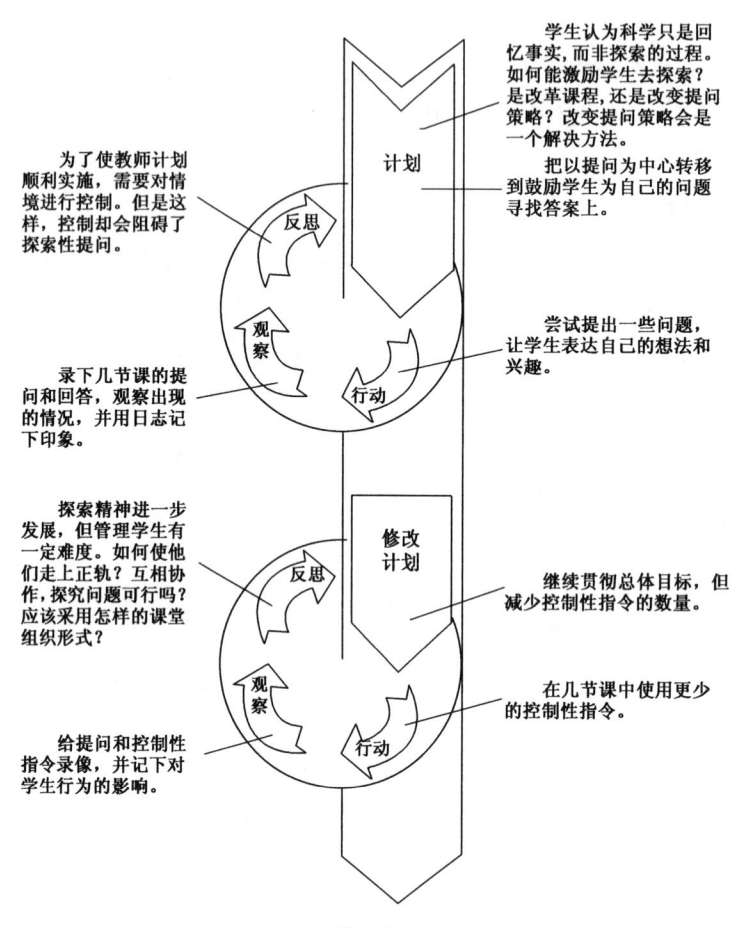

图 10-5　德金行动研究模式

（二）六阶段模式

埃伯特（D. Ebbutt）根据人们的研究习惯，将教育研究方法的通用模式运用到行动研究中，提出了六阶段（六步骤）模式。即预诊—收集资料初步研究—拟定总体计划—制订

---

① 张宝臣,李志军.学前教育科学研究方法[M].上海：复旦大学出版社,2007:227.

具体计划—行动—总结评价六个步骤。

(1) 阶段1:预诊

这一阶段的任务是发现问题。对学校工作中的问题,进行反思发现问题,并根据实际情况进行诊断,得出行动改变的最初设想。在各步骤中,预诊占有十分重要的地位。

(2) 阶段2:收集资料初步研究

这一阶段成立由教研人员、教师和教育行政人员组成的研究小组对问题进行初步讨论和研究,查找解决问题的有关理论、文献,充分占有资料,参与研究的人员共同讨论,听取各方意见,以便为总体计划的拟定做好诊断性评价。

(3) 阶段3:拟定总体计划

这是最初设想的一个系统化计划。行动研究法是一个动态的开放系统,所以总体计划是可以修订更改的。

(4) 阶段4:制订具体计划

这是实现总体计划的具体措施,它以实际问题解决的需要为前提,有了它,才会导致旨在改变现状的干预行动的出现。

(5) 阶段5:行动

行动是整个研究工作成败的关键。这一阶段的特点是边执行、边评价、边修改。在实施计划的行动中,注意收集每一步行动的反馈信息,可行的,则可以进入下一步计划和行动。反之,总体计划甚至基本设想都可能需要做出调整或修改。这里行动的目的,不是为了检验某一设想或计划,而是为了解决实际问题。

(6) 阶段6:总结评价

这是对整个研究工作的总结和评价。这一阶段除了要对研究中获得的数据、资料进行科学处理,得到研究所需要的结论外,还应对产生这一课题的实际问题做出解释和评价。

二、教育行动研究的具体操作

为了帮助读者进一步对如何开展行动研究有明确的了解,这里为大家提供一个详细的行动研究操作指导①,它呈现了在行动研究的不同阶段研究者需要进行的核心工作,以及需要反思的主要问题和注意事项。读者可以依据这个指导设计自己的研究方案,也可以在研究中随时对照指导来监控自己的研究。

(一) 总计划

1. 初步想法

(1) 为了获得初步想法你可以考虑:

◇ 现在的状况如何?

◇ 从什么意义上讲有问题?

---

① 宋虎平.行动研究[M].北京:教育科学出版社,2003:92-97.

◇ 为此能做些什么？

你的想法起点或是这样的：

◇ 要改进……

◇ 人们对……不满，怎样才能改变这一状况。

◇ 对……感到迷惑不解。

◇ 问题的根源在……，能做什么。

◇ 有个想法，想在课堂上试试。

◇ 怎样才能把……应用于……

◇ 在……方面能做些什么。

（2）写下四五个可以实施行动的想法。

（3）选择一个将要施以行动的想法，选择的标准是：

◇ 这个问题对你的重要性如何？

◇ 这个问题对你学生的重要性如何？

◇ 在这个方面进一步研究的机会怎么样？

◇ 谁会给予帮助？

◇ 你所处的情境中（实际的和政治的）的制约因素。

◇ 该任务的可处理性如何？

2. 澄清问题

（1）厘清你的研究想法需考虑：

◇ 现状如何？

◇ 为什么现状会如此？

◇ 有哪些实施反映初步想法的行动机会？

◇ 准确地说，试图改变的是现行做法中的哪些方面？

◇ 能策略性地设计三四个值得试一试的变化吗？

◇ 有哪些可能性？

◇ 在内容、时间、人力方面有哪些制约因素？

◇ 承认问题的重要性后，怎样做才更实际？

◇ 哪些制约因素是绝对的，哪些是可以协商的？

（2）还要考虑行动的社会环境：

◇ 谁受到影响？

◇ 还牵涉到谁？

◇ 要和哪些人协商？

◇ 有哪些机会、可能、制约因素？

◇ 怎样来保护在个人事务、秘密方面受到影响的那些人的权利？

（3）随后进行以下工作：

寻找事实、解释、协商、描述、讨论、修改。

（4）找一位爱挑剔的朋友谈谈你的行动想法，接受他的合理意见。

3. 描写行动想法

- ◇ 现在正在做什么?
- ◇ 试图改变什么?
- ◇ 现在你做的工作和你计划做出的某个特定变化的理论基础是什么?
- ◇ 哪些不准备改变(又与你的行动紧密相关,必须考虑)?
- ◇ 最可能采取的策略将会是怎样的形式(列三四种)?
- ◇ 哪些仍会随资料和协商而变化?

4. 编制第一行动计划

- ◇ 对将要在这次实践中改变的方面确切描写。
- ◇ 正在计划策略的理论基础。
- ◇ 打算获得的结果。
- ◇ 涉及的人员。
- ◇ 受影响的人员。
- ◇ 资料要求(材料、空间设备等)。
- ◇ 可能有的制约因素和问题。
- ◇ 保护秘密的措施。

5. 考察①

(1) 注意以下几方面的内容:

行动策略的实施过程、后果和环境。

(2) 信息来源:

- ◇ 行动研究人员。
- ◇ 其他人员(学生、同事、管理人员、家长)。

(3) 考察手段:

研究日记、工作记录、轶事记录、现状记录、文件分析、问卷、访谈、录音录像、照片、幻灯、学生行为测验、实物、学生作品。

6. 安排时间进度

略。

7. 系统阐述总计划,按照研究方案的撰写要求写清楚研究计划

略。

(二)实施

1. 实施前

- ◇ 修改好总计划。

---

① 也就是对搜集研究信息的设计。

- ◇ 修改好行动步骤。
- ◇ 确定你能得到所需的资料。
- ◇ 核对你的考察手段和设备。
- ◇ 确保有关人员知道他们要做的工作。
- ◇ 保证人和物都已就位,准备开始。

2. 实施进行

略。

(三) 观察

(1) 观察时考虑以下问题:
- ◇ 你在思考这些问题吗?
- ◇ 怎样才能对目前发生的现象有更深刻的认识?
- ◇ 在乎有关人员讨论自己的经历吗?
- ◇ 需要对总计划和问题进行怎样的重新思考?
- ◇ 能设想什么样的新计划?
- ◇ 能有其他可能的第二行动计划吗?

(2) 坚持写研究日记,记录下你的感受、印象和想法,观察要客观。

(3) 不要太早地改变你的计划或行动策略。

(四) 思考

(1) 为你搜集的资料寻找解释。撰写行动报告。报告包括以下内容:
- ◇ 初步想法从开始到现在有何变化和发展? 包括你的实践理论基础的发展。
- ◇ 行动方案是怎样确定的? 现在又怎样为确定将来的行动方案提供信息准备?
- ◇ 怎样考察的? 有没有问题? 是否在实践中根据你的需要改变了考察的手段?
- ◇ 采取行动的情境。
- ◇ 你的行动策略是什么? 在实施中你能保持不变吗? 还是(有意或无意地)改变了?
- ◇ 行动的后果:有意的和无意的,预期到的和未预期的。
- ◇ 其他人员关于情境、行动及其后果的看法。
- ◇ 有关人员作用的变化。
- ◇ 行动对别人产生了怎样的影响?
- ◇ 出现的问题,怎样处理的?
- ◇ 维护受影响人员的秘密、个人事务和其权利的努力是否成功?
- ◇ 怎样才能改进自己的实践和对实践的认识?
- ◇ 对学生的学习有何发现? 有什么想法?

(2) 报告为你准备进入下一个研究循环提供了你的尝试性解释与想法。记录以下内容:
- ◇ 修改后的总计划。
- ◇ 可能的第二行动计划。

(五) 形成修正性计划

现在,你的研究循环已经成为一个行动研究的螺旋体了:再回到澄清问题部分,再次开始新的研究。

三、教育行动研究的案例研究

初级中学语文校本课程开发的深化研究①

一、研究背景及意义

(一) 研究背景

校本课程的思想源于20世纪70年代西方发达国家,它实质上是一个以学校为基地进行课程开发的民主决策的过程,即校长、教师、课程专家、学生以及家长和社区人士共同参与学校课程计划的制定、实施和评估活动。在短短30年的时间里,这一思想就迅速波及世界众多国家。在国内,1999年6月召开的全国第三次教育工作会议上,提出了要"调整和改革课程体系、结构、内容,建立新的基础教育课程体系",这就标志着国家已把以素质教育和教育现代化为核心的第三代课程开发提上了重要的议事日程,而第三代课程开发的重要任务之一就是校本课程的开发。

对校本课程进行开发将是新的课程改革赋予学校的新任务,主要表现在能够给教师自主决策课程留有一定空间,赋予教师一定的课程自主权,这无疑给教师带来了机遇与挑战,将课程设计与学生的现实生活发生多方面的、多层次的联系。"校本"一般看来有三方面的含义:一是为了学校,二是在学校中,三是基于学校。为了学校,意指要以改进学校实践、解决学校所面临的问题为指向。"改进"是其主要特征,它既指要解决学校存在的种种问题,也指要进一步提升学校的办学水平及教育教学质量。从我校的发展状况、学生的特点与实际来看,在我校开展语文校本课程开发的研究,尚有一片有待开拓的新领域。

(二) 选题意义

《语文课程标准》指出:7~9年级段的学生应学会制定自己的阅读计划,广泛阅读各种类型的读物,课外阅读总量不少于260万字,每年阅读两三部名著。相对完成这一目标而言,语文校本课程的开发将会起到积极的补充配合作用并为完成这一阅读要求提供必要的保障。

我校地处城郊接合部,生源素质相对不是太高,大部分学生与家长认识不到阅读的重要性,普遍忽视阅读,也缺乏阅读的相关资料和必要的指导。据调查,学生的阅读量普遍不足,阅读理解能力相对低下,与课程标准所提要求相去甚远。鉴于此,我校近年来开设了语文课外阅读和语文课外活动,成立了学生津津读书会,开展图书进班级活动等,以此来推进学生的阅读、提高学生的阅读量并在过程中对学生的阅读予以指导,以提高学生的

---

① 本案例系江苏省中小学教学研究第六期重点课题,由扬州市文津中学王军文主持,报告执笔张桂兰,选录时有删改。

语文素养和人文素养,这一系列举措取得了良好的推进效果。为了能够进一步适应学生发展的需求,更好地完成课程标准所提出的阅读目标,促进学生语文综合素养的提高,我校拟进行初中语文校本课程开发的深化研究。

二、研究目标与条件

(一)研究目标

通过对该课题的研究,促使学生扩大阅读量,拓宽视野,增加思维的广度与深度,积极高效地完成课程标准提出的阅读任务,同时使得学生的人文素养得以不断提升;通过构建系统的而又具有区域特色的初中语文校本课程,着重引导学生感知、了解、熟悉语文校本读本所蕴涵、传达的乡土文化精髓,激发学生热爱家乡文化的情感,进而能运用所掌握的知识,形成介绍家乡、宣传扬州以及传承乡土文化的能力。

(二)研究的条件(略)

三、主要研究方法

(1)文献法:通过对文献资料的查阅与学习,了解研究前沿的最新动态,提升教师教育教学的理论素养,提高课题研究的针对性与实效性。

(2)调查法:在课题研究过程中,我们设置了一定的学生问卷,为我们的课题研究指明方向,让课题研究切实地为教育教学服务。

(3)行动研究法:在研究中行动,在行动中研究,让"教研"与"课题研究"有机结合,提高了研究的效益。

(4)经验研究法:在研究中我们及时总结成功和失败的经验,不断对行为进行反思,及时调整工作思路,保证工作有序、有效的开展。

四、研究过程

(一)过程综述

2005年8月—2005年11月,理论学习阶段,学习中外有关校本教研的理论知识。

2005年12月—2006年5月,研究准备阶段,进行实验动员,对学生基础进行调查,优化课题研究思路及过程(原定从四大板块——时文选粹板块、名著片段赏析板块、乡土文化介绍板块、精美选文鉴赏板块入手,汇编校本语文读本并进行实验研究;后从操作的可行性与有效性出发,决定先从乡土文化板块入手进行实验研究),会同相关专家学者初步拟定校本读本编选框架,完成开题工作。

2006年5月—2007年12月,根据拟定的校本读本编选框架,查阅有关文献资料,汇编校本语文读本。

2008年1月—2008年6月,第一轮实验,在七、八两个年级同时选定实验班开设语文综合实践活动课。形成实验报告、总结、论文。

2008年7月—2008年8月,第一轮实验总结,收集整理个案,完善实验报告和总结;调整和改进下阶段研究工作,充实完善校本语文读本,探索提高语文综合实践活动课效率的教学方法与模式。接受中期评估。

2008年9月—2009年5月,第二轮实验,根据第一轮实验情况组织第二轮实验,对第一轮实验中出现的问题进行改正。考虑到文本内容的深度与难度,决定在七八年级的砺志班开设语文综合实践活动课。同时完成课题报告、论文集、优秀教案集、优秀课实录光盘、学生作品集等。

2009年6月,结题验收阶段,接受结题验收。

(二)具体过程

1. 组织学习,调查论证,编制研究计划

研究开始前,我们首先在课题组成员中学习和普及校本教研方面的知识。我们征集到一批关于校本教研的专著(如刘良华《校本行动研究》,刘营《源于教学服务于教学的研究》,邹尚智《校本教研指导》等)和一批论文,组织课题组成员认真学习。在理论学习的同时,还在学生中进行了广泛的调查。在此基础上,课题组根据学生对乡土文化的认知水平编制了课题研究的目标,明确了课题研究的重点。

由"扬州文津中学乡土文化了解情况调查结果统计表"调查数据来看,在被调查的189位同学中,有79%的同学在扬州居住时间达5年以上,有53%的同学对乡土文化非常感兴趣,68%的同学喜欢扬州的历史名胜,70%的同学喜欢扬州的自然风景。由此可见绝大多数同学对扬州地方文化持认可和喜爱的态度。但具体到深入了解扬州文化时情况不容乐观,只有38%的同学考虑购买相关书籍进行阅读!在你最想了解扬州的什么文化这一选项中,扬州园林和扬州美食分别占39%和35%,其余则不足20%。学生接触到的宣传扬州文化的媒介主要是电视,比率高达46%。对于扬州乡土文化宣传力度的满意度仅为45%。对于能否胜任风景名胜的小导游这一比例则更低,仅为25%,能综合运用已有知识介绍宣传家乡的比率仅为32%。

综上所述,因为学生获取乡土文化知识的渠道单一,就乡土文化知识构建这一块缺乏必要的载体和引导;学生目前已有的乡土文化积淀非常浅薄,对于扬州这座古城的过去和现在并无太多了解,而对家乡深厚的文化积淀了解的欲望也不太强烈,对家乡并无太深的情愫。希望通过对该课题的研究,通过构建系统的而又具有区域特色的初中语文校本课程,着重引导学生感知、了解、熟悉语文校本读本所蕴涵、传达的乡土文化精髓,激发学生热爱家乡文化的情感,进而能运用所掌握的知识,形成介绍家乡、宣传扬州以及传承乡土文化的能力,提高其语文素养和人文素养。

2. 课题组成员会同有关专家讨论明确汇编语文校本读本的具体思路

课题组成员会同有关专家讨论明确语文校本读本汇编时的要求:

A. 所选语文校本读本须原汁原味,既要有知识传载力又要具有较强的文学意蕴,还要适合初中学生的认知特点、能力和水平,具有可读性。

B. 选文、选体应多样化,体现传统文化的传承要求,内容上涵盖描述历史人物、历史事件、历史掌故、历史遗存等,代表扬州传统文化特色的艺术、宗教以及园林及相关非物质文化遗产等特色文化。

C. 形式上要体现雅俗共赏,既要体现现代文学的分类标准和要求,选编历代文学家的名篇,同时也要选编如苏北民歌、民谣、扬剧、清曲等内容。

D. 要通过适当的诠释、解读和导引,建立学生课外阅读的习惯、兴趣和爱好的培养,形成对课内语文阅读的补充。

　　E. 明确语文校本读本的编选方式：以体现扬州文化的诸多元素为单元主题，按由浅入深的顺序编选语文校本读本，与现行初中语文教材编撰体例相配套。

　　3. 依据汇编语文校本读本的具体思路编订校本读本

　　A. 课题组成员汇总专家意见，共拟定十五个专题，根据具体要求组织汇编校本读本。

　　序篇；扬州游记；本土文人名作；扬州园林；运河古韵；梅花岭上；扬州八怪；名家笔下的扬州；扬州美食；诗词扬州；清曲民歌评话；扬州小巷；扬州形象；扬州风物；尾篇。

　　B. 聘请专家组审核校本读本，并进行修订。

　　C. 校本读本修订成册。

　　4. 组织教学实验，开设语文综合实践活动课

　　我们首先在八年级部分班级组织教师进行实验教学，在实验过程中，依据不同的教学内容我们采用了"语文校本读本研读""问题探讨""活动体验"等三种教学模式，从教学目标、教学内容、教学方法、教学过程设计等环节入手，进行实验操作，增强学生对乡土文化的认同感，激发学生对家乡的热爱之情，提高学生的语文综合素养。

　　在校本课程的开发过程中，一方面利用校本语文阅读课组织学生学习校本读本《爱我绿杨》中的名篇佳作，指导学生进行阅读欣赏、品味其中蕴含的历史文化以及作家诗人在其中传达的浓郁情感和文学风采；另一方面组织学生开展语文综合实践活动，通过参观、访谈、调查、实验、采访、上网等方式，向父母、邻居、社区以及扬州研究人员了解扬州的历史文化，从图书馆借阅资料，到相关场所了解具体情况，利用电脑整理文字材料和进行版面设计，亲身体验实践的艰辛与愉悦，获得丰富的人生经历和体验。学校配合校本课程的开发运用，还组织学生开展了"我当扬州小导游""我是景点解说员""我来做主持"等实践活动。"古运河小导游分队"，利用扬州丰富的水上游览资源，开展了"我讲家乡山水美，争当文明扬州人"活动。富有情趣的活动让学生体验生活之美，提高了学生的动手能力、搜集处理信息的能力、分析解决问题的能力，培养了学生的创新精神，传承了乡土文化，彰显了现代文明。

　　为了提高校本课程开发的有效性与高效性，我们在具体的教学实践过程中，还组织了校本课程优秀教案评选活动。

　　5. 进行反思和总结

　　课题组结合教研组活动安排课题研究反思和总结。每学期一般安排两次教研活动专题研讨课题，研究问题，除教研活动外，课题组还每年安排一次专题研讨活动。通过研讨，对课题研究存在的问题和课题研究的方向及时进行调整。如，原定于在七年级、八年级同时开设语文综合实践活动课，后经实验调查研究发现七年级、八年级平行班学生因为其知识积淀与思维能力不够，在具体理解接受上存在一定困难。后决定在七年级部分励志班和八年级部分励志班率先开设语文综合实践活动课。等到摸索出一定的规律与经验之后，再对教材进行适度修订，然后在七年级、八年级全面推开，以期取得最佳效果。这也启示我们，要不断调整研究方案和计划，加强对学生现状的研究，不能人为拔高或降低学生已有的认知水平，从而编订出更适合于学生学习的校本读本。

6. 定期组织校本教研理论培训

鉴于课题研究的理论指导还跟不上研究实践的需要,影响了研究水平的提高,我们定期组织课题组实验教师进行校本教研理论培训,从而更新课程理念,自然地融入课题研究中。在课题研究过程中,理论学习和教学实践有机结合,课题组成员对校本课程的认识进一步增强,教学方式和教学理念逐渐发生了转变,树立了新型的学生观和教学观。在实践方面,教师和学生都是校本课程开发的主体。校本课倡导学生自主学习、主动探究、合作交流,既促进了学生的发展,也促进了教师能力的提高与发展。

7. 过程调控,终端评估

为了使校本课程开发不流于形式,我们加强了管理,形成了校本课程管理制度,构建了管理网络。实行"三定":定时,规定双周三下午第三节课为校本课程开课时间;定位,校本课程上课地点固定,教师学生人人明确;定人,课题组实验教师担任校本课程授课任务,七年级、八年级的励志班作为校本课程实验班级。学校加大了考核评估力度,每学期期末均对学生校本课学习情况进行考核,利用校园读书节等开展校本课程素质展示。在研究过程中我们除了注重理论经验的总结,同时加大对教学实践的指导,先后共开设了五节公开课,在每个专题教学结束后我们都展开教学研讨,进行教学反思,寻找理想的教育教学方法,提高授课效率,积累教学经验,为达到课题研究预期效果而奠定了坚实基础。

五、研究成果

其一,提升了学生的乡土文化素养。在校本课程开设前后,我们均对学生的乡土文化进行了测试。两次成绩的对比有力说明校本课程开设后学生对乡土文化知识的了解与掌握情况大为改观。语文校本课的开设能促使学生自觉学习接纳乡土文化知识,能传达乡土文化精髓,激发学生热爱家乡文化的情感,能促使其形成介绍家乡、宣传扬州以及传承乡土文化的能力。最终达到全面提高学生语文素养和人文素养的目的。

其二,学生作文能力有所提升,表现在省市级读书征文大赛中比赛成绩较为突出,共有二十余名同学分获一、二、三等奖。

其三,教师在教学研究方面有长足进步。先后共有五位教师的教案被评为优秀教案,两位教师的公开课被评为优秀课,前后共有十余位老师的研究论文发表或获奖。

其四,汇编成校本读本《爱我绿杨》并投入使用。

六、研究反思

(1) 要开设好校本课程必须有明确的目标。
(2) 校本课程开发离不开素质精良的师资队伍
(3) 课程建设必须取得社会、家庭的配合与支持。

思考与练习

1. 行动研究和其他研究相比,有什么特别之处?
2. 行动研究的主要流程是什么?
3. 尝试和实践基地教师合作进行一个行动研究。

第十一章
个案研究法

※ 内容提要

个案研究方法就是对单一的研究对象或现象进行深入而具体研究的方法。个案研究是一种经验性的研究，而不是一种纯理论性的研究。个案研究法具有以下特点：研究对象的单一性或群体性、研究方法的综合性和多样性、研究内容的深入性和全面性、研究结果的描述性和跟踪性等特征。个案研究法按研究内容、适用范围及其目的可分为诊断性个案研究法、指导性个案研究法和探索性个案研究法；按个案研究对象可分为个体类个案研究法和群体类个案研究法；按研究的形式来分有纵向研究、横向研究、纵向与横向相结合的研究；从观察法和观察情境两个维度出发对个案研究法进行分类，可以分为结构式观察法和非结构式观察法，观察情境则有人工的和自然的两种，若将两个维度结合起来，则可以构成四种个案研究的方法。

个案研究的设计有四种形式：单一个案整体设计、单一个案嵌入设计、多个案整体设计和多个案嵌入设计。个案研究法的步骤一般有 7 个方面，即确定研究问题、界定研究的个案、制定个案研究计划、进入研究现场、收集资料、分析资料、撰写研究报告。

※ 学习目标

1. 了解个案法的历史发展、含义、特征及优缺点；
2. 理解个案研究法的分类及设计；
3. 掌握个案研究法的资料收集有哪些方式；
4. 在理解并掌握个案研究法步骤的基础上能够运用个案研究法解决实际问题并能写出个案研究报告。

※ 关 键 词

个案研究法；诊断性个案研究法；指导性个案研究法；探索性个案研究法；个体类个案研究法；群体类个案研究法；多个案嵌入设计；单一个案整体设计

※ 知识导图

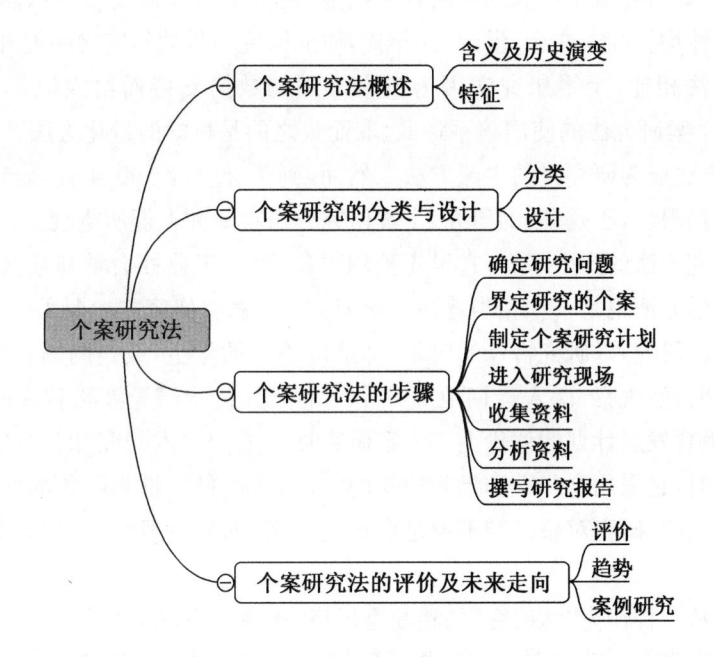

- 个案研究法
  - 个案研究法概述
    - 含义及历史演变
    - 特征
  - 个案研究的分类与设计
    - 分类
    - 设计
  - 个案研究法的步骤
    - 确定研究问题
    - 界定研究的个案
    - 制定个案研究计划
    - 进入研究现场
    - 收集资料
    - 分析资料
    - 撰写研究报告
  - 个案研究法的评价及未来走向
    - 评价
    - 趋势
    - 案例研究

近年来,质的研究已经成为一种在教育科学研究中越来越被重视的研究范式。个案研究(Case Study)是对一个个人、一件事物、一个社会团体或是一个社区进行的深入全面的研究。它是一种能够提供对教育问题成因的理解,对经纬万端错综复杂关系做周全的涵盖,对动态变化之时空情境条件做适当分析的研究方法。它的一个关键部分是研究者要在现场沉浸很长一段时间,这正符合质的研究范式的要求。由于质的研究采用的是目的性抽样,选取的样本数量较小,往往是以一个人或团体为例,也就是进行个案研究。所以,随着质的研究日益受到人们的重视,个案研究法也就相应地得到了发展。

第一节 个案研究法概述

一、个案研究方法的含义及历史演变

个案研究法,又称个案法、案例研究法、个案研究等,是指对单一的研究对象或现象进行深入而具体研究的方法。个案研究是一种经验性的研究,而不是一种纯理论性的研究。个案研究的意义在于回答"为什么"和"怎么样"的问题,而不是回答"应当是什么"的问题。在教育科学研究领域,个案法就是广泛搜集个例的资料,尽可能详细了解个例现状及发展历程,对单一研究对象的典型性特征进行深入而缜密的分析,确定问题症结,进而提出修改建议的一种研究方法,此处的个案既可以是一个人、一种课程、一个机构,也可以是一个事件或一个过程等。

早在20世纪初,个案研究法就已成为主流研究工具。个案研究法最初大多用于医学方面,因医学个案研究对于疾病的诊断较为明显,再加上有仪器设备可以测验,所以其科学性和可重复性均较高。在20世纪20年代,质的研究与量的研究之间展开激烈的争论,与科学的统计法相比,个案研究法因为没有客观的数据支持而给人以不科学的感觉。1935年以后,个案研究法的使用频率降低,取而代之的是科学的量化方法。20世纪50年代,定量研究方法成为研究界的主流方法。然而,到了20世纪60年代,研究人员开始关注量化方法的局限性,于是,质的研究、个案研究方法重新被人们所重视。

从个案研究方法的产生来看,它早先被用于犯罪学、工业社会学和社区研究中,在心理学及精神医学方面也是一种相当普遍的研究方法。教育研究中主要用于儿童发展和教育社会学领域的研究,以研究特殊的对象,如适应不良的学生,或是问题青少年为主。近年来,这种强调自然观察、深入透彻地关注个例的研究传统已经涉猎教育研究的其他领域,尤其是对教育发展计划的评价上。个案研究逐渐成为学术研究和教育实践之间的中介和桥梁。有时,它采用诠释学和批判理论的方法,来诠释和批判问题的原因,并采取有效策略解决问题,其研究对象已经不再是病态的个案,而是一般常态,与人类学的参与观察法相配合。

个案研究从一种作为"纯研究"的独断型风格,逐渐成为理解教育行为、开拓研究思路的好途径。如在教育行动研究中结合使用个案研究方法,就在于反馈信息,改进行动。这样,个案研究方法逐渐形成两种发展取向:一是逐渐脱离主观分析,而与科学客观的量化典范连接,如个案实验法;一是承续精神医学的传统,强调质的分析,与诠释学、现象学及批评理论相结合,试图减少主观研究所形成的缺失。这两种趋势互相学习,并不排斥。也就是说,质的研究和分析受到重视,也渗透量化资料的处理和运用,但其背后的意识形态的评析更为重要。事实上看,质的研究传统在很大程度上影响着个案研究的变化和发展。在应用中,个案研究重在对现实的本质的揭示,会加深对生活和工作中遇到的教育现象的理解,提高人们探索教育问题的实践能力。

二、个案研究法的特征

个案研究将注意力集中在我们能够从单一个案中学到什么。因此有学者将个案法的特点概括为:整体性、经验理解、独特性、丰富描述、启发作用、归纳理性以及自然类推等。[①] 也有学者将个案研究法的特征概括为:个案的典型性与问题的普遍性、结果的描述性与过程的跟踪性、情境的自然性与互动的灵活性、方法的多元性与注重分析的科学性。[②] 还有学者把个案研究的特征概括为七个方面,即小样本、背景的细节化、自然背景、

---

① 林佩璇.个案研究及其在教育研究上的应用[A].中正大学教育学研究所.质的研究方法[C].高雄:丽文文化事业股份有限公司,2000:239-264.
② 徐冰鸥.中小学教师怎样进行课题研究:教育科研方法之个案研究[J].教育理论与实践,2008(5):42-44.

有界性、暂时性假设和建构新的假设、数据来源多样性、可延伸性。①

根据多数学者的研究成果,笔者把个案研究法的特征概括为以下几点。

(一) 研究对象的单一性和典型性

个案研究的对象通常是单一个体或单一群体,即使是由多个个体组成的研究群体,也强调研究对象的整体性,整体内各元素之间相互依赖,其中的一个发生变化,其他元素也都将随之变化。虽然个案研究的对象单一,但它必须要在一定程度上反映出其他个体和整体的某些特征和规律,因此,个案研究具有典型性和代表性。个案研究的最终目的是期望了解某个个体或群体的情况,揭示问题的普遍性。在教育科学研究中,个案研究通常选择优秀生、智力超常学生、学困生、品德不良者、优秀教师、心理行为偏差者、先进集体、特色学校等典型个人或群体。

(二) 研究方法的综合性和多样性

个案研究的方法是多种多样的,历史法、访谈法、调查法、问卷法、观察法相互结合,既有质的研究做基础,更有量的研究参与。由于个案研究强调的是探索,而不是预测,因此,研究者较容易发现并处理研究中可能出现的问题。个案研究的设计框架使研究人员可以从一个大的问题开始,然后,在研究中不断缩小自己的范围,焦点不断突出明确。研究者在进行个案研究时,不必像量化研究那样先进行某种假设,对于事件的发展也不能肯定。个案研究法的研究对象不是通过随机抽样取得的,而是根据研究目的和兴趣来选择的。同时,由于个案的独特性,研究中要根据不同的研究对象,灵活地制定研究步骤,及时修正原来方案,已达到最佳效果。

(三) 研究内容的深入性和全面性

个案研究的对象相对单一量小,这就保证了研究者在时空上有条件对研究对象进行多方位、多层面和多维度的研究,研究者可以对研究对象进行深入、全面、系统的分析和研究。这是一般的调查研究和实证研究所无法做到的。个案研究中所收集到的信息资料覆盖面广且详细。资料可以包括:个案基本情况、各种测量结果、观察和谈话结果等。研究者可采用各种相关研究方法直接或间接地全面获取信息资料,以便对个案有充分的理解,并深挖问题,使研究避免表面化。

(四) 研究结果的描述性和跟踪性

个案研究的结果是对研究对象较丰富和极为详细的描述,通过讲述研究中的一个个故事和对研究过程中的"实物"进行生动细致的描绘,来引领读者更好地理解研究中的样本。个案研究既可以研究个案的现在,也可以研究个案的过去,还可以追踪个案的未来发

---

① Khan, S.. The case in case-based design of educational software: a methodological interrogation[J]. Educational Technology Research and Development, 2007(55): 1 - 25.

展。由于个案研究的对象集中,所以研究时就有充足的研究时间,对研究对象有关问题进行深入、全面的分析与研究,因而,个案研究往往具有跟踪性。

第二节 个案研究的分类与设计

一、个案研究法的分类

(一)按研究内容、适用范围及其目的划分

(1)诊断性个案研究法。主要运用于考察特殊儿童、研究问题行为以及精神病患者等,目的在于对儿童心理现状做出诊断。

(2)指导性个案研究法。广泛运用于教育领域,例如新的教学方法和教育方式的尝试,然后再将研究成果推广到普遍的教育实践中去。

(3)探索性个案研究法。常用于大型研究的准备阶段或深化研究阶段。

(二)按个案研究对象划分

按个案研究对象不同可划分为个体类个案研究法和群体类个案研究法。个体类个案研究是指研究对象是个体,既可以是对个人,也可以是对某一现象、某一团体、某一事件等,都将其视为一个研究单位的连续、系统的个案研究。如对某一先进学校的个案研究、对某位学习成绩优异学生的成长历程的个案研究等。群体类个案研究是指研究对象具有同一特征的群体,既可以是对一类人,也可以是对一类对象、一类团体、一类事件等,都将其视为一个研究单位的连续、系统的个案研究。中国科学院心理研究所对超常儿童群体的研究、上海市青少年研究所对独生子女群体的研究等都属于这类研究。

(三)按研究形式划分

按研究的形式来分有纵向研究、横向研究、纵向与横向相结合的研究。纵向研究又叫追踪研究,它指在一段较长的时间内,对同一个或一批对象进行全面、系统的研究,并随时间的进程记录其发展变化、加以研究的方法。追踪研究的时间长短不等,最长甚至可以几十年。横向研究又称横切研究,是指在同一特定时间内,对许多不同对象进行系统研究,探讨其发展变化规律和特点,如对超常儿童和常态儿童的比较研究等。纵向和横向相结合的研究,可取纵向和横向两法的优点,补其不足,既可对一个不太长的时间的发展变化做研究,又可缩短获取资料的时间,同时也可减少因时间太长而难以对多种因素加以控制造成的误差。因此,个案法常采用纵向和横向相结合的研究方法来进行。

(四)按观察方法和观察情境划分

个案研究中收集资料的主要方法之一是观察法,因此从观察法和观察情境两个维度

出发对个案研究法进行分类,可以分为结构式观察法和非结构式观察法,观察情境则有人工的和自然的两种。若将两个维度结合起来,则可以构成四种个案研究的方法。如表11-1所示。

表 11-1 个案研究法的分类①

		观察情境	
		人工情境	自然情境
观察方法	非结构式	对单个个体的非参与性观察	非结构式的参与性自然观察
	结构式	对单个个体的参与性观察	结构式的非参与性自然观察

这其中,参与性观察有助于个案研究,这是因为在以非言语行为作为研究对象时,观察法要比实验法优越;在研究中研究者能够辨别所要研究的行为,并能把行为特征记录下来;由于个案研究法的时间较长,研究者能够在自然中观察研究对象,再加上个案研究对被观察的对象要求少,能够全面客观地反映研究对象。

也有人将个案研究法分为三种类型。第一种是理论探求——理论验证的个案研究——尤其是研究一般论点,目的在于弄清楚那些模糊的问题,并使读者产生兴趣。第二种是用故事描绘一幅图画的个案研究——叙述和描绘那些有趣的、值得仔细分析的教育事件、方案、计划、章程和制度。第三种是评价型个案研究——需要研究者对教育事件、方案、计划、章程和制度进行分析,判断其价值,使读者确信。

二、个案研究法的设计

尹(Yin)根据采用个案的数量(单一或多个)和分析单位(整体和嵌入)的不同组合,将个案研究分为四种基本情况。如表 11-2 所示。

表 11-2 个案研究法设计的四种基本形式②

	单一个案设计	多个案设计
整体的(单一分析单位)	形式 1	形式 3
嵌入的(多个分析单位)	形式 2	形式 4

从表 11-2 中可以看出,个案研究的设计有四种形式:单一个案整体设计、单一个案嵌入设计、多个案整体设计和多个案嵌入设计。

(一)个案数量设计

1. 单一个案设计

在个案法研究中,研究者面临的首要问题是确定个案研究是单一个案还是多个个案。

---

① 胡中锋. 教育科学研究方法[M]. 北京:清华大学出版社,2011:240.
② 徐碧美. 如何开展案例研究[J]. 教育发展研究,2004(2):9-13.

一般说来,在下列情况下可以采用单一个案进行研究。一是某个案是测试某一理论的关键性个案,这种理论已经有一套主张(假设)以及说明了这套主张(假设)在什么情况下是正确的,而且,这个关键性的单一个案是用来证实、挑战或扩张该理论的,因此,单一个案的研究发现有助于建立理论。二是单一个案代表了一个极端或独特的情况,因其罕见而值得记录并分析。三是该个案在过去是没有条件进行研究的。尹研究中所提供的一个案例是列堡(Liebow)进行的著名的个案研究(Tally's corner, 1967),当时在美国的各大城市盛行一种亚文化,这种亚文化源于黑人社区,但在当时并未被人理解,由于得不到在黑人社区生活的黑人的合作,所以无法进行研究。后来,列堡对在华盛顿的毗邻地区遇到的失业黑人进行了个案研究,主要调查他们的生活方式、处事行为、对待失业的态度。这项个案研究为理解这种亚文化提供了重要的启示。四是将个案研究作为进一步研究的先导案例,它是为后续的研究打好基础或者为形成初步研究假设服务的。

2. 多个案设计

当研究者要面临的研究对象不止一个个案时,就要采用多个案研究设计。个案的数量不是由抽样逻辑所决定的,不会出现样本大小的问题。多重案例得到的证据,通常都被认为是较强有力的。因此,整个研究被认为是较为可靠的。研究者在选择个案时应该审慎仔细,所选择的个案应该能预测相似的结果或基于可以预测的原因得出相反的结果。尹把前者称为"原样复现",后者称为"理论复现"。在同一个研究中,一些个案可能"原样复现",而另一些案例可能是"理论复现"。例如,以"校本课程实施的有效性研究"为例,如果起初的理论主张(理论假设)是要有效地实施校本课程,就要具备某些条件,那么研究者也许会选择三个或四个实施校本课程的成功个案,也会选择三个或四个校本课程实施不成功的学校。选择几个成功的个案是"原样复现",选择不成功的个案作为比较则是"理论复现"。在选择成功和不成功的个案时,研究者一般都会总结成功所需的条件或理论主张(理论假设),并进一步研究揭示这些条件是否为关键的个案。开展多个案研究需要投入大量的资源和时间,常常要一组研究者才能完成,它也要求收集数据的程序步骤和对数据的分析应该符合标准。

无论是对单一个案研究还是对多个案进行研究,很重要的一点就是必须有一个整体的分析单位或嵌入的分析单位。

(二) 分析单位的设计

分析单位可以是个人,也可以是一个事件或一个实体,如一门课程、一个过程或一次机构改革,后者比前者较难界定。分析单位包括整体的分析单位和嵌入的分析单位。同样的个案可能包含一个以上的分析单位,嵌入式分析单位是比个案本身更小的分析单位。个案研究中的分析单位大小,与目前研究的主题与背景、个案的开始和结束有着密切的关系。如果个案研究只考察一个计划或组织整体的本质,那就是使用整体性设计。

分析单位的界定与研究问题的界定也有密切的关系。学者崔(Tsui)在对4位英语教师专业发展的个案研究中,其中一位是专家教师,另外两位是合格教师,剩余一位是新教师。这些个案的选择取决于研究者感兴趣的研究问题,即4位教师的专业发展阶段是什么,哪些因素影响这4位教师专业发展,从这些研究中可以看出,作者把教师个体作为分析单位。为了按照"全人行动,人境互动"来理解教师,可选取同一学校的4位教师,这样只需要将学校环境作为整体的分析单位即可。如果4位教师在不同的学校,那么就应该收集他们各自所处学校的数据并进行分析,这样嵌入式的分析单位就包括4所学校的文化、教学人员、学生、课程等。①

在采用整体性分析单位的单一个案设计中,往往存在这样的问题,整个个案研究的本质可能会在研究期间有所改变,而研究者却一无所知。嵌入式单一个案设计易犯的错误是,只关注子单位层级,而无法回到更大的分析单位。采用个案研究时要牢记,个案研究设计并不是一开始就固定的,也不是在研究过程中保持不变的。实际上,在研究的初期,研究设计可能有所变化,原来认为独特的个案研究也许是常规问题并非独特问题。在多个案研究中,所要选取的个案也会发生改变或修改。德沃斯(Devos)认为,一个良好的个案研究设计会避免只检验部分组成元素,它会通过广泛收集多个层面的信息来构建个案画面。与其任何组成元素所能告诉我们的信息相比,最终的个案研究会告诉我们更多性质不同的信息。②

第三节　个案研究法的步骤

一、确定研究问题

开始个案研究:首先,要确定研究问题的性质。教育研究问题大多来源于教育实践,是在教育实践中产生并亟待解决的问题。问题确定得如何,关系到研究工作的价值和成败。一般说来,个案研究法可以从以下三个方面考虑问题的性质。一是价值性,即研究问题是否在理论和教育实践上有价值。二是科学性,即研究问题是否以一定的科学理论为依据。三是可行性,即是否具备研究的主客观条件。个案研究比较适合研究那些需要探求原因,改善模式的问题。

其次,研究问题的内容应以研究课题即研究题目的形式明确地反映出来。研究题目应简单具体地展示出个案研究的对象、研究的问题和研究的方法。例如,对小学高年级偏科学生自信心培养的个案研究;农村小学素质教育的现状及其影响因素的个案研究等。

最后,确定研究问题后,需要进一步明确研究假设。确立假设的目的就是要将研究的注意点凝聚起来。例如,当研究的主题是校长的领导能力时,研究者可能关注的是校长是如何开展学校工作、提高领导效能的;学校的突出成绩和校长的领导能力是否有显著相关性。但是,这些不是真正的研究假设,研究的假设应该是该校长的领导方式具有合理的、

---

① 郭文斌.教育研究方法[M].北京:科学出版社,2012:207.
② [澳]戴维·德沃斯.社会研究中的研究设计[M].郝大海,等译.北京:中国人民大学出版社,2008:187-197.

不同于理论的特殊性,这直接导致了领导效能的提高。

二、界定研究的个案

一旦确定了研究问题,就要界定研究个案或分析单位。分析单位的选取和确定我们在前面已经讲述。个案研究法就是选取个别案例进行研究的方法,这里就有一个取样的问题。有学者对个案研究法的取样进行了系统研究,提出了代表性个案抽样、关键个案抽样、极端型个案抽样、配额抽样、声望个案抽样、滚雪球式抽样、效标抽样、证实和证伪个案抽样、综合抽样等。① 不管是哪种抽样,都体现了"目的性"原则。但是"目的"的标准是不确定的,只是根据研究者个人的经验、该研究的目的和前人的研究来定。这也是由随机抽样与有目的抽样运用的不同的逻辑基础决定的。随机抽样的逻辑基础是所选择的样本对总体要有代表性,以便推广到整个总体;而有目的抽样的逻辑基础是样本个体对所深入研究的情况信息掌握得多且丰富,确信那些被选的样本个体本身就是丰富信息的提供者。

但需要注意的问题是,个案研究并不是取样研究,在单一个案研究中,个案通常事前就已经决定好了。而在多个案研究中,有些个案可能较其他个案更能具有代表性。那么,在教育研究中,究竟怎样选择个案呢?学者斯塔克建议,取得平衡和多样的例子固然重要,但首先应该考虑的是选取的个案能够提供研究者学习的机会。在个案研究中,并不是所有的个案都能发挥研究的功能,研究者应该提前对个案进行选择评估,决定个案的取舍。

三、制定个案研究计划

制定研究计划:首先,要阐明研究的背景、目的及意义。即明确研究问题是在什么样的情况下提出来的,此研究为什么要进行,研究的价值是什么,要解决什么问题等。其次,研究计划要对研究对象和研究范围进行限定。对总体范围的界定关系到研究成果的适用范围,为了使研究成果具有普遍的指导意义,应充分考虑研究对象的代表性和典型性,以保证研究结果能够说明某一地区、某一情境或某一对象的一般规律。同时,课题研究的核心概念也要给予界定,研究的角度也应该明确,具备可操作条件,便于他人理解研究结果和评价其合理性。当然,也有学者提出,个案研究计划应有 6 个方面的内容:对研究的个案是否进行了合适的界定;是否确定了研究的主题;是否充分掌握了资料的来源;选择的个案是否合适;是否列举了资料收集活动和过程;是否对收集的资料进行了三角验证。②

四、进入研究现场

在个案研究中,研究者本人就是研究工具,这就决定了个案研究必须确定研究现场和研究时间等具体信息,一旦进入研究现场,也就是田野资料开始收集的时候。为了进入研

---

① 潘苏东,白芸.作为"质的研究"方法之一的个案研究法的发展[J].全球教育展望,2002(8):62-64.
② 林佩璇.个案研究及其在教育研究上的应用[A].中正大学教育学研究所.质的研究方法[C].高雄:丽文文化事业股份有限公司,2000:239-264.

究现场,研究者必须知道谁是重要的"守门人",从哪里可以获得进行研究的许可。质的个案研究中,研究者必须对进入现场的过程进行说明。研究者进入现场后必须主动掌握和争取研究机会,审慎处理与研究对象的关系,并能够在现场进行持续的研究。

五、收集资料

收集全面的研究资料,是个案研究有效性的重要前提和保证。因此,在确定问题、个案以后,制定了研究计划和进入研究现场,研究者工作重心就转移到资料的收集。一般说来,对个案资料的收集主要有三方面的来源,一是个案本身的资料;二是学校的各种记录;三是家长和社会背景资料。有学者提出了收集资料的三条原则:一是使用多种来源的数据;二是建立研究案例的数据库,也就是研究者对所收集的数据进行整理和记录成文字;三是建立数据链,使一个外来者能够从最初的研究问题,跟随着相关资料的引导,一直追踪到最后的结论,反之亦然。[①]

对个案资料的数据收集可以分成两个阶段:第一阶段可以通过文献检索的方法,搜集与研究问题和个案相关的各种资料,如相关的研究论文、研究报告、官方文件资料、个案所处的社会背景、环境等,从而为实地阶段的研究做好充分的准备。第二阶段是进入现场对个案进行全面深入的考察。此阶段对个案研究来说,并没有什么固有的收集资料的方法,而是多种方法兼收并蓄。只要是有利于自己发现问题、解释问题的方法,都可以进入个案研究。在资料的收集中,常用的方法有观察法(参与性观察和非参与性观察)、调查访谈法、追踪法、追因法和产品分析法等。

六、分析资料

与其他质的研究方法相类似,个案研究法中分析资料这一环节是最难进行程序化操作的部分。由于收集资料的方法多种多样,所以分析研究资料时也应该采用多种方法,做到定性与定量相结合。

(一)资料的归并和整理

资料的归并是指将所收集的资料按照一定的逻辑组织起来,形成分组的活动。在现场收集的资料可能是零碎的、条理不清的,通过分组,就可以使信息逻辑化、使任务简单化。这一过程包括以下四个步骤:第一步,对资料的初步整理,包括对每一次观察或访谈后的记录进行通读、调整,把当时记录得不太清楚或者没有来得及记录下来的信息填补完整,确保资料的准确性和完整性;第二步,再次整理原始资料;第三步,在整体把握资料的基础上,寻找适当的分析单位,通过分组,使资料呈现得更加逻辑化和条理化,形成分析的工具与框架;第四步,借助于确立的概念和分析的工具,对原始资料进行量化处理或质的分析。

[①] [美]罗伯特·K.殷.案例研究方法的应用[M].2版.周海涛,等译.重庆:重庆大学出版社,2004.

（二）编码

编码是指利用研究分析所需要的概念、数字或符号对记录的文字资料进行标注。例如，收集到一个人物的年谱，以年代作为分析的文本，那么，首先要对各种事实进行编码。例如，该人物在5岁时母亲去世，就可以在旁边标注"早年丧母"这样一个概念，以表明这件事情的性质；也可以把他从出生到6岁这一阶段，标上"童年期"；还可以把影响他成长的各种因素标上"家庭因素""学校因素"等。编码的内容很多，主要根据研究的课题来设计。常用的编码有过程编码、活动编码、策略编码等。

（三）分析方法

对资料的分析是个案研究的一个难点。教师往往面对一大堆的资料不知如何下手。在集中分析时，第一，给每一份资料编号，建立一个编号系统。第二，认真阅读原始资料，熟悉资料的内容，仔细琢磨其中的意义和相互关系。第三，在资料中寻找被研究者经常使用的概念以及在使用时带有强烈感情色彩的概念，将其作为重要的码号进行登录。第四，按照编码系统将相同或相近的资料混合在一起，将相异的资料区别开来，找到资料之间的关系。第五，将资料进一步浓缩，找到资料中的主题或故事线，在它们之间建立起必要的关系，为研究结果做出初步的结论。也就是说，在整个资料分析中，要注意概念的数量，要有意识地去发现资料的模式（有规律的东西）和主题，对数据进行分类；要注意同类合并（把看起来相似的东西归类在一起）、细节归类（某一细节是否可归入更大的类别中去）、变量之间的关系（对概念或变量之间的关系进行推测）。

七、撰写研究报告

个案研究报告的基本格式如下：

（一）背景介绍

背景介绍包括问题的提出、研究的意义与价值等。此部分应明确提出研究的现象和问题、研究的个人目的和公众目的、研究的理论意义与现实意义。如选择的个案是什么，为什么选择此个案，通过个案研究要达到什么目的等。这一部分应简洁明快，使读者一目了然。

（二）研究方法的选择和运用

研究方法的选择和运用包括抽样的标准，即个案是如何确定的；进入现场以及与被研究者建立和保持关系的方式；采用什么样的方法收集资料和分析资料；研究过程的开展及时间；访谈、调查、观察的时间及频率等。此部分的叙述要足够详细，使读者能够通过文章透彻地了解研究过程。

（三）个案研究的结果分析

对个案研究的分析主要是针对个案的研究结果，包括对观察资料、访谈记录、实物资料的描述与概括分析。此部分是个案研究的主干部分,必须详细而具体。对于此部分内容的撰写,学者们认为有三种方式:一是类属型,主要使用分类的方法,将研究结果按照一定的主题进行归类,然后分门别类地加以报道。二是情境型,注重研究的情境和过程,注意按事件发生的时间顺序或事件之间的逻辑关系对研究结果进行描述,表现的内容是一个自然发生的故事或是一个按时间顺序排列的各种事件的组合。情境法的优点是生动、详细地描述事件发生时的场景,可以表达当事人的情感反应和思想变化过程。三是结合型,即将类属型方式与情境型方式结合使用。例如,使用类属法作为研究报告的基本框架,同时在每一类属下面穿插小型的故事片段,也可以将情境法作为研究报告的基本结构,同时按照一定的主题层次对故事情节进行叙述。

(四)结论及建议

这一部分是对研究中的关键元素及研究结果进行深入探讨,从个案研究的结果中推论出最终的结论,并且对结论的有效性和真实性做出解释,对个案研究问题提出建设性意见,并可做出跟踪报道及后续讨论。

(五)列出参考文献及附录

列举参考文献须参照标准的格式。附录位于文章的最后,主要是包括一些无法全部呈现于报告主体部分的资料。

总体来说,个案研究报告应秉承叙事风格,其成文形式应尽可能真实地再现当事人看问题的观点,尽可能使用他们的语言来描述研究结果,介绍研究者使用的方法和在研究过程中所做的反省思考,再现访谈情景和对话片段,详细描写事件发生时的情景和当事人的反应及表情动态,从社会文化的大背景对研究对象的情况进行更深入的探讨。

第四节 个案研究法的评价及未来走向

随着教育科学研究的发展和深入,质的研究方法得到了空前的发展。个案研究法作为一种重要的质的研究方法,虽然起源于医学诊治病案和侦查学中的刑事案例,但近年来逐渐被推广和应用于心理学、教育学等领域中,并日益成为教育科学研究中的一种重要方法。整体来看,个案研究法有其优点,但也有其缺陷。

一、个案研究法的评价

(一)个案研究法的优点

个案研究法的优点主要有:第一,细致深入。由于个案法对所有对象均做个别研究,个别地进行研究,可以避免团体研究的粗糙性,因此可以做到精确细致深入的研究。第二,全面系统。由于个案法进行的研究一般均为较长期的连续性追踪研究,因此可以做到全面系统的研究,追踪研究,可以避免断续性研究缺乏系统性的缺点。第三,及时灵活。由于个案法所研究的个体或群体一般带有特殊性,研究过程中需采用多种方法、多种途径来进行,随时可根据研究的进展调整研究方案,灵活机动,可节省大量不必要的或偏离方向的"研究"。

(二) 个案研究法的缺点

个案研究法的缺点主要表现在以下几个方面:第一,缺乏代表性。由于个案法所研究的是个别对象,虽也有对群体的研究,但仍是采用研究"个别"的方式来研究群体,而不是采用实验的方法来研究群体,因此所获得的结果虽然精细,但均为各具个别特点的材料,不能进行统计处理,难以用个案研究的结论推断总体。第二,缺乏可比性。由于个案研究法所研究的个体或群体带有的特殊性,使研究所获得的资料较难找到可供参照的标准,因而影响到研究的可比性和科学性。第三,多描述、少推断。由于个案法研究的结果大都以描述性为主,对各种变量不可能加以控制,因而较难得出具有普遍意义的推断性结果和精确性结论。

总之,在个案法研究中,必须充分利用其优点,弥补其不足,即主要采用综合的研究方法,才能使具有特殊性的"个案"研究更精确、更客观和更科学。

二、个案研究法的未来走向

近年来,传统个案研究所显露的缺陷是人们主要攻击的焦点,这主要是因为现代社会的复杂性和异质性程度远远超出了此前的社会形态,微观的个案研究越来越不能作为认识社会问题的基本方式。此外,建立在统计学基础上的定量研究以其精密的计算、无懈可击的从样本到总体的推论使个案研究相形见绌,个案研究存在的正当性和意义便成了亟待解决的问题。

为了解决上述问题,近年来个案研究法出现了三个方面新的发展趋势。

(一) 由传统的微观的单一个案研究向扩展个案方法转变

扩展个案方法是通过对宏观、微观两方面因素的经验考察,达到对问题的深入理解。问题可大可小,收集资料兼涉宏观和微观两个方面,分析时则始终持反思性的信条。研究者居高临下地看待具体生活,亦从具体生活中反映宏观因素的变迁。通过宏观与微观因素的往复运动,进而解答问题。这种研究方法跳出了个案研究法的狭小天地,解决了宏观与微观如何结合的问题。同时,经由理论重构,它实现了理论上的追求,也体现了这种研究方法的价值。① 应当注意,扩展个案研究方法试图通过研究者立足点的转移来解决从微观到宏观过渡的难题,似乎忽视了特殊性与普遍性、一般性的关系问题。但是个案研究法能够通过重构理论产生一般性法则,即用个别个案来关照、修正理论,进而产生新的一般性法则。

---

① 张梦中,[美]马克·霍哲.案例研究方法论[J].中国行政管理,2002(1):43-46.

(二)个案研究中注重定量方法的使用

为了向传统实证范式靠拢,增加个案研究的实证性,最近几年出现了强调个案研究实证性的专有词汇:单一受试者(single case)研究。该方法是指研究单一个体、对象或事件的研究方法,例如大家熟悉的单一个案、个案研究、相同受试者、受试者内、重复测量、密集式的临床试验、应用行为分析、单一受试者、单一制度、异质的以及 n=1 的研究方法。托马斯(Thomas)认为单一受试者研究方法,给临床工作者提供了独特的机会,将研究技术纳入临床实务工作中。单一个案法可以让实务工作者不必利用传统团体比较程序去验证处理方式产生的效果。它现在广泛应用于临床心理学、精神医学、教育、社会实务工作。它可以采用单一处理方法,也可以同时结合多种其他方法,为个案研究提供实证的检验。

(三)加强对个案的纵向长期跟踪研究日益受到重视

所谓跟踪法就是指在较长的一段时间里,对某一研究对象进行有意识的跟踪,收集相关资料,揭示其发展变化的情况和趋势的研究方法。跟踪研究短则数月,长则几年或更长的时间。我国著名教育家陈鹤琴先生从他的第一个孩子出生之时起,就逐日对其身心变化和各种刺激反应进行周密的观察,用日记方式做出详细的文字记载,并拍摄了大量珍贵的追踪照片,连续追踪 808 天,积累了大量的研究资料,据此撰写了我国儿童心理学领域的名著《儿童心理之研究》。一般说来,个案追踪法主要适用于三种研究情境。一是探索发展的连续性。因为追踪法一般以相同的对象做长期的研究,通过追踪可以掌握研究对象的发展连续性。二是探索发展的稳定性。例如,研究智力测验分数的稳定性问题,即可以从幼儿开始测量直到成年,由此可以看出智商是否具有稳定性。三是探索早期教育对以后其他教育现象的影响。

总之,追踪法是对相同的个案进行长期而连续的研究,研究者能真实而直接获得研究对象发展变化的第一手材料,能深入了解个人或某教育现象的发展情况,弄清发展过程中的个别差异现象,这是其优点。但追踪法由于比较耗时费力,一些变量控制难度较大,各种无关变量随时都有可能介入追踪过程,甚至影响追踪研究结论,这是其明显的不足。

三、个案研究法的案例研究

【个案研究法案例】[①]

个案姓名:×××,性别:女,年龄:12 岁

一、问题行为简述

(一)被试的班主任和任课教师的观察情况

被试有说谎的行为及爱慕虚荣的表现,在班上不合群,人际关系差。但常以特殊的行为(如企图离家出走、不做作业等)引起老师和同学的注意,并做出令人怜悯的动作(如佯

---

① 资料来源:王坦,张志勇.现代教育科研:原理·方法·案例[M].青岛:青岛海洋大学出版社,1998:219-222.

装身体不适),以获得他人的关心,似乎迫切希望得到他人的关心。

(二)被试母亲观察的情况

(1)脾气暴躁,不听父母的话,被责骂后则到处对他人诉说自己为养女,没有得到父母的爱和关心。

(2)对新东西有强烈的占有欲,即使自己不需要也想占为己有,然后丢弃一旁,不借给他人,也不愿意借他人的东西。

(3)有偷窃行为。偷来的钱用于交际,邀请同学,由她请客。对于金钱不知管理,随便乱花。

(4)不帮做家务事,也不知处理自己的事。

(5)不愿待在家里,一有空隙便出去,经常有离家出走的意图。

(三)与被试个别谈话发现的情况

(1)与其母亲有隔阂,不服父母管教,且喜欢与弟弟交往,极想脱离目前的家庭,而去外地祖母家。

(2)没有自信心,自卑感重,无法与人维持良好的关系。

(3)希望能得到别人的关注。

(4)主观意识太强,做错事不知反省,反责怪他人。

二、资料收集

(一)个案生活背景

(1)家庭关系:

父亲:个体经营者　43岁　　被试:12岁,初中生

母亲:个体经营者　42岁　　弟弟:10岁,小学生

(2)家庭经济情况:父母都为个体经营者,经济比较富裕。

(3)父母教育态度:父母过去对被试过于纵容,目前被试已渐长大则要求自主。但因被试脾气暴躁,有时遭毒打。

(4)兴趣特长:喜欢户外活动,尤爱游泳,无其他特长。

(5)生活简史:全家本住汉阳,后其父母到汉口做个体经营。被试上小学前,由其祖母抚养,后接到父母处上小学。在小学时,曾有一次负气出走,只身跑到祖母处,后经祖母劝告带回父母处。初中一年级上学期,经常和同学吵架,成绩很差,考试后分在差班。在学校无法找到可谈的朋友。在家对父母和弟弟的态度也差。被试爱慕虚荣,脾气暴躁,有说谎、偷窃行为,有离家出走的意图,令父母担心。

(二)社交生活

(1)经常喜欢和老师接近,到办公室找老师。老师们开始耐心地与之交谈,但日久则不胜其烦。

(2)与班上同学相处不融洽,常有吵架情形发生。但另一方面又经常请客,以此博得某些同学的喜欢。

(三)各项测试结果

(1)智力测验的结果,智商为88,属中等智力水平。

(2) 学业成绩(略)。

(3) 个性测验的结果,被试有强烈的自卑感,主观性强,与社会生活不协调,属不反省型。而且性格内向,很少参加集体活动。

三、个案分析

(一) 幼年生活

被试幼年由其祖母抚养,可能因为祖母溺爱,而养成以后要什么就要得到什么的习惯。回到父母身边后,又因为父母的过分迁就,形成任性的性格。

(二) 家庭生活

(1) 父母的情形:据被试说,其父母经常发生争吵。父母不和睦是造成个案问题的影响因素之一。

(2) 与家人相处生活情形:被试认为自己是令人讨厌的,无法与家人和睦相处。而其父母也认为他是家庭的异己分子,自然不得父母的欢心。与其弟弟相处也不融洽,有时为了争看电视节目,而与弟弟大打出手。加上脾气过坏,没有良好的生活习惯,成为家里的头疼人物。由于被试对家庭缺乏归属感,所以极想脱离家庭,渴望从老师、同学中求得爱的补偿。

(三) 学校生活

被试在学校也与同学不和睦,所结交的只是一些与其玩乐的朋友。因而在学校里,也找不到能倾吐的对象。被试又因功课和成绩差,在班上也无地位,只有以特殊的行为引起他人的注意和关心。

四、个案指导设想

(1) 阅读被试基本资料和各项测试的结果,以了解其基本情况。

(2) 以个别谈话方式,先建立与被试之间良好的关系,使其在宽松气氛下,得以倾谈,以发现问题所在。要使被试能自我认识,自我解决问题。

(3) 进行家访以了解被试家庭环境,并借以沟通被试与家人的想法与做法。

(4) 与班主任及其任课老师交换辅导意见,以了解被试在学校生活的情况,并通过其他同学进一步了解被试。同时,要得到多方面的协助,从而促进对被试辅导的效果。

五、个案指导的成果

(一) 个人方面

(1) 通过多次谈话,使被试明白父母有时表达爱的方式可能有所错误,自己也需要反省。被试对部分交谈有所理解,但大部分仍觉得其母亲责打的方式不对。

(2) 增强被试自信心。

(3) 让被试的班主任和任课教师给予较多的关怀,避免采取不正确方式。

(4) 使被试明白要采取正确的态度和方法获取金钱和花费金钱。

(5) 因被试自小习惯已养成,建立一种新习惯较困难。虽有心改之,但仍需要一段时间慢慢磨炼。

(二)家庭方面

(1) 其母亲在盛怒之下的责打行为,得不到个案谅解。要使其母亲多理解孩子,多从孩子的立场看问题,可能会减少彼此的冲突;同时希望用适当的方法,求得相互谅解。这虽是不容易的事,但经过尝试,有一定的效果。

(2) 改变被试与弟弟的关系,除了被试自我约束外,也需要其弟弟积极合作,彼此相容。

六、结论

(1) 因被试自小生活习惯已经养成,一时难以改正所有的坏习惯,但只要多给予关怀,耐心教育,会逐步改正。

(2) 因被试智商不高,对于功课的要求不宜太高,首先是在于行为的改善。

(3) 被试在该校仍有两年多时间,还有长时间予以观察,应继续进行追踪研究。

思考与练习

1. 什么是个案研究法?个案研究法的资料收集有哪些方式?
2. 简述个案研究法的特征。
3. 简述个案研究法的优缺点。
4. 论述个案研究法的步骤。
5. 结合自己的专业领域,自定研究主题,采用个案研究法进行一项实际操作研究。

第十二章
教育实验研究法

※ 内容提要

教育实验研究法是教育研究的一种基本方法,其特征表现在:揭示教育现象或教育行为之间因果关系的过程;主动操作自变量,控制无关变量;具有可重复性;以教育实践为基础的一种特殊的实验活动;具有教育性、开放性和社会性。

教育实验设计的一般步骤包括:问题的提出与研究假设;列举群体、样本、实验单位、抽样方法及样本大小;设计实验研究的程序和方法;统计方法的选择。教育实验设计的基本模式有单组实验设计、等组实验设计、多因素实验设计等。

教育实验大多属于准实验,在教育实践中被广泛使用,但要注意该方法的局限性。

※ 学习目标

1. 了解教育实验研究法的特征和教育实验设计的基本模式;
2. 熟知教育实验设计的一般步骤;
3. 学会运用教育实验法研究教育实践中的教育问题。

※ 关键词

教育实验研究法;教育实验设计;基本模式;实验实施

※ 知识导图

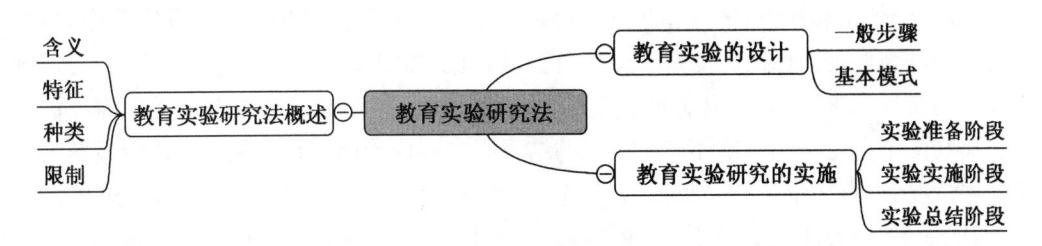

```
                  含义
                  特征
                  种类      ──→ 教育实验研究法概述 ──┐
                  限制                              │
                                                    ├──→ 教育实验研究法 ──┬──→ 教育实验的设计 ──┬──→ 一般步骤
                                                                          │                      └──→ 基本模式
                                                                          │
                                                                          └──→ 教育实验研究的实施 ──┬──→ 实验准备阶段
                                                                                                    ├──→ 实验实施阶段
                                                                                                    └──→ 实验总结阶段
```

教育实验作为一种科学实验,其研究对象是教育现象及其过程,其目的是解决现实的教育问题。1768年,裴斯泰洛齐首次创办"新庄"实验学校,并进行教学制度、初等教育新方法的研究与实验。此后,教育家们按照自己的设想和理论,长期从事教育实验活动,著名的如杜威的"芝加哥大学实验学校"、罗素的"比肯希尔学校教育实验"、苏霍姆林斯基的"帕夫雷什中学的教育实验"。中华人民共和国成立以后,我国学者在教育实验研究中进行了探索,如卢仲衡先生主持的"自学辅导教学实验"、顾泠沅主持的"青浦实验"和叶澜先生主持的"新基础教育"研究,在国内产生了较大的影响。随着教育改革的广泛开展,作为一名教育科学工作者,应该学习和掌握教育实验研究这一基本的研究方法。

第一节 教育实验研究法概述

一、教育实验研究法的含义及特征

教育实验研究法是研究者为了解决某一教育问题,根据一定的教育理论或假设,合理地控制或创设一定条件(自变量),人为地变革研究对象,从而验证假设、探讨教育现象因果关系的一种研究方法。其特征表现在:

(一)揭示教育现象或教育行为之间因果关系的过程

教育实验本质上正是一种科学实验,它是按照一定研究目的,在合理控制的条件下,主动采取某种措施,诱发一定的教育教学现象在同样的条件下重复发生,这样就能用反复观察到的事实对以往的实验结果加以核对,以探索二者间的因果联系,从而验证、修正、丰富、发展某种教育理论和主张,证明客观必然性。区别于历史研究、调查研究和相关研究,只有实验研究,才能揭示变量间的因果关系,说明"为什么",推论因果关系的逻辑性。

(二)主动操作自变量,控制无关变量

教育实验是为了变革现实,探索和创新,是要索取,不是消极等待研究现象的自然发生。因此,必须主动操纵自变量的变化,否则就不成其为教育实验。在教育实验中,自变量是指一种被假定为原因的变量。操纵自变量,就是指实验研究者人为地去干预、控制现象发生的条件和进程,有意识地变革研究对象某一方面的条件,从而达到自己所需要的结果。那些由于自变量的作用而产生变化的结果因素则成为因变量。从当今教育改革实验的发展情况看,自变量一般是那些改革措施,比如某教学方法、教学内容、教学组织形式等,而把学生、教育活动本身及教师的各种发展因素综合起来作为实验的因变量。[①]

控制无关变量,也叫控制变量,指在实验中应该保持恒定的变量。教育实验中,为了探索因果关系,证实确实是自变量 X 导致因变量 Y 的变化,就必须排除其他无关因素的

---

① 王策三.教学实验论[M].北京:人民教育出版社,1998:220.

影响,使实验的其他条件保持恒定。只有控制外来的无关变量,保证各方面变量平等,才能保证实验结果是可靠的。如果没有控制,就无法显现假设中提出的因果关系,实验也不可能有效度。

(三) 具有可重复性

所谓可重复性是指在同样实验条件下,可以在不同地区、不同单位获得同样的实验结果。实验结果本身就是经过长期艰苦反复的实验获得的。一旦某一因果关系确定后,可以肯定它具有较高的科学性。因此,如果在相同的实验情境下,施加同样的实验因素,控制好无关因素的干扰,按同样的方法加以操作,应该能够获得基本相同的结论。教育实验的可重复性,使得实验结果具有更强的说服力和推广价值。

(四) 以教育实践为基础的一种特殊的实验活动

教育实验是在教育实践中进行的,区别于自然科学实验,其特殊性表现在:① 教育实验不是以物,而是以人和人所从事的教育活动为研究对象。人个性的多样性和教育现象的模糊性决定了教育实验是将研究对象作为一个整体,用整体性观点和综合性方法处理实验变量,尤其是对思想品德及个性形成方面的研究。② 教育实验主要在教育和教学的自然环境状态中而不是在实验室里进行。原因在于,学生是生活在特定的班级和学校环境中,离开了这一特定的社会环境,相应的教育现象就不会发生。因此,教育实验不能脱离教育教学的实践活动。③ 教育实验不能求其精确度,实验的结果不能完全客观测量。由于教育现象变量的不确定性,教育概念范畴界限的模糊性和歧义,以及涉及价值判断,且周期长,因素复杂,要想达到精确表达的量化分析是困难的。因此更强调的是定量研究与定性研究相结合。

(五) 具有教育性、开放性和社会性

教育实验是一种经过精心设计和控制的、旨在追求更好的教育效果的教育活动,其所研究的教育活动和教育实验本身就应具有教育性。具体表现在:实验内容的价值选择、实验假设的正面性和实验过程的不可失败性。这是因为教育实验的研究对象是正在成长中的人,必须选择那些符合教育目的、适合学生身心发展的内容,提出正面的实验假设,对实验过程实施有效的控制,不能对学生发展产生任何负面影响。

教育实验是在一定社会关系和生动情境中进行的,因此具有很强的社会性;而教育对象是自由的、开放的,既是学校的学生,又是社会成员,实验过程中受社会因素干扰较大,即具有开放性和社会性。

二、教育实验研究法的种类[①]

(一) 前实验、准实验和真实验

美国教育实验专家坎贝尔(D. T. Campbell)和斯坦利(J. C. Stanley)根据实验变量的控制程度和内外在效度的水平进行分类,将教育实验分为三类:前实验、准实验、真实验。

前实验没有对无关变量进行有效的控制,内部效度低,可以进行观察和比较,但由于对无关因素的干扰和混淆因素缺乏有效的控制,因而无法验证实验使用的因素同实验结果之间的因果关系,也很难将实验结果推论到实验以外的其他群体或情境。

准实验不能随机分派实验对象,无法像真实验那样完全控制误差来源,只能尽可能予以条件控制。准实验是在教育的实际情境中进行的,因而具有推广到其他教育实际中去的可行性。由于教育实验的情境和教育实验对象的特殊性,实验对象也是处于正常的自然状态下接受实验的,难以满足一般科学实验的规范要求,所以教育实验大多属于准实验,人们将这种准实验研究也称为"行动研究"。

真实验是指能严格地随机分派实验对象,完全控制无关变量,能系统地操作自变量,从而使内在效度和外在效度都很高的实验。

坎贝尔等人是完全使用自然科学实验规范标准来衡量划分的。这种分类及有关的研究努力,对教学实验的规范化、科学化乃至现代化有积极的影响,尤其对微观的分析性实验的影响更大。但其不足之处,就是过分偏用自然科学实验的规范,忽视了教育教学实验的本质特点。实验变量控制的形式和方法是多种多样的,不仅仅局限于设计、统计和随机化控制。如何从大量的教育教学实验中,尤其是综合性、整体性实验中总结归纳控制方法,这是坎贝尔等没有注意到的。

(二) 探索实验、改革实验和验证实验

按照教育实验的目的功能分,可分为探索实验、改革实验和验证实验。

探索实验的做法是把研究放在第一位,按预先的研究目的操纵实验变量,目的是搞清楚所要研究的某个问题的状况,即对某个教育问题弄个水落石出。如我国"科学"课程的探索实验。

改革实验的做法是按事先制定的改革计划进行实验,看改革的方案是否可行。如进行新一轮的基础教育课程改革实验。

验证实验的做法是对已取得的实验结果进行重复实验,是在一定理论基础上进行的,目的是通过实验,验证某些教育经验或研究成果是否可以推广。如发现教学法在我国推广应用的实验。

探索实验、改革实验和验证实验是实际存在的教育实验的三个不同水平的发展阶段,就是探索—改革—验证,进而形成理论的过程。

[①] 王策三.教学实验论[M].北京:人民教育出版社,1998:212-215.

（三）单项实验、综合实验与整体实验

这是从实验涉及的因素进行的分类。单项实验指对单个因素进行操作变革，以观测其效果的实验。单个因素可以是某种教材、教学方式、方法，某一教学因素，如思维、个性、情感等。"数学自学辅导教学实验""集中识字教学实验""思维发展与教学实验"等，都属于这类实验。

综合实验指对有内在联系的多项因素进行综合性操作变革，以观测其综合效果的实验。例如，对新教材及相应的新教法和教学组织形式三个因素进行综合实验；对一门学科教学所涉及的多方面进行综合实验，如语文教学中识字、阅读、欣赏、作文等方面的综合实验。综合实验涉及的各种因素有内在的联系，但不一定能构成一个完整的结构。所以，综合实验可以被视为介于单项实验与整体实验之间的实验。

整体实验是对教育教学中某一独立的整体结构进行全面系统的操作变革，以观测其结构功能效果的实验。这样的实验可以是整个国家的教育体制，也可以是一个学校、学区整个教育结构的改革实验。例如，上海师大教科所进行的"中小学教育体系整体改革实验"，它不仅涉及包括课程、教材、教法、管理等因素在内的横向教育结构，而且涉及小学与中学两个阶段的衔接问题的纵向结构，表现出了典型的整体性。整体实验是结构性实验，它涉及多种因素，但因素"多"到多少，并不是随意而定的，是一个教育教学结构所涉及的全部的基本的因素。

单项实验、综合实验和整体实验是三种类型的实验，它们的区别是由实验目的、涉及的因素多少等决定的。这并不意味着哪种实验地位优越，哪种实验地位低下，也不能以此而论所谓先进与落后。从发展来看，有些单项实验经过综合实验发展成整体实验，但并不是所有的单项实验都一定发展成整体实验。

三、教育实验研究法的限制

教育实验，作为解决科学认识的一种重要手段，由于面对的是极其复杂的教育现象和过程，因此，要想通过教育实验获得教育科学的研究信息并加以科学处理，就必须了解实验研究在运用中的条件限制，了解实验研究法本身的局限性。

（1）一般而言，实验研究适合于研究自变量数目较少且清晰、可以分解并加以操作的问题。由于教育实验研究对象的特殊性，无论是研究教材教法改革，还是研究个体学生或学生群体的行为，往往包含许多变量和复杂的相互关系，且处于一定的教育情境之下。教育中的一些领域用实验法是无法解决的，必须以调查或理论研究的方法，也就是说，要与其他研究方法结合使用才能真正揭示教育发展规律。

（2）教育实验的承担者（研究人员、研究对象）都是具有自己的价值、态度、认识等主观因素的人，这些主观因素有可能使研究获得的资料和结论受到干扰，易产生种种因人的心理作用而产生的副效应，如实验人员的期望会影响实验效果（皮格马利翁效应，又称"罗森塔尔效应""期望效应"）、研究对象因为知道自己参加实验而引起的积极性提高（霍桑效应）、对照组人员在暗中模仿或与实验组竞争（约翰·亨利效应）。此外，还有教育实验周

期过长而引起的"生成效应"(研究对象身心成熟)和实验教师的时间积累效应,等等。这些效应,有些可能会提高教育效果,有的则可能降低教育效果。对于教育实验来说,这些因素都可能会带来干扰。即使经过精心设计,影响仍会存在。

(3) 不可避免的样本不足和选择误差。从统计分析和实验推广的角度看,教育实验往往只能选择非常有限的样本(学校、教师和学生)进行研究,因而难以代表全体或其他群体,这就势必会带来样本不足、缺乏足够令人信服的代表性的缺陷。如果扩大样本,则又会带来更大的控制难度,由此会影响实验的效果。

正因为如此,在教育实验研究中做出结论时不能过于武断。同时,在推广和应用已有研究成果时,又不能简单地模仿和照搬,而需要结合具体的情境、具体的教师学生和教育内容创造性地应用。

第二节 教育实验的设计

作为实验研究的蓝图,教育实验设计是研究者为指导实验而预先进行的策划。完善的实验设计是实验过程程序的预案和处理实验结果的先决条件,也是使教育研究取得预期结果的重要保证。因此,实验研究者应在实验之前根据研究目的和研究假设,科学、严谨地做好实验设计。

一、教育实验设计的一般步骤

(一) 问题的提出与研究假设

开展教育实验研究总是从问题的提出开始的。发现一个有价值的问题,往往能在教育改革中抓住关键。研究者应在实践和理论结合的过程中捕捉有待研究、有待改进的问题。同时,根据研究的理论价值和实践价值,根据研究者自身各种主客观条件选择问题。在此基础上,结合学校工作的实际,在听取有关专家和同行意见的基础上确定实验研究的问题和目的。例如,由于人口出生率下降和城市住房建设改造工程的实施,据统计,北京市小学生每年以8%的速度递减,到2000年已从1998年的92万减少到75万。北京市西城区由于处于中心城区,小学生入学人数递减明显,1997年有34所小学一年级班级人数在30人以下,到2000年猛增到58所。该区教育管理及研究人员深入本区小学听课、调研,决定在全面推进素质教育,促进学校教育教学改革,进行学校规模调整工作的同时,提出"小班化教育"的问题。①

要让有价值的问题成为教育实验研究的内容,还必须根据教育实验的特点,提出研究假设。在教育实验中,研究假设就是研究者对实验自变量与因变量之间可能存在的因果

---

① 赵英汉.抓住机遇 探索实践 积极开展小班化教育实验研究——北京市西城区小学小班化教育实验中期研究报告[J].教育科学研究,2001(3).

关系的推测性判断。例如:苏联教育家赞可夫曾在莫斯科、列宁格勒以及俄罗斯的一些学校进行观察和研究,发现"低年级(即小学生)的发展进行得极其缓慢而且无力",针对教育实践中出现的问题,反思传统理论及其研究方法本身的不足,赞可夫决定采用教育实验的方法建立新的教学论体系,其中,一个核心的假设就是"只有通过难度较大的教学才能使学生得到充分发展"。[①]这里,研究者就是试图揭示自变量"难度较大的教学"与因变量"学生得到充分发展"之间的因果关系,提出假设本身就是一项严肃而复杂的研究活动,它是研究者的教育经验、科学理论、他人经验综合加工的结果。研究假设表述具有三个特征:假说应表明实验的自变量和因变量;假说必须以陈述句的形式简洁、明了地表述变量之间的因果关系;假说必须是可以检验的。如上述的"难度较大的教学"和"学生得到充分发展",应当在后面的实验设计时得到更明确具体的说明,以便研究者和教师能实际操作或测评。

(二) 列举群体、样本、实验单位、抽样方法及样本大小

群体是指研究样本的总体。群体包括切近总体和目标总体。要研究"我国小学生能力发展",那么"我国小学生"就是目标总体,实验样本来源的总体则是切近总体。如上述研究中在全国各地随机抽取了 1 000 名小学生做样本,而这 1 000 名小学生所在的学校、地区就是切近总体。如果要将实验成果从"实验切近总体"推论到"目标总体",则需要比较两者之间重要特征的相似度,相似度高则可以推论,反之,则不成立。

样本来自总体,是总体的一部分。样本要有代表性。样本的代表性是指样本应具备总体的性质或特征。样本研究的关键在于取样和推论,取样是推论的先决条件,样本的代表性会影响研究结论的可靠性和研究结论的推断程度。代表性越高的样本,其研究结果的普遍性就越大;反之,如果样本没有代表性往往会导致研究的失败。因此,要尽可能使每个被抽取的样本能代表总体。

实验单位,可以是个人、班级,也可以是一个学校、团体,必须独立接受教育实验中所要操作的自变量的变化并做出反应。

抽样的方法有随机抽样、分层抽样、整群抽样和系统抽样。可以根据实验的内容和目的、研究总体的大小等来决定采取抽样的方法。

样本大小是指抽取样本的具体数量。实验研究中,每组样本数量最好不少于 30。

(三) 设计实验研究的程序和方法

实验研究的程序和方法是实验研究的关键,它不仅直接影响到实验研究的进程,而且还影响着研究结果的可靠性与科学性。良好的研究程序和方法可以减少研究的盲目性,使研究达到预期的目标,从而提高工作效率,节省人力、物力和时间。实验研究的程序和方法包括以下内容:

第一,确定研究变量。就是对实验所涉及的各种变量进行科学的规定,以确保所有参

---

① 王策三.教学实验论[M].北京:人民教育出版社,1998:159.

研人员准确把握实验内容,严格按照要求实施相关的研究活动,从而保证实验研究更能有效地检验假说,得到科学的结论。任何教育实验研究都涉及一个或多个研究变量,因此,在研究中必须详细列出研究所涉及的所有变量,分析出研究的自变量、因变量以及需要控制的无关变量。在教育实验研究中,确定研究变量还需要对研究变量下操作性定义,即将研究的变量具体化,用可感知、可度量的具体事例、现象和外在表现对研究变量加以界定或说明。

例如,如果以"大量阅读、读写结合"作为一项语文学科的教学实验的自变量,而不交代达到什么标准的阅读才算"大量阅读",组织大量阅读、读写结合的具体途径和方式有哪些,那么这项实验的自变量就显得过于模糊。因为没有对这些内容进行清楚描述,研究人员和其他教师就无法准确地、前后一致地、相互统一地在教学中实现"大量阅读、读写结合"。再比如,在"学生学习主动性可以通过合理组织教学过程进行培养"这个假说中,因变量是"学生学习主动性",不过,"学习主动性"的内涵和外延还必须界定,研究者将其整理成"学习主动性的指标体系",即由直接学习需要、间接学习需要、学习目标、自信心和情绪情感五个主要项目及 25 个子项目组成[①],从而使研究者和参与研究的教师能更准确地把握因变量。

第二,控制实验条件。控制是教育实验的核心和精髓,没有控制,就谈不上实验的科学性。实验控制的基本原则是"最大最小"的控制原则,即使实验变量产生最大变化,使其他干扰的变量与误差产生最小的影响。教育实验控制的内容除了上述的实验变量外,还包括控制无关变量、控制测量工具,也包括实验情景的控制。所谓无关因素是指那些在实验研究中除规定的自变量外的一切能影响实验结果的因素,包括外部的、介入的、或主试者变量等。由于教育实验是针对成长中的学生,不能对学生进行风险性实验,同时教育实验是在教育教学实践中进行,所以实验控制不能机械地进行,必须在实验过程中不断地做出调整,表现出教育实验控制的复杂性。教育实验控制的方法有:消除法(即排除或隔离无关变量对实验的影响)、恒定法(即在整个实验期间,尽量使所有的实验条件、实验处理、实验者及被试都恒定不变)、平衡法(即尽量均等无关变量对所有实验组与控制组的影响)、统计控制法(即可以使用协方差统计方法来控制无关变量)。

第三,考虑教育实验的效度。实验的效度是指实验的有效性,它是衡量一个实验成败的关键性质量指标。实验效度分内部效度和外部效度两种。

内部效度是指实验者所操纵的实验变量对因变量所造成的影响的真正程度。实验内部效度高低,取决于对无关变量的控制程度。无关变量控制得越好,实验结果就越有可能解释为实验处理所致,反之,则很难解释是实验处理的结果,还是由其他无关因素造成。依据美国实验专家坎贝尔和斯坦利的观点,影响实验内部效度的因素有以下八个方面:历史(或偶然事件)、成熟、测验(前测可能会提升继后第二次测试的成绩)、工具(测量工具的不同、评量者身心的变化等都会影响实验结果)、统计回归(被试的测量分数在第二次测量时,有向团体平均数回归的趋向)、差异的选择(由于未用随机取样和随机分派来选择被

---

① 陈平,朱敏.小学生学习主动性培养的实验研究[J].教育研究,1995(11).

试,导致被试在未进行实验处理之前各方面的能力有所偏差或不相等)、实验对象的流失及上述七项因素的彼此交互作用。

外部效度指实验结果的概括性和代表性。即指实验结果是否可推论到实验对象以外的其他被试,或实验情境以外的其他情境。一个实验越能实现这个目的,就表明该实验的越有良好的外部效度。坎贝尔和斯坦利认为,影响实验外部效度有四个因素:

(1) 测验的反作用或交互作用效果。测验的反作用是指前测对后测的作用;测验的交互作用,指前测与后测的交互作用。有前测经验易造成后测成绩好。

(2) 选择偏差与实验变量的交互作用效果。当研究者选取一些具有独特心理特质的受试者做实验时,选择偏差与实验变量的交互作用效果就容易产生。因为这些独特的心理特质,有利于对实验变量造成较佳的反应。

(3) 实验安排的反作用效果。由于实验情境的安排,学生知道自己正在被观察或正在参加实验,他所表现出来的行为,自然而然地与他不知道正在被观察或不是参加实验时,有很大的不同。这时,他们往往为投实验者之好,可能会改变正常的行为方式。这也是实验中的"霍桑效应"。所谓"霍桑效应"是指通过实验人员和实验对象之间的相互作用而诱导出积极变化的情况。由此可见,在实验情况下所得的结果,可能和自然情境下的结果大不相同,这就是为什么许多教育实验结果常不能适用于日常教育情境。

(4) 多重实验处理的干扰。当同样的学生重复接受两种或多种的实验处理时,由于前面的处理通常不易完全消失,以致几项实验处理间会相互产生干扰的作用。因此,这种实验的结果只能推论到类似这种重复实验处理的情况。

第四,采取合适的实验设计模式。针对具体情况,选择合适的实验设计模式是实验研究取得成果的重要保证。在选择方法时,应根据该实验的具体特点以及各种模式的优缺点,灵活选择,以保证选择的实验方法恰到好处。

第五,制定研究程序。研究程序有关研究实施过程的具体安排,包括考虑如何拟定指导语,编排或呈现研究材料,选择或布置实验情境,确定实验策略,安排整个研究过程的顺序等。没有这些具体的工作安排,实验研究就会落空。

(四) 统计方法的选择

实验之后必须收集并整理资料,实验中收集和整理的数据资料,只能从现象上反映出一些规律性特征。对此,我们还必须经过统计处理和统计检验,求出其差异显著性和一些共同特征。在选择统计方法时,我们必须根据实验研究的特征以及有关条件去选择合适的统计检验方法。对此,我们必须清楚每一种统计检验方法的条件、应用范围以及具体的操作方法。统计方法分为描述统计法和推断统计法。描述统计的形式主要包括统计表、统计图和特征量。推断统计法主要包括参数估计和假设检验两大内容。因而,研究者要根据研究的需要选择恰当的统计方法,以保证结论的正确性。否则,一旦误用或错用统计方法则会产生错误的结论。

二、教育实验设计的基本模式[①]

实验设计问题,主要是考虑被试、实验处理(即操纵自变量)和因变量的测量等几个因素的确定和安排。不同的被试选择方法,实验处理安排在不同的位置,测验因变量的不同方法和次数都会产生不同的设计模式。实验设计的模式很多,本书只介绍几种常用的模式。

为方便叙述,用下面的符号表示被试、实验处理和因变量测量三个主要的实验因素:

被试—S

实验处理—X

因变量测量—O

这三个因素的不同安排方式,就构成了不同的实验模式。

(一) 单组实验设计

单组实验设计是指对一组被试实施某种实验变量,并测量由此产生的实验效果的方法。单组实验设计可分为单组后测验设计、单组前后测验设计和单组时间系列设计。

1. 单组后测验设计

单组后测验设计是对一组被试先实施实验处理,然后进行因变量的测量。用测量的成绩来描述实验的效果。具体的设计方式是:$S(X—O)$。

例如,某老师提出"采用新的作业批改方式能促进学生学习成绩的提高"的假设,于是在自己班上实施某种新的作业批改方式,一学期后,测验学生的学习成绩,并分析新的批改方式是否有助于学习成绩的提高。这种设计简单易行,但因缺乏控制组和可比较的量数,且内部效度差,有许多无关因素会对实验效果的影响可能无法排除。但在特定的情况下,也可以采用这种设计方法。如在无法设定控制组的情况下,面对因变量的测量有常模参照时,就可以用这一设计模式。

2. 单组前后测验设计

单组前后测验设计是对一组被试先进行前测验,然后实施实验处理,最后进行后测验。通过比较前后两次测验的成绩来确定实验的效果。具体的设计方式是:$S(O_1—X—O_2)$。

单组前后测验设计也比较简单易行。由于在实施实验处理之前加入了一次测验,可以同后测验成绩进行比较。因此,这种设计方法与单组后测验设计相比准确一些。特别是选用的测验若是标准化测验的话,所得出的结果就具有一定的客观性。如一位数学教师,在教学"三角形面积"之前对学生对三角形面积的掌握情况,特别是对于推导面积公式的方法进行测验,然后再用新的方法进行教学,最后对计算技能和推导公式的能力进行测验。前后两次测验的比较,就可以看出这种方法的效果。当然,对于学过的内容,学生会

[①] 朱德全,李珊泽.教育研究方法[M].重庆:西南师范大学出版社,2011:158-163.

取得较好的成绩,但对于学生能力的培养,通过前后测验的比较,是可以说明一些问题的。

单组前后测验设计还可以扩展成两个实验因素的单组前后测验设计。即对一组被试先进行一种方法的前后测验实验,然后再对同一组被试进行另一种方法的前后测验实验,用两次所得的结果比较两种方法的优劣。

设计的方式可以表示成:$S(O_1—X_1—O_2)——(O_3—X_2—O_4)$。

比如,验证两种训练学生语言表达能力的方法哪种更好一些,这两种方法记为方法 A 和方法 B。具体做法是:

S(前测 30 分—方法 A—后测 60 分)

(前测 35 分—方法 B—后测 80 分)

从直观上看第二种方法要好于第一种方法。

单组前后测验设计由于只有一组被试,在研究中一些无关因素也没有得到很好的控制。

3. 单组时间系列设计

时间系列设计(time series design)又称"时间序列设计"。单组时间系列设计是按一定时间间隔对一组被试进行一系列测验,而把实验处理安排在这一系列测验的某两个之间。实验的效果是通过比较实验处理前后各个测验结果的差异得到的。一般地,可以安排性质一样的六次测验,将实验处理安排在第三次和第四次测验之间。

设计的方式可以表示成:$S(O_1—O_2—O_3—X—O_4—O_5—O_6)$。

时间系列设计可以用于无法选择控制组,并可周期性地对被试进行同一测验的研究问题。其实验结果的分析与一般的分析不同,需要全面地比较在六次测验中的成绩及其发展的趋向而确定。例如,研究者欲探索工厂的教育水平是否会提高工厂的产量,于是从 1 月到 6 月,在每月末时,都把准备参加教育培训的工人的生产量记录下来,然后,从 7 月到 12 月,对工人进行某一项专门技术的教育培训,接着,继续记录从第二年的 1~6 月的生产量,比较培训后 1~6 月的产量与培训前 1~6 月的产量是否有显著增加。

这一设计在内部效度方面的不足是,"历史"的因素可能会对实验结果产生干扰。要补救这一点可以增加一个对照组。这样就可以了解某些因素(如心理成熟、智力的自然增长等)的纵贯变化对实验效果是否有实质性的影响。同时,这种实验模式也面临着多次测验带来的困难。所以,在选择这种模式进行研究时,也要考虑各种主客观条件。

(二) 等组实验设计

等组实验设计是对两个或多个被试组实施不同的实验处理,用被试组之间测验结果的差异来说明实验效果的方法。等组设计可分为以下几种。

1. 前后测验的等组设计

这种设计是等组设计中最基本的也是最常用的一种设计方法。其实验的步骤是随机选取实验样本,并把样本随机地分成两个组;对两个组都进行前测验;在实验组实施实验处理,在控制组用普通的方法;两个组再进行后测验。

设计的方式可以表示成：$S_1(O_1—X—O_2)$，$S_2(O_1—O_2)$。

运用这种设计的一个重要问题就是要使实验组和控制组的条件尽可能地接近。对两个组进行前后测验的时间和内容都应该相同。

等组前后测验的设计还可以扩展到两个实验因素的情况。即在一个组运用方法1——X_1，在另一个组运用方法2——X_2，具体的设计方式可以表示为：

$S_1(O_1—X_1—O_2)$

$S_2(O_3—X_2—O_4)$

这种方式的设计实际上是对两种不同方法的对比研究。操作方式与一般等组设计基本相同，只不过不是实验班与普通班进行对比，而是两个组互相对比。

2. 仅有后测验的等组设计

这种实验设计的方法与前后测验的等组设计类似，只是缺少前测验。研究的步骤：随机选择实验对象，并分成实验组和控制组，对实验组实施实验处理，而在控制组运用普通的方法；对两个组进行后测验。具体的设计方式可以表示为：$S(X—O_1)$，$S(O_2)$。

这种设计方法由于没有前测验，如果实验组与控制组有很大差异的话，就会影响实验的效果。研究者如果不能说明实验组和控制组无显著差异，就不宜运用这种设计方法。

当不能选择适当的前测验或前测验可能影响实验处理的效果，并且样本之间无显著差异时，可以选择这种设计方法。

3. 多重处理设计

多重处理设计是等组设计的扩展，是有三个或三个以上被试组时的实验设计。在研究具体问题时，实验处理可能不止一个或两个，为了在几种不同方法之间进行比较研究，就需要运用多重处理的实验设计。这种设计的方法：随机选取被试，并将被试分成与实验处理个数相同的组；对所有被试进行前测验（也可以不做前测验）；分别在每一组被试中实施一种实验处理，对各组进行后测验。基本的设计方式可以表示为：

$S_1(O_1—X_1—O_2)$；$S_2(O_3—X_2—O_4)$；$S_3(O_5—X_3—O_6)$；$S_4(O_7—X_4—O_8)$。

比如：对班级规模的实验研究，要比较4种班级规模的优劣。每班人数分别为：16人、23人、30人、37人。先把学生按这4种规模分成4组，进行前测验后，分别按一定的内容和进度教学，然后进行后测验。这实际上是把学生的人数作为一个实验的处理变量。

（三）多因素实验设计

多因素设计是为确定两个或两个以上实验变量的效果而进行的实验设计。在单因素研究中，都是考虑一个变量的变化情况，而另外一些变量对于因变量的影响只能想办法排除，不能去检验。有时不同因素的影响和它们之间的交互作用，对于深入研究有关的教育问题又是十分重要的。比如：在一项实验研究中，研究者希望验证一种新的阅读方法的有效性，这种新的阅读方法作为实验因素在实验班实施，其他因素均为无关变量。假如选择初中一年级和三年级学生为被试，实验结果从两个年级的平均成绩看，实验班和控制班相比有显著差异。可以认为新的方法是有效的。但进一步的分析又表明，一年级实验班学生的成绩有明显的提高,而三年级实验班学生的成绩提高并不明显。这时,就自然会思考这样一个问题:不同年级的学生使用这种方法的效果可能是不同的。进一步的研究就可以把学生的年级也作为一个实验的因素,可以设计成一个包括两个实验因素(阅读方法和学生的年级)的多因素的实验。

最简单的因素设计是 2×2 设计,即两个因素中每一个都有两种不同的情况。如果设一个因素的两种变化为 A_1 和 A_2,另一个因素的两种变化为 B_1 和 B_2 的话,两个因素不同的结合就可以产生 4 个不同的处理组。即:

A_1B_1,A_1B_2,A_2B_1,A_2B_2。

把被试随机安排在 4 个处理组中,就形成一个 2×2 的因素设计。

下面是一个 2×2 的因素设计的实例。问题是"两种不同的教学长方形面积的方法对优等生和学困生学习数学成绩的影响"。一种方法是图示法,教学中以图示为主,让学生自己分析图形及其关系,找出正确的解题方法;另一种方法是讲解法,以教师分析为主,教师通过详细讲解,帮助学生理解题中的关系,找出答案。这里把两种方法看作一个实验因素 B,学生的学习水平看作一个实验因素 A。把两个因素组合在一起,就构成一个 2×2 的因素设计。

四个处理可以做如下安排,如表 12-1 所示。

表 12-1 2×2 因素设计

		实验因素 A		平均成绩
		优等生 A_1	学困生 A_2	
实验因素 B	图示法 B_1	A_1B_1	A_2B_1	
	讲解法 B_2	A_1B_2	A_2B_2	
平均成绩				

对于实验所取得的数据,需要运用多重方差分析来处理。如果有 3 个因素、每个因素有两种不同的情况,就构成一个 2×2×2 的因素设计,共有 8 个不同的处理组。如以学生的行为、年龄、性别为例说明三种自变量相结合的情况,如表 12-2 所示。

表 12-2 2×2×2 因素设计

因素 C	因素 B	因素 A	
		学生的性别 A	
学生的行为 C	学生的年龄 B	男 A_1	女 A_2
自信的 C_1	初中生 B_1	自信的男初中生 $C_1A_1B_1$	自信的女初中生 $C_1A_2B_1$
	大学生 B_2	自信的男大学生 $C_1A_1B_2$	自信的女大学生 $C_1A_2B_2$
谦逊的 C_2	初中生 B_1	谦逊的男初中生 $C_2A_1B_1$	谦逊的女初中生 $C_2A_2B_1$
	大学生 B_2	谦逊的男大学生 $C_2A_1B_2$	谦逊的女大学生 $C_2A_2B_2$

多因素实验设计比单因素设计能得到更多的信息,因为只要一个设计便可考查几个自变量,可节省较多的人力和财力;另外,多因素实验设计可以使研究者了解到各变量之间的交互影响,这种对变量之间交互影响的研究是很有必要的。但很多因素实验设计也存在一些缺点,比如,三个以上的因素设计,在实验处理以及数据的统计分析时都比较困难。

第三节 教育实验研究的实施

一、实验准备阶段

教育实验成功与否,很大程度上取决于实验前的准备工作。实验实施前的准备,是指实验研究者根据实验目的和实验设计的要求,仔细检查实验所具备的条件是否全部落实。有了良好的实验准备,才能保证实验的有效实施。

教育实验实施之前主要做好理论研习、方案设计、人员培训、环境布置、设备和测量工具的准备等方面工作。理论研习是基础,实验前务必深入研习与教育实验课题有关的理论,弄清实验课题所涉及的重要概念和名词并进行界定。要分析实验课题各种变量的关系,在思想上建立实验的理论架构,明辨实验的背景、意义、目的和方向,提高自觉性,避免盲目性。实验方案设计是在理论思考的基础上进行的,设计要从实际出发,周密细致。特别是要充分考虑师生各方面的因素,尽可能实行一定条件的控制,并写出实验计划。教育实验的具体实施,关键还在于人的有效操作,因此必须对实验参与人员进行全方位、多层次的培训。教育实验一般在学校班级里进行,对教室的环境布置有何要求,要事先做好准备。教育实验设备如录像机、录音机、记录表格、钟表、投影仪、放像机等,如果需要,都应事先选定并检查和准备好。教育实验的测量工具主要是指我们通常所讲的测验。教育测验可分为标准化测验和自编测验两种。标准化测验是教育测量专家精心编制的,具有较高的信度、效度、项目区分度、难度适宜。测验的整个环节,从测验的编制、施测到评价都有规范的要求。如指导语言、评分标准、环境布置、测验时限、测验分数的解释都有详细明确的规定。自编测验多是指研究者根据实验目的自行编制的测验工具,也包括根据其他研究者编制的测验而进行修改、完善的情况。在施测前,自编测验一般也要进行信度、效度、区分度与难度检验,以保证测量工具的科学性与有效性。

二、实验实施阶段

教育实验实施,是研究者实施实验设计方案的过程,主要抓好实验自变量的操作、无关变量的控制和测量工具的使用等三项内容。实验实施阶段一般应严格按照实验方案进行,调控实验进程;及时搜集实验资料,观测因变量,为实验分析提供必要的事实和数据。

(一) 调控实验进程

即对实验程序与阶段进行调节控制,以保证实验按预定设计方案规定的操作程序进行,是实验实施环节的核心问题。

调控实验进程包括两个方面的内容:一是目标调控,要围绕既定的实验目标进行,保证每个程序和阶段与实验目标相一致,特别是周期较长的整体性或综合性教育实验。二是时间调控。有效控制实验时间,一方面要有实验时间阶段与程序划分,并层层细化达到可操作、可检测、可评价水平。以学科教学研究为例,对研究阶段与程序的划分,就应该具体划分到每一堂课、每一教学环节,这样,实验者对实验目标和实验内容的把握就比较具体、深入,而且反馈、调节也较及时。另一方面就是要把握住该项实验最关键的时间标量。例如,当我们在开展形成某种新的教育模式的实验时,学生在一定时段的在校活动总量、各科实际授课时数、参加各类实践活动时数等,都是该项实验的关键时间标量,因为实验所要形成的新教育模式的优点正是从这里得到突出反映的。因此,强调把握实验的关键性时间标量,对实验实施进程的时间控制同时也具有控制无关变量的意义。

(二)搜集实验资料

实验资料是指在实验实施过程中观察、测量所得的实验材料。实验结果能否成立,是否科学、是否可靠,关键在于资料的搜集情况。因而,在实验实施阶段,研究者必须重视资料的搜集工作,有计划、有步骤、多方面、多角度地搜集材料,既有效又客观地收集资料。实验资料包括:

类型一:基础资料。即施以实验因素影响之前的实验对象身心发展情况和实验准备情况的有关资料。主要包括:实验班和控制班的处理方法和依据,反映实验对象身心发展情况的各项资料,实验对象的家庭情况和社交情况,实验教师情况,实验设计方案与实施计划,实验条件与设备配置情况等。

类型二:进程资料。即施以实验影响过程中的实验对象身心发展情况与实验过程调控情况的有关资料。主要包括:各阶段实验工作计划及落实情况的检查记录,有关实验的各类会议记录,反映实验对象在各个阶段身心发展情况的各项资料,实验教师的教案与实验公开课或研究课的评议记录、情况记载,实验班有关活动情况记载,实验班阶段工作总结,实验教师专题实验总结,实验的阶段评价资料以及其他各种原始资料(如学生的课内外作业、解答后的试卷,家长的书面意见等)。

类型三:补偿资料。即对实验研究具有补充或深化意义,但用常规方法较难搜集的资料,采用特殊的或个性化方式形成的资料。一是日记,即实验者对观察到的实验情况的逐日记录。其内容可以包括实验进展情况,与实验有关的活动情况,与实验课题有关的某种因素变化情况,实验中的偶发事件记载,实验者的感想、体会等。这类资料以观察到的事实记录为主,且具有逐日积累的特点,因此对提高实验过程和结果分析、评价的客观性与深刻性有重要作用。二是观察记载,即对实验中某个因素变化的定向观察记录。这类资料同样以观察事实记录为主,只是方向性、目的性更明确,是分析、推论变量间因果效应的重要依据。三是个案资料,即对于有研究价值的典型学生所建立的个别档案资料。它们可以是全面收存的,也可以是专题收存的。这类资料不仅有助于提高实验结果的典型性和深刻性,而且对进一步研究学生的发展有着独特价值。

三、实验总结阶段

实验研究进入最后的实验总结阶段,需要做好三件事:一是实验资料的归类整理;二是对实验结果进行定性和定量分析;三是实验结果的表述。

(一)实验资料的归类整理

尽管我们在搜集实验资料阶段强调对资料做出分类,但这种分类的着眼点是提高资料搜集的目的性和有效性,即让实验人员知道什么阶段该搜集什么资料,以保证资料的搜集符合并满足结果分析的需要,达到充分、全面、有效、可靠的要求,同时避免无效资料的大量混入,提高资料搜集工作的效率。而就资料分析角度而言,它所着眼的是能确切地描述和解释对实验变量的操纵与反应变量的变化之间的关联及其可靠程度。因此,在资料分析阶段,也必须将资料做出分类处理,但这种分类不同于资料搜集阶段的分类,其着眼点在于把大量的处于分散状态的资料整理成能够显示变量间关系,并使人容易理解与处理的形式。

(二)定性分析和定量分析

当我们对众多实验资料做出归类整理时,实际上是开始了对实验结果的理论总结和解释。由于客观存在的一切事物都是质和量的统一体,即不仅有质的规定性,而且有量的规定性,因此,我们对教育实验及其结果的考察和研究自然离不开对质与量两方面的认识和把握,这就是定性分析和定量分析。在实验中,定性分析与定量分析既有分工又有合作,共同承担着对实验结果做出科学解释的任务。

(三)实验结果的表述

实验报告是对整个实验研究的全面总结和对实验成果的合理解释,是对实验研究的进一步验证、认可、推广和深入研究。一般来说,在撰写实验报告时,要以陈述事实为主,进行必要的定性分析和定量分析,同时要遵循撰写实验报告的常规。

思考与练习

1. 一个好的教育实验的基本特征是什么?
2. 教育实验研究法的功能是什么?
3. 阐述教育实验分组设计的基本类型。
4. 如何判断一个教育实验的设计、程序是否规范?

第十三章
教育科研成果的表达

※ 内容提要

教育科研成果就是指教育研究者运用科学的研究方法,利用已有知识,经过脑力劳动——智力加工而产生出来的具有一定学术价值、社会价值或经济效益并且被同行专家认定的增值知识。由于使用的分类标准不同,教育科研成果表达的类型可以多种多样。

教育科研成果表达的目的:第一,通过展示研究的成果和价值,得到社会的鉴定、评价和承认,以取得社会效益。第二,提供有关研究过程的实际资料及对研究结果的评价分析,有利于学术交流和合作。第三,有利于研究的深化、成果的扩展以及进一步发现新的问题,提高研究的科学化水平。第四,有助于提高研究者的分析综合能力、逻辑思维能力和文字表达能力。教育科研成果表达的基本要求是科学性、创新性、理论性、学术性、探索性及应用性等。一般教育学术论文可分为理论探讨性、论证性、综合性和预测性论文,其结构一般包括题目、署名、摘要和关键词、前言、正文、结论、注释与参考文献、英文翻译等几个部分。

※ 学习目标

1. 了解教育科研成果的含义、分类及其表达类型;
2. 掌握教育科研成果表达的目的与要求;
3. 理解并掌握教育学术论文、各种调查与实验报告的表达格式与规范,能够运用这些格式与规范写出相应的论文。

※ 关 键 词

教育科研成果;学术论文;学位论文;教育调查报告;实验报告;教育经验总结报告;文献综述;行动研究报告

※ 知识导图

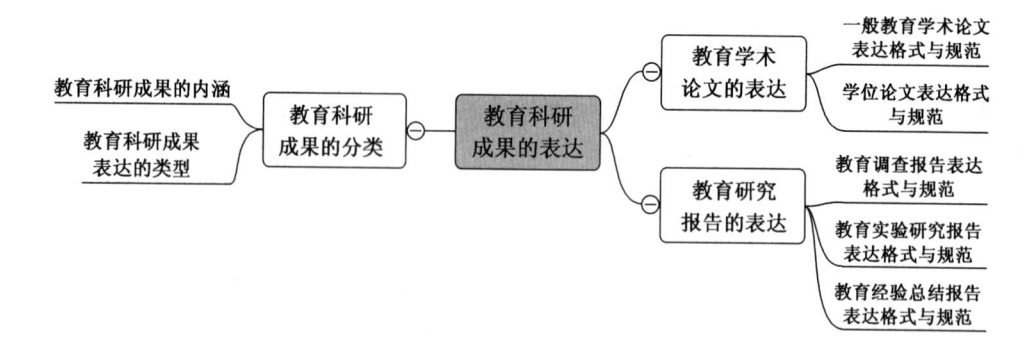

```
教育科研成果的内涵
教育科研成果表达的类型  ── 教育科研成果的分类 ── 教育科研成果的表达 ── 教育学术论文的表达 ── 一般教育学术论文表达格式与规范
                                                                            学位论文表达格式与规范
                                         教育研究报告的表达 ── 教育调查报告表达格式与规范
                                                            教育实验研究报告表达格式与规范
                                                            教育经验总结报告表达格式与规范
```

当教育研究者在教育教学实践中,历经提出课题、构思研究方案、运用一定的方法收集各种资料、积累各种相关事实、整理资料等有目的、有计划的探索过程之后,要把研究的过程和结果用书面的形式表述出来,以获得相关研究成果,与同行分享与交流研究的故事,从而丰富教育理论,推动教育改革,这就需要对教育科研成果进行准确的表达。

第一节 教育科研成果的分类

一、教育科研成果的内涵

教育科研成果就是指教育研究者运用科学的研究方法,利用已有知识,经过脑力劳动——智力加工而产生出来的具有一定学术价值、社会价值或经济效益并且被同行专家认定的增值知识。① 这里"增值"是关键,亦即生产出新的知识。通俗讲,教育科研成果是指针对某教育现象、某教育问题、某教育课题或某教育理论与教育思想进行经验总结、调查研究、实证研究和逻辑分析后所得到的新的教育观点、新的教育思想、新的教育方法或新的教育理论。可见,教育科研成果的核心要素是"新",即通过科学研究,能够得出新的思想、新的方法和新的理论等,离开了这一点,教育科研成果也就没有生命力,没有价值。

二、教育科研成果表达的类型

由于教育研究对象的复杂性和研究方法的多样性,这就决定研究成果的论证方式具有多样性,这样就带来教育科研成果表达类型的多样化。

(1) 按论据材料性质划分,可分为事实型论文成果表达方式、哲理型论文成果表达方式和综合型论文成果表达方式。

事实型论文成果是以事实材料作为论据,对观点进行论证的研究成果。例如,用调查

---

① 杨小微. 教育研究的原理与方法[M]. 上海:华东师范大学出版社,2002:305.

法、实验法、观察法及行动研究法等研究方法而撰写的论文成果都属于这一类,如实验报告、调查报告、教育教学经验总结报告、教学案例研究报告等。

哲理型论文成果是用深刻的哲理和严密的推理进行论证的论文成果。用理论研究法、文献法、历史法、比较法等研究方法而撰写的论文成果都属于这一类。

综合型论文成果是指既有事实实证,又有理论上的逻辑推理的论文成果。从材料构成来看,既有事实材料,又有理论论证,从而使论证更有说服力。

从教育科研论文成果表达的发展趋势来看,单一型的论文成果表达逐渐减少,综合型的论文成果表达越来越多。

(2) 按研究方法和写作特点划分,可分为研讨型教育论文、实证型教育论文、经验型教育论文、报告型教育论文、评述型教育论文、阐释型教育论文、综合型教育论文等。①

(3) 依据进行教育研究所使用的方法和所研究内容的不同,可以粗略地将教育研究分为以下三类:关于教育事实的研究报告;关于教育理论的研究成果,如学术论文、专著及部分学位论文;综合性研究成果,即以上两种研究的综合成果。②

第二节 教育学术论文的表达格式与规范

一、一般教育学术论文表达格式与规范

一般教育学术论文是指对教育领域的某个问题,通过某种方法进行科学的探索和思考而写成的以论述为主的文章,是教育科研成果的文字表达。一般学术论文可分为投稿论文和学位论文,前者的目的是投寄到报刊发表,文章字数要根据投稿刊物的要求而定,一般在 5 000～10 000 字,有些刊物也发表万字以上的论文。后者主要目的是通过论文答辩而获得学位,要求内容完整,论证严谨,学士学位的论文字数一般在 1.5 万字以上;硕士学位的论文字数一般在 3 万～5 万字;博士学位的论文的字数一般在 8 万字以上,有些博士学位论文字数达到 10 万～15 万字。学术论文具有鲜明的学术性,具体表现在创新性、科学性和实践性上。

(一) 一般学术论文的基本类型

学术论文有不同的基本类型,按研究目的分为三种,即理论探讨性、论证性论文,综合论述性论文和预测性论文。

(二) 一般教育学术论文的结构

一般学术论文的结构由题目、署名、摘要和关键词、前言、正文、结论、注释与参考文

---

① 桂建生.教育科研论文撰写指导[M].长沙:中南大学出版社,2006:12-20.
② 杨小微.教育研究的原理与方法[M].上海:华东师范大学出版社,2002:305-306.

献、英文翻译等几个部分组成。学位论文的结构还要复杂一些,一般包括题目、署名、摘要和关键词、目录、问题的提出、研究的方法、研究内容、研究结果、结论与讨论、参考文献、附录、致谢等部分。

1. 题目

题目是对论文内容的概括,要向读者说明研究的主要问题。因此,题目的文字要简练,做到精当、实在、有新意,一般不要超过20个汉字。有时为了避免题目太长,可以采用副标题。副标题可将主标题的范围缩小,使研究的问题更加明确、具体。一个好的论文题目应符合三个要求:一是准确概括论文内容,能反映研究方向、范围和深度;二是文字简练,具有新颖性;三是便于分类。也就是使人从题目上能判断研究所属学科,而且能抓住该研究课题在这一领域有关研究发展过程中的位置及特点。

题目的形式多种多样,一般说来,主要有以下几种。一是立论式题目,这类题目明确点明题意,或是揭示论文的中心观点,或是提出了对某个问题的解决办法,从而反映作者的研究成果,如"促进教学改革的关键是提高教师科研素养"。二是非立论式题目,这类题目仅指明研究的问题或论述的范围,但没有表达作者的基本观点和见解。作者的论点或解决问题的办法要到论文中去找,如"综合性大学教师培养模式研究"。三是提问式题目,这类题目是以提出问题的方式引起读者的关注,如"教学永远具有教育性吗?"。

2. 署名

署名要放在论文的题目之下,单独一行。要注明作者的姓名、工作单位、所在城市及邮政编码。署名一般按研究中的贡献大小进行排序。署名不仅是一个"名"的问题,实际上这里也包括相应的责任。一旦文章出了问题,所有署名人都要承担责任。由于各种期刊的排版方式不同,署名的方式也就不同。有的在题目之下署名,并且标注作者单位、所在城市及邮政编码;有的在同一页进行脚注;也有的期刊采用尾注,同时有作者简介,最好把作者的邮箱或联系电话写上,以便编辑部和作者及时联系。作者简介写作的模板如下:

作者简介:姓名(出生年—),性别,民族(汉族的可以省略),籍贯,学位,工作单位及职务,职称,研究生导师,主要研究领域(或研究方向)。例如:

作者简介:李某某(1958—),男,蒙古族,内蒙古包头人,法学博士,中国法政大学法学院院长,教授,博士生导师,主要从事民法、国际法研究。

3. 摘要与关键词

摘要是研究的主要内容与结构的简介,一般包括研究工作目的、研究内容与方法、研究结果和最终结论等,而重点是结果和结论。它的作用在于使读者通过这段概括简洁的文字,了解全文的主要内容和结论,从而决定是否值得读全文,摘要一般在200~300字。

摘要的编写应具有独立性与自含性,即不阅读全文就能获得必要的信息。摘要中应有数据、有结论,是一篇完整的短文,可以独立使用,可以引用。摘要应具有准确性与完整性,摘要的内容应包含与论文同等量的主要信息,供读者确定有无必要阅读全文,也供文摘等二次文献采用。

编写摘要应注意以下要求。第一,以第三人称的形式进行撰写,忌用"我们""作者"

"本文"等作为摘要的陈述主语,这样会减弱摘要表述的客观性。第二,不得简单重复篇名中已经表述过的信息,要客观如实地反映原文的内容,着重反映论文的新内容和作者特别强调的观点。第三,要求结构严谨、语义确切、表述简明,一般不分段落;切忌发空洞的评语,不做模棱两可的结论。第四,采用规范化的术语,不可使用非公认公知的符号、缩写词,特别是自定义的缩写形式。第五,不能使用表格、图、化学公式以及相邻专业读者难以理解的缩略语、简称、代号。第六,避免使用套话,应直截了当阐述主要内容,如研究证实……,实验的目的……。

【论文摘要举例】

应用型高校推进专业集群建设的思考
顾永安

常熟理工学院应用型院校研究中心 中国高等教育学会院校研究分会应用型院校研究中心

摘要:作为应用型高校转型发展重要突破口的专业集群建设,已成为我国应用型高等教育话语体系的重要概念,越来越受到国家、省级政府和应用型高校的高度重视。应用型高校专业集群建设存在认识不到位、视野不开阔、创新性缺乏、特色不彰显、价值未达成等问题,亟须在提升认识高度、拓展思维广度、把准创新维度、加大特色培育力度、达成价值向度等方面持续发力、精准施策。

(《高等工程教育研究》,2019(6):92-98.全文12 200余字)

关键词又称主题词,是反映文章主题和最主要内容的术语。关键词对于文献检索有重要作用。一般一篇论文的关键词以3~8个为宜,它是对论文所研究的范围、内容和方向做出的标识。关键词为专业术语,作用是使读者一看关键词,便能了解论文的主要内容和主攻方向。关键词不能随意选择,因为关键词选择是否恰当,关系到该文被检索和该成果的利用率。关键词是从题名、层次标题和正文内容选择出来的,是反映论文主题概念、对表述论文的中心内容有实质意义的名词性术语。

4. 前言

前言或序言、导言、绪论、导论、引论等,一般写在正文之前,用于说明写作的目的、研究的意义、问题的提出等。前言部分要简明扼要、开门见山,直截了当地阐明研究的目的和意义。

5. 正文

正文部分占全论文大部分篇幅,这部分必须对研究内容进行全面的阐述和论证。主要包括研究对象、研究内容与方法、数据与资料、研究结果、理论依据、形成的论点和导出的结论等。一般学术论文的论述方法有两种类型:一是实践证明,即用作为实践结果的客观事实来检验,证明某种理论的可靠程度。二是逻辑证明,即用一个或几个真实判断来论证、确定另一个判断的真实性。逻辑证明由论题论据和论证两部分组成:论题,就是需要加以证明的问题;论据,是用来证明论题的一些判断;论证,是论题与论据之间的逻辑关系的证明方式。撰写一般学术论文，必须在充分掌握材料的基础上，对材料进行分析、综合、整理，经过概括、判断、推理的逻辑组织和逻辑证明，最后得出正确的观点。写作时要以论点为轴心，用材料说明论点，做到论点与材料相统一；用论点去表现主题，使论点与主题相一致。

6. 结论与讨论

结论是经过反复研究后形成的总体论点，是对研究结果的进一步概括，是整个研究过程的结晶，是全篇论文的精髓。结论应指出所得到的研究结果是否支持假设，或指出解决了哪些问题，还有什么问题尚待进一步探讨。有的论文可以不写结论，但应做简单总结，或提出若干建议。有的论文还要进行讨论，即从理论上对研究结果的意义进行分析和评论，对研究结果做进一步的分析。同时，指出研究结果的局限性和存在问题。

7. 注释与参考文献

教育科学研究总是在前人或他人已有研究成果的基础上进行的，包括理论观点的启发和研究方法的借用。因此，论文后应列出所引用和所参考的文献。其意义在于：一是对他人的研究成果的尊重，体现作者严谨的治学态度；二是反映作者对本课题的历史和现实研究水平的把握情况，同时也有利于读者了解有关本课题的研究历史和已有成就；三是为别人提供查证的线索，避免由于马虎转引他人研究观点而产生的误解和不同的理解。

凡在论文中引用他人的观点、成果，引用经典言论，引用重要资料，均应加以注释，说明出处。一般的格式是在引文后最后一字的右上角按出现的先后顺序标上数码，并加括号（[]），在文后以相同的标号列出注释条文，标明出处。

这里以中华人民共和国国家标准 GB7713－87《科学技术报告、学位论文和学术论文的编写格式》、GB/T 7714—2015《信息与文献　参考文献著录规则》两个文件为标准，介绍主要的注释与参考文献的基本规范。

(1) 书籍类的标注模板：[顺序编号]作者(3人以内全部写上，3人以上只写3人再加等或 et al).书名[文献标识].其他责任者.版本项.出版地：出版者，出版年：页码.

举例如下：

[1] 孙少平，李广，林海亮.新时期学校德育热点问题研究[M].广州：广东教育出版社，2008：89.

[2] 欧文斯，R.G..教育组织行为学[M].7版.窦卫霖，等译.上海：华东师范大学出版社，2001：56－73.

[3] 陈元晖."一般系统论"与教育学[M]//瞿葆奎.教育学文集：第1卷.北京：人民教育出版社，1993：608－609.

[4] Webb, C. H. Handbook for alumni administration [M]. New York：Macmillan Publishing Company，1988：56.

(2) 期刊文章类的标注模板：[顺序编号]作者(3人以内全部写上，3人以上只写3人再加等或 et al).文章名称[文献标识].期刊名称，年，卷(期)：起止页码.

举例如下：

[1] 杨德广.用科学发展观引领我国高等教育健康持续地发展[J].现代大学教育,2005(6):52-53.

[2] Furlong,P. British Higher Education and the Bologna Process:An interim assessment[J].Politics,2005(1):53-61.

(3) 报纸类的标注模板:[顺序编号]作者(3人以内全部写上,3人以上只写3人再加等或 et al).文章名称[文献标识].报纸名称,年月日(版次).

举例如下:

[1] 谢希德.创造学习的新思路[N].人民日报,1998-12-25(10).

(4) 电子资源引用标注模板:[顺序编号]作者.文章名称[文献标识].(更新或修改日期)[引用日期].获取和访谈路径.

举例如下:

[1] 王学泰.当代知识分子道德上的新旧两失[EB/OL].(2008-11-03)[2009-01-25].http://www.21whpp.com/www/1/2008-11/526.html.

[2] 教育部.国务院批转教育部国家教育事业发展"十一五"规划纲要的通知[EB/OL].(2008-03-14)[2009-06-18].http://www.moe.cn/edoas/webs-ite18/38/info1205466246320338.htm.

各种类型参考文献类型及标识如表13-1所示。

表13-1 各种参考文献类型及标识代码

参考文献类型	普通图书	会议录	汇编	报纸	期刊	学位论文	报告	标准	专利	数据库	计算机程序	电子公告	档案	舆图	数据集	其他
文献类型标识代码	M	C	G	N	J	D	R	S	P	DB	CP	EB	A	CM	DS	Z

8. 英文翻译

现在,一般比较高级的学术期刊在发表论文时,要求作者提供学术论文的题目、作者姓名及工作单位、摘要和关键词的英文翻译,这几项内容一般放在论文的最后。

(三)撰写一般教育学术论文应注意的问题

1. 学术性

一篇学术论文,如果学术性不强,或者没有什么学术味,那么它就不像是一篇学术论文,而是一篇宣传普及性文章。论文的学术性主要表现在:一是研究成果能对科学的某一领域提供新知识,或丰富所涉及领域的知识,为新的研究过程提供新材料、新观点。二是研究成果是对别人的某一理论观点或实验结果的验证,或推翻、修正别人的某一结论。三是研究成果是对前人的理论加以补充、完善或发展。四是把一些分散的材料加以综合、系统化,用新的观点或方法加以论证,得出新的结论。五是题目虽小,但有相当的研究深度,对同行有启发意义。六是理论观点有学术研讨的价值,文字经得起推敲。

2. 创新性

论文要有创新性,要有新发现、新见解,有作者独到之处,对教育研究和教育实践有价值。研究思路和研究方法也有所创新。在撰写学术论文时,要破除迷信,不盲从权威,敢于质疑,敢于提出自己不同的见解。

3. 多元性

在观点上,善于参考和借鉴各种不同的学术观点,允许各种不同意见的存在。在方法上,运用各种分析方法,多维度、多方向、多层次地论述问题。在材料的运用上,有事例,也有数据;有正面的,也有反面的;有历史的,也有现状的;由国内的,也有国外的。总之,各种方法要综合起来,交错使用,各方面资料尽可能结合使用,避免单一化、片面化。在结构上,不强求统一的模式,只要整体结构上完美,各组成部分可以多样化,尽量详略得当。

二、学位论文的表达格式与规范

(一) 学位论文的含义与特点

学位论文是表明作者从事科学研究取得的创造性成果或新的见解,并以此为内容撰写而成,作为提出申请授予相应学位时评审用的学术论文。

学位论文一般具有如下特点:一是独创性。学位论文是通过大量的思维劳动而提出的学术性见解或结论。学位论文在收集资料和进行研究的过程中都是在具有专长的教师指导下进行的,所以学位论文是专业性强,阐述问题较为系统、详细,有一定独创性的学术论文。二是鲜明性。作者在论文中明确交代研究工作的目的、过程和结论,做到观点明确、态度鲜明,主张什么、不主张什么,同意什么、不同意什么都要表达清楚。三是文献资料占有的广泛性。作者在撰写论文的过程中,往往要查阅大量的国内外相关研究文献。因此,作者在撰写的论文中有一部分是研究综述,不仅提供一系列尚待解决的问题,而且几乎概括了该课题研究的全部信息。四是系统性。学位论文要求作者对问题的提出、研究现状、研究目的、研究内容、研究方法等都要做出系统完整的设计。

(二) 学位论文的结构

学位论文的格式与教育学术论文的格式基本相同。但其前置部分、正文部分和附录部分的具体撰写有其特殊性。总体来看,学位论文由前置部分、主体部分和附录部分三大部分构成,其中前置部分包括封面、摘要、关键词和目录,主体部分包括前言(绪论或导论)、正文、结论、参考文献、致谢等,附录部分包括调查问卷、访谈提纲、各种观察与记录表格、重要统计数据资料。与一般的学术论文不同的方面如下:

1. 封面

应包括题名页的主要信息,如论文的题目、论文作者、指导教师姓名等,其他信息可由学位授予单位自定。

2. 题名页

内容包括:学校代码、学号、中图分类号(一般采用《中国图书馆分类法》或《中国图书资料分类法》)、密级(密级分为公开、内部、秘密、机密、绝密共五级,涉密论文需注明论文密级和保密年限)、学校徽标、学校名称、论文题目、院系(学校规范的)名称、专业学位类别、研究方向、年级、学生姓名、指导教师姓名、完成日期。

同等学力人员必须在论文封面右上角注明:"同等学力申请××学位"字样。论文书脊上印有以下内容:××大学硕(学)士学位论文、论文题目、作者姓名。

3. 摘要及关键词

摘要及关键词包括中文和英文两部分内容。摘要是论文内容的总结概括,主要说明论文的研究目的、基本内容、研究方法、创新性成果及理论与实际意义,要突出说明论文的创造性成果及新见解。摘要不宜使用公式、图表,不标注引用文献。摘要的字数一般在1 000~1 500字。在摘要的下面另起一行,注明本文的关键词,关键词一般为3~8个。论文摘要及关键词要有英文对照。英文摘要则要另起一页,其内容应与中文摘要对应(含关键词)。

4. 目录

由于学位论文篇幅较长,为了便于阅读,需要在文中设置目录页。目录的具体条目设置到三级标题,即章、节、目。

5. 前言(导论)

学位论文的前言则可详细一点,可自成一章。前言部分主要说明研究工作的目的、涉及范围、相关领域的前人研究成果、研究设想、研究方法和实际设计的概述、理论意义和实践价值。

6. 正文

正文部分是学位论文的主体部分,学位论文的正文要紧紧地围绕研究目的、研究假设展开,详细地运用专业理论、相关数据与资料去建构事实、分析问题和解决问题,形成自己对研究对象系统的认识和独到的观点。根据需要正文可以划分为若干个一级标题,标题间不允许出现交叉关系,注意一级标题要为中心论点服务,一级标题是中心论点的论据。一级标题下可以设若干二级标题,二级标题要为垂直的一级标题服务,二级标题是一级标题的论据,一级标题是二级标题的论点,以此类推。正文部分一般设置到四级标题,四级标题下可以设自然段,自然段下还可以进一步分层撰写。

在正文的论述中,要求研究目的明确、研究假设有充分的理论与实践依据、变量的抽象性定义和操作性定义清晰,研究内容划分合理并有一定的理论依据,能够为实现研究目的、证明研究假设服务。文献资料运用充分、数据可靠有代表性、专业理论知识运用恰当,所形成的观点准确、独到。

在正文中所使用的各种图形、表格要规范,图形、表格要具有"自明性",即只看图形、表格和图例,不阅读正文,就可理解图意、表意。图形、表格单独编号,全文连续编排,也可以按照章分别编排,如图1-1、图1-2,分别表示第一章的第一个图,第一章的第二个图。表格和图形的编排一样。图形与表格一般都要有名称,表格名称标注在表格上面,图形名称标注在图形下方。

7. 结论

论文结论力求明确、精炼、完整、准确,主要阐明自己的研究成果在本领域的意义,要严格区分本人与前人、导师或其他人的研究成果,要十分谨慎地使用"首次"等术语表述自己的研究成果。

8. 注释与参考文献

学位论文的注释与参考文献比较多,注释可以采用页下注的方式,注释的序号页内连续,在"当页"的下面加注,页与页之间不连续。参考文献放在正文之后,一般整篇论文统一排序。各类参考文献编排格式须符合国家标准《信息与文献 参考文献著录规则》(GB/T 7714—2015)。

9. 附录

附录部分是对正文主体必要的补充项目,但不是论文的必备部分。可以作为附录部分的内容有调查问卷、访谈提纲、各种量表等。

10. 索引

根据需要可以编排分类索引、关键词索引等。

11. 其他

包括学位论文原创性声明等。

12. 致谢

可以在论文最后对下列各方致谢:指导完成论文工作的导师;提供帮助的其他人员;给予转载和引用权的资料、文献、研究思想和设想的所有者;其他应感谢的组织和个人等。

(三) 学位论文的撰写要求

(1) 学位论文应能表明作者确已在本门学科上掌握了坚实的基本理论和系统的专门知识,并对所研究课题有新的见解,具有从事科学研究工作或独立担负专门技术工作的能力。

(2) 学位论文一般应用中文撰写(特殊专业除外),学士学位论文1万~1.5万字,硕士学位论文一般在3万~5万字,博士学位论文一般在8万字以上。学位论文应立论正确,推理严谨,文字简练,层次分明,说理透彻,数据真实可靠。

(3) 论文作者应在选题前后阅读有关文献,学士学位申请人的文献阅读量不少于10篇,其中外文文献应占2~3篇;硕士学位申请人的文献阅读量不少于40篇,其中外文文献一般应占1/3;博士学位申请人的文献阅读量不少于80篇,其中外文文献一般占1/2。综述部分应对所读文献加以分析和综合。文中引用他人成果必须以注释的方式体现,文中参考了他人的成果,必须在参考文献中加以体现。

第三节 教育研究报告的表达格式与规范

一、教育调查报告表达的格式与规范

调查报告运用广泛,形式灵活多样,从不同角度可以对调查报告进行分类。根据在调查中使用的工具、手段不同,以及采集数据的类型和处理数据的方法不同,可以将教育调查报告分为两类,即定量调查报告和定性调查报告。如果在调查研究过程中和分析调查所获得的数据以及描述调查的结果时采用的是定量研究方法,此类的调查报告称为定量调查报告。如果在调查过程中和在分析调查所获得的材料以及描述调查的结果时采用的是定性研究方法,此类调查报告称为定性调查报告。定量调查报告是用数字和度量来描述对象的,定性调查报告是用文字来描述对象的。一般来说,在实际的调查报告中,纯粹用单一的定性或定量研究的调查报告不多,大多是定性与定量两种研究方法的综合。当然,也有学者把教育调查报告分为概况调查报告、专题调查报告、典型经验调查报告、新事物调查报告、揭露问题调查报告、历史考察调查报告和政策性调查报告等。[1]

尽管调查报告的形式多样,一般的调查报告都有着相同的结构。一般说来,教育调查报告包含以下几个基本组成部分:标题、摘要与关键词、前言、调查方法、调查结果、讨论与建议、结论、参考文献、英文翻译、附录等。

从内容上看,教育调查报告具有真实性、针对性、新颖性、时效性等特点。下面以一个教育调查报告为案例进行分析。

初中生学业拖延的特征及其与学业成绩的关系研究[2]

胥兴春[1]　王彩霞[2]

(1. 西南大学教育学院,重庆 400715;2. 郑州轻工业学院附属学校,郑州,450002)

[摘要]　目的:探讨初中生学业拖延的特征及其与学业成绩的关系。方法:采用学业拖延问卷对 264 名初中生进行测量,运用 SPSS 15.0 对数据进行统计分析。结果:初中生学业拖延总体上处于中等偏下水平;男生的学业拖延水平显著高于女生;学业拖延存在显著的年级差异,其中初二年级拖延水平较高;学业拖延与学业成绩呈显著负相关,低拖延者的学业成绩显著高于高拖延者,学业成绩高的学生其拖延水平低。结论:初中生的学业拖延在性别和年级上有显著差异,初中生学业拖延对其学业成绩有显著影响。

[关键词]　初中生;学业拖延;学业成绩

---

① 李方.现代教育研究方法[M].广州:广东高等教育出版社,2010:356-357.
② 本文摘自《教育科学》,2011 年第 2 期。

写作说明:标题指出了本课题的两个关键变量——学业拖延特征与学业成绩,由于是关系研究,所以没有自变量与因变量之分,调查报告大多数均属于变量间的关系研究,不同于回归分析、探索性因数分析、结构方程等因果关系研究。

摘要部分简明地介绍了本次调查目的、方法(其中包括使用的问卷、调查对象、样本容量、统计工具等)、结果和结论四个部分,结构非常清晰。当然写作格式并非一成不变的,应视不同期刊的要求而定,但摘要的内容基本上是相似的。

关键词主要反映本研究的主题,主要部分来源于题目,此外还可加入你认为本研究中关键的主题词。

一、引言

有研究(Ellis & Knaus,1977)发现,95%的大学生都存在学业拖延现象,50%的学生报告称,对于学习任务,他们至少会拖延一半的时间。由此可见学业拖延现象在学生群体中的普遍性。学业拖延不但普遍存在,而且对学生的影响甚大。学业拖延(或称拖沓)是指学业任务计划与执行之间的差距,外在表现为时间的不合理利用。学业拖延体现在三个方面:学生有执行学习任务的意向,却没有与意向相符合的行为表现;学业拖延通常会产生不合标准的结果;学业拖延还伴随着焦虑不安、抑郁、失落等消极情绪体验。自从Solomon和Rothblum(1984)开始关注学业拖延现象以来,学业拖延问题日益引起人们重视和研究。而对学生来说,学业拖延最直接影响的是学业成绩,与学业成绩的关系问题也成为研究的重点。Owens(2000)的研究显示,在数学学习中拖延行为较多的高中生的数学成绩相对较低。[1]甘良梅(2007)研究也显示,日常生活拖延行为与大学生期末考试成绩呈显著负相关,且拖延行为对期末成绩的预测达到显著水平。……[4]而在研究方法上,大多数采用自我报告式的量表来研究拖延,国外的有Solomon和Rothblum编制的拖延量表(PASS)……此外还有采用教师评定的方式,如Miligram,Sroloff和Rosenbaum(1998)以学生预习次数、出勤和考试成绩变化为指标衡量学生的学习拖延量表(APS)等。初中生独立和叛逆的心理特点决定了其行为独特性,他们的学习也是最让教师和家长头痛的问题。已有研究对大学生群体关注较多,对中学生尤其是初中生关注较少,对学业拖延的特征及原因分析也不尽相同,有的甚至相互矛盾,对学业拖延与学业成绩的关系分析也不够深入。基于此,本研究拟对初中生学业拖延的特征,及其对学业成绩影响进行分析考察,从而为改进初中生的自主管理和时间控制提供依据。

写作说明:引言部分界定了本研究的一个关键术语——学业拖延,并描述了学业拖延的表现。介绍了学业拖延的普遍性,相关研究的成果即学业拖延与学业成绩的关系,由于相关研究大多集中在大学生群体且有的研究不够深入,从而引出对初中生研究的必要性,体现出本课题的价值。整个论述框架基本上让读者清楚本研究的目的、主要变量间的关系假设等。

二、研究方法

(1)被试:从郑州市某中学采用计算机随机抽样的方法选取264名初中生为对象,以班级为单位集体发放问卷,在统一指导语的基础上进行团体测量,完成后当场收回。其中男生140人,女生124人,一、二、三年级分别有91人、90人和83人。

(2) 研究工具:初中生学业拖延量表。在参考Tuckman学习拖延倾向量表[5]的基础上,采用项目分析和探索性因素分析方法,最后确定了由作业拖延、自学(自主学习)拖延和备考拖延三个维度共20个题项构成的《初中生学业拖延问卷》。问卷采用5级计分,从1到5拖延水平逐步升高。问卷的总解释率为54.47%,问卷的内部一致性系数Cronbach α 为0.79,各维度的α系数在0.71—0.85。初中生学业成绩:学业成绩采用最近一次测试成绩,包括语文、数学、英语以及由三门课程相加的综合成绩,并将原始分数转换为标准分数进行分析。

(3) 统计方法:数据采用 SPSS 15.0 进行处理和分析。

写作说明:调查报告必须介绍样本的来源、样本容量、抽样的方法、主试的情况、调查方法、问卷回收情况、样本人口学变量的比例构成等,有时要求在各分类变量上的样本容量无显著差异时,还要进行 χ^2 检验。问卷调查必须要介绍问卷的来源、问卷构成(维度)、各维度的项目数、项目类型、计分方法等,同时也要介绍问卷的信度和效度。对于测量变量要求给出操作性定义,即如何获得该变量数值,比如本文给出了学业成绩的操作性定义。此外,调查研究还要求介绍使用什么样的统计软件,有时也要介绍使用的统计方法。

三、研究结果

1. 初中生学业拖延的特征

表1 初中学业拖延的差异

	性别			年级				总体 ($n=264$)
	男生	女生	t	初一	初二	初三	F	
作业拖延	2.41±0.89	2.08±0.81	4.26**	2.03±0.90	2.34±0.95	2.26±1.02	2.60	2.30±0.91
自学拖备	3.05±0.85	2.77±0.80	2.59*	2.81±0.96	3.01±0.74	2.90±0.81	1.64	2.85±0.84
备考拖延	2.91±1.12	2.80±1.02	0.89	2.63±1.15	2.93±1.07	3.10±1.16	3.39*	2.79±1.08
总体拖延	2.70±0.71	2.35±0.61	4.04***	2.41±0.84	2.72±0.75	2.64±0.72	5.39**	2.58±0.72

注:* $p<0.05$,** $p<0.01$,*** $p<0.001$,下同。

由表1可知,被试在学业拖延总体及各维度上的均分小于3,表明初中生的学业拖延处于中等偏下水平。在性别方面,男生拖延水平高于女生,其中作业拖延和总体拖延的差异极其显著($p<0.001$),在自学拖延上也存在显著差异($p<0.05$)。在年级方面,各年级初中生的总体拖延差异极其显著($p<0.01$),在备考拖延上也存在显著差异($p<0.05$),在其他维度上的年级差异不显著。事后比较(LSD)显示,在自学拖延方面,初二学生显著高于初一学生;在备考拖延方面,初一学生显著低于初二与初三学生;在总体拖延水平上,初二学生显著高于初一学生。

2. 初中生学业拖延与学业成绩的关系
(1) 学业拖延与学业成绩的相关

表 2　初中生学业拖延与学业成绩的相关

	语文	数学	英语	总成绩
作业拖延	−0.24**	−0.31***	−0.28***	−0.23**
自学拖延	−0.29***	−0.28***	−0.27***	−0.34***
备考拖延	−0.07	−0.09	−0.12	−0.07
总体拖延	−0.28***	−0.25**	−0.32***	−0.29***

由表 2 可以看出,除备考拖延外,作业拖延、自学拖延和总体拖延与语文、数学、英语及总成绩间均存在显著的负相关。表明拖延水平高的初中生,其学业成绩则低。

(2) 不同学业拖延水平学生的学业成绩差异

将所有被试的学业拖延分进行排序,前 27% 和后 27% 的学生分别归入高分组和低分组,考察不同学业拖延水平初中生的学业成绩差异,结果见表 3。

表 3　不同拖延水平学生学业成绩差异分析(M±SD)

	语文	数学	英语	总成绩
高拖延组	53.06±9.05	51.17±9.45	52.74±7.90	52.01±8.73
低拖延组	46.68±10.11	47.12±10.05	46.05±10.08	46.39±10.16
t	7.84***	4.39*	9.92***	7.49***

由表 3 可知,高低拖延水平初中生的学业成绩差异均达显著水平,其中语文、英语和总成绩的差异极其显著($p<0.001$),说明学生的拖延得分越高,其学业成绩越差。

(3) 不同学业成绩学生的学业拖延差异(略)

写作说明:调查的结果通常采用统计表加以概括,并伴以文字说明。文字说明主要是说明统计的结果,如是否有显著性相关、是否有显著性差异、回归是否显著等,通常在文字说明中描述过的结果是要在讨论部分中进行讨论的,而对于一些中间结果或不在讨论中讨论的非主要结果是不需要说明的,当然不可避重就轻,有意忽视一些中间无法解释的重要结果,这样会给报告造成重大瑕疵。将这一部分的内容细分成二级标题,要注意标题与标题之间是并行的,没有上下位关系,如本报告的两个二级标题之间的关系是并行的,三个三级标题之间的关系也是并行的。在具体处理时应根据不同类型的调查内容,分别对调查结果加以概括和阐述。

四、讨论

1. 初中生学业拖延的基本状况

研究表明,男生的拖延水平显著高于女生,这与人们的经验认知比较相符。青春期的男生较女生更为叛逆,对老师的要求,如按时完成作业、课后主动学习、及时复习迎考等,大都会加以拒绝或拖延完成。初中男生还希望自己被看作具有男子气的,而学习被他们看作是女性化的,于是就倾向回避学业或者至少在表面上以拖延的方式回避学业。另外,与男性相比,女性认为个人的努力比能力更被人们所看重,努力可以受到重要他人的奖励和肯定。于是,拖延在她们看来是不可接受的。当然也有研究发现男生与女生的拖延水平没有显著差异。(略)

2. 学业拖延对初中生学业成绩的影响

研究表明,学业成绩与学业拖延间均存在负相关,其中学业成绩与作业拖延、自学拖延和拖延总分有显著相关,与备考拖延相关不显著,这与相关研究结果一致[2]。学习是一个渐进积累的过程。作业是学生巩固和应用新知识的重要途径,作业拖延不但不利于对所学知识的掌握,导致学习内容在短时间内被快速且大量遗忘,而且还会制约后续知识的学习,进而影响到对整个知识的系统掌握。同样,自学也成为初中生的重要活动和方式,自主学习的能力与方法决定了学生个体能否有效利用和控制时间,尤其是课余时间的使用……但研究也发现,备考拖延与学业成绩没有显著相关,高低成绩组学生之间在备考拖延上无显著差异,表明考前复习准备时间的多寡与及时与否并不必然影响考试成绩。这可能与考试内容和考试方式有关。由于初中阶段的考试内容并不是非常多,难度也比较适中,学生日常的学习、投入和努力对于这些知识的掌握非常重要且有效,能很好地应对考试。

写作说明:讨论部分主要是针对调查的结果展开,对结果做何解释、有何建议、结论是什么以及可能还存在哪些问题。本报告的"讨论"与"研究结果"的内容是对应的,针对研究结果进行解释。讨论部分引用的文献可用于解释结果,也可作进一步佐证或用于分析比较。讨论部分的写作思路通常是先呈现结果,再进行讨论,有时会引申出结论(有时结果就是结论,无须引申)。比如本报告的最后一个结果是:"备考拖延与学业成绩没有显著相关,高低成绩组学生之间在备考拖延上无显著差异。"讨论的解释是:"这可能与考试内容和考试方式有关。由于初中阶段的考试内容并不是非常多,难度也比较适中,学生日常的学习、投入和努力对于这些知识的掌握非常重要且有效,能很好地应对考试。"

五、结论与建议

研究发现,初中生的学业拖延总体上处于中等偏下水平;男生的学业拖延水平显著高于女生;学业拖延也存在显著的年级差异,其中初二年级的拖延水平较高;学业拖延与学业成绩呈显著负相关,低拖延者的学业成绩显著高于高拖延者,学业成绩高的学生其拖延水平低。

初中生学业拖延的特征及其与学业成绩的关系给我们的教育带来了启示。① 应加强对男生的督促。由于男生学业拖延程度显著高于女生,教师要引导男生认识合理安排时间的重要性,要训练学生对时间的感知能力,有效提高学生管理时间的能力。② 特别加强对初二学生拖延的管理。初中二年级是学习习惯及时间观念发展的关键期,也是学习行为习惯养成的转折期,关系到整个初中阶段学习及其后续高中学习习惯。教师要让学生明白拖延的危害,开展相应的时间管理辅助活动,促使学生养成良好的习惯。③ 强调作业的重要性,教会孩子掌握自学的能力与习惯。作业拖延和自学拖延与学业成绩有显著负相关,说明时间管理不好,没有良好的自我监控能力,其学习成绩会受到严重的影响。教师要在学生中开展自主学习,增强初中生的自主学习能力;日常学习生活中,应注重培养学生的自我管理能力,加强其自我发展教育。

写作说明:本节内容的第一自然段是结论,第二自然段是建议。建议的内容是有针对性的,"建议"往往是针对调查的结果和结论而提出来的,切记不针对调查结果随意发挥,或把建议随意扩大超出本研究的范围,这样整篇文章就不能成为一个有机体。此外,建议往往也应该是可行的,是对教育实践的指导。

参考文献

[1] Owens, A. M., et al. Academic Procrastination of adolescents in English and Mathematics[J]. Journal of Social Behavior and Personality,2000(15):111-124.

[2] 甘良梅.大学生拖延与人格、学业成绩的相关研究[D].南京师范大学硕士学位论文,2007:20-35.

[3] 王国艳.初中生学习拖延现状、原因及与学习成绩的相关研究[D].南京师范大学硕士学位论文,2008:13-30.

[4] Van Eerde, W. A meta-analytically derived nomological network of procrastination[J]. Personality Individual Differences,2003(35):1401-1418.

[5] Tuckman, B. W. The Development and Concurrent Validity of The Procrastination Scale. Educational and Psychological Measurement,1991(51):473-480.

[6] Beswick, B. K., Rothblum, E. D. & Mann, L. Psychological antecedents of student procrastination[J]. Australian Psychologist,1988(2):207-217.

二、教育实验研究报告表达的格式与规范

(一)教育实验报告概述

在教育科研活动中,针对某个教育教学问题,运用实验的方法对其进行观测、分析、综合、判断,并如实地、系统地、科学地将整个实验过程和结果记录下来,撰写成论文,即教育实验报告。简单地说,公布教育实验过程与结果的书面材料就是教育实验报告。它是教育研究人员向社会公布自己的实验研究成果的一种书面报告,实验报告属于一次文献。

由于教育实验方法本身的特殊性,其研究结果与其他类型的研究结果相比,其显著特征是客观性。其结果必须是实验所得,是客观实际的再现,不掺杂个人的主观臆断。因此,实验报告的一个最基本要求就是要真实地反映实验结果。此外,实验报告还要求准确、朴实、简明地阐述问题,表述结论,通俗易懂地向读者介绍实验的有关情况,这也正是教育实验报告的要旨所在。

由于广义的教育实验研究包括定量研究和定性研究两个方面,所以教育实验报告也就有定量教育实验报告与定性教育实验报告之分,这里主要介绍定量教育实验报告的表达格式与规范。

(二)教育实验报告的表达结构

撰写教育实验报告是在对实验研究的原始资料进行统计分析获得研究结果,在参阅、分析相关研究课题的参考文献,在对实验结果进行提炼、获得理性认识的基础上进行的。就实验研究报告本身而言,它的基本要求是数据采集的规范性、数据分析的科学性、实验结果的真实性、实验推断的合理性。

教育实验报告有其固定的结构,一般说来,教育实验报告包括以下几个部分。

1. 标题

标题是文章的"窗口"。一个好的标题常常可以起到极好的"点睛"作用。所以,给实验报告起个好名字是十分重要的。有时研究报告标题不仅要反映文章的主题,而且能够引起读者的兴趣和注意。因此,教育实验报告的标题要简短、明确,并注意采用读者感兴趣的措辞,甚至是疑问句的形式,如"新课改下的课堂转型实验——路在何方"。

标题是实验报告的主题浓缩,首先必须要准确、清楚地呈现出研究的主要问题,恰如其分地反映研究的范围和达到的深度,避免笼统抽象。例如,"初中语文自学辅导法的实验研究",就反映了实验研究的主要变量(自学辅导法);"发现教学法在促进学生思维能力发展中的作用",既反映了自变量(发现教学法),又反映了因变量(学生思维能力)。其次,论文标题要简洁精炼,实验报告的标题一般会采用"××的实验研究""××对××的影响研究""××在××中的效应"等。如果正标题不足以表达文章的主题,还可以加副标题,如"课堂中的师生话语权对教学效果的影响:一项来自上海市初中课堂的改革实验"。

2. 摘要与关键词

摘要是对报告内容的简短陈述。摘要的内容应包含与报告本身等价的主要信息,一般应说明实验研究的目的、实验设计、实验方法、结果和结论。摘要往往是在整篇报告撰写完成后分四部分进行提炼的。摘要字数一般为 200~300 字,是一篇完整的小论文,在中文期刊全文数据库检索中作为重要的检索项之一,它有利于读者以较少的时间获取文中的主要信息。摘要下面要附上关键词,一篇教育实验报告的关键词一般控制在 3~8 个关键术语。关键词向读者一目了然地展示了该报告的中心词语,其作用是便于计算机管理文献以及资料文献的计算机储存和检索。

3. 前言

前言也称导言,它是报告正文的开头部分,这部分内容的写作非常重要,它反映出研究者的逻辑思维能力和写作能力,也体现研究者的专业知识储备,审稿者非常重视这一部分的审阅。这部分内容的写作一般要简明扼要、逻辑清晰。不同的实验报告前言部分名称有所不同,有的称为"问题的提出",有的称为"研究目的与意义"等,但写作方法是一致的。前言部分主要包括以下内容:问题的性质及其重要性、文献研究综述、目的与假设、重要术语诠释、研究与解决的关键问题及其可行性等。

4. 实验过程与方法

这一部分主要是向读者交代实验过程及实验方法,目的是让读者了解整个实验的全过程,以便评价整个研究在方法论和教育理论研究上的科学性和客观性,让读者信任研究所得的结果。实验过程与方法主要包括:研究课题中出现的主要专业术语的定义及其阐述;实验对象,包括实验对象的选取、被试的条件、数量、人口学变量等;实验的设计,实验组与控制组情况,实验过程的实施及条件控制、资料的搜集与处理等方面所采取的技术手段等;实验的程序通常涉及实验步骤的具体安排,实验如何操作,在什么时间和条件下操作,有哪些操作,如前测、后测,以及如何操纵自变量、测定因变量、控制无关变量等,使别人可以据此重复实验;实验工具,包括量表、调查问卷、测试题等;资料数据的搜集和分析处理,使用什么统计工具以及使用哪些统计方法。总之,这一部分内容逻辑严谨、条理清楚、用词准确。

5. 实验结果

实验结果是研究报告的实质部分,撰写这一部分的主要目的,就是要将实验结果作为客观事实呈现给读者。这一部分主要是对实验中搜集的资料、数据经过整理、分析和统计,并得出结果。撰写这部分内容要注意:不能以一概全,单纯从逻辑的角度推论出结论,而要重视定量与定性的综合分析;对于数据资料,不能停留在仅仅作为列举的水平上,应采用一些统计分析的技术手段,从数量的变化中揭示事物的本质;统计表一般使用三线表,统计表呈现的是描述统计或推断统计的结果,主要有平均数、标准差、t 值、F 值、显著性水平等与讨论内容相关的结果。在统计表出现的数据,没有必要重复,结果应以事实与数据为主,文字叙述要简洁明了;如果在实验设计上或实验过程中存在不足,或者研究中还没有解决哪些问题,都要向读者交代清楚,这是学术研究负责任的表现;对结果部分一定要实事求是,不能任意发挥。

6. 讨论与建议

讨论是研究者根据研究得出的客观事实或结果,结合自己对教育理论和实践的认识与理解,通过分析与思考,提出自己的认识、建议和设想。因此,这一部分常常以"分析与讨论""讨论与建议""几点建议""几点思考"等作为标题。

7. 结论

在较长的研究报告中通常还包括一个非常短的结论部分,即对前面研究内容做一个提纲挈领式的总结。

8. 参考文献

参考文献是作者撰写报告时所引用的已经公开发表的书籍和期刊文章,一般列于文章末尾,其标注方式与教育学术论文部分的相关内容相同。

9. 附录

在实验过程中所搜集的一些客观材料,所采用的一些工具、量表、问卷、测试卷、设备等常常在表述实验结果、论证研究结论,或进行重复实验时有举足轻重的作用,它对于读者了解实验过程,分析与评论实验结果与结论也是十分重要的。这样的资料常常作为附录附在文后,供读者参考或课题结题验收、评审使用等。

(三) 撰写教育实验报告应注意的问题

1. 实事求是的科学态度

一方面,实验报告所采用的材料应该是经过严格检查核实的材料,是可靠的。另一方面,对材料的分析也要实事求是,不能弄虚作假,也不能故意夸大或拔高。有的研究者甚至错误地认为搞实验研究只有假设得到验证,才是解决问题,才能撰写实验报告。于是,如果实验假设不成立,就更改数据或捏造数据,这严重违反了实验的科学性原则。事实上,一个假设不成立的教育实验,若没有达到原先预想的结果,只要实验的过程和方法是科学的,实验结果是客观的,也能正确回答实验的研究问题,实现研究目的。把这个过程写成实验报告,同样是一个有价值的研究报告。即使是假设成立的实验,也只有进行实事求是、恰如其分的分析和评价,才会令人信服。

2. 抓住主要问题,反映重要成果

一篇实验报告,不必要把整个实验过程中所做过的事和所发现的情况都一一罗列出来,而应该以主要问题为线索,对积累的全部材料和所发现的全部情况,进行认真研究分析,从中找出最能反映问题本质的成果,并把这些成果反映到实验报告中。

3. 重视数据、典型现象和新的发现

有不少实验报告是"观点+例子"的文章,究竟事例有多大的代表性,观点的正确性如何,很难确定。现在,人们已开始重视数量和典型现象的分析,很多实验报告在使用统计资料时,注意质的分析和典型的描述,着重陈述实验过程中的新发现。

【教育实验报告写作范文举例】

元认知训练对民族地区初一学生智力发展与学业成绩影响的实验研究[①]

向祖强　作者单位:广州大学教育学院　邮政编码:510405

[摘　要]　本研究采用多因素的前后测实验设计,利用数学教学,以教师指导下言语监控进行元认知训练的方式,对我国西部民族地区初中一年级的不同民族学生进行跨文化教学实验。研究结果表明:元认知与智力之间具有因果关系;元认知训练对民族地区不同民族初中一年级学生智力发展有显著影响;元认知训练促进了不同民族的初中一年级学生的学业成绩的提高;学科教学中结合元认知训练是可行的。

[关键词]　元认知训练　民族初中学生　智力发展　学业成绩

写作说明:摘要部分非常简明地介绍了实验设计与方法、研究的内容、研究对象及研究的结果以及结论。关键术语涵盖了本研究的主题内容。

一、问题的提出

在元认知的研究中,我国心理学者针对汉族儿童进行了大量的实证研究,取得了一些

---

① 本文摘自《教育研究与实验》,2004 年第 3 期。因行文需要部分内容有删减。

研究成果,如董奇和李浩然的研究表明[1]P253-255:小学生元认知能力的发展经历了认识认知监控技能、掌握技能以及熟练和达到监控自动化三个阶段。……这些研究总的表明,元认知训练对儿童智力发展有促进作用。但是目前元认知训练对象多集中于小学生,其对初中生效果如何?同时,元认知训练很少有跨文化研究的结果,这种训练有无跨文化的一致性?基于这种认识,本研究选择以西部民族地区的初中一年级的学生为对象,采用元认知训练方法,考察民族学生的智力与学业成绩的变化情况。

写作说明:非常明确地指出实验采取的方法以及本实验中的自变量、因变量。该部分主要对以前的研究进行综述,展示已有的研究成果。在此基础上说明本实验是为了验证新的假设,揭示该研究的价值。关于"问题提出",可以多阐述一些前人研究的成果以及缺陷或空白,你的研究与别人有什么不同,研究的假设是什么,等等。

二、研究方法

(一)研究设计

本研究采用多因素的前—后测实验设计。自变量为初中学生的元认知训练与民族差异,因变量选择初中学生的智力测验分数(IQ)与数学学业成绩。

写作说明:研究设计与自变量、因变量介绍得非常清楚。

(二)被试的选择

全部被试选自贵州省某镇中学初中一年级学生,共计75人,该地区非汉族人口约占总人口的80%,全部人口中布依族(占54%)、苗族(占20%)、汉族(占20%)、黎族(占4%)是四大主要民族。占人口大多数的布依族至今仍保持浓厚的民族意识,在村寨基本通行布依话,小学1~4年级采用双语教学,这种环境为跨文化研究提供了方便。

表1　实验被试的基本情况

组别	人数	民族			年龄				性别	
		汉	苗	布依	13	14	15	16	男	女
实验组	38	12	12	14	13	15	7	3	25	13
控制组	37	10	10	16	17	12	4	4	20	17

写作说明:样本的分布情况介绍得非常清楚,通过表格的形式清晰地展示了被试的分布情况,界定了被试的范围。有时要求样本在某些人口学变量上的单向度卡方检验上没有显著性差异。

(三)训练方法

作为干预实验,训练的方法是本研究成败的关键。借鉴当前元认知研究成果[4]P203-244,本研究采用在教师指导下以言语监控的元认知训练方式作为干预手段。训练与学科教学相结合,依托初中阶段平面几何的正常教学进行,不另增加时间与学习内容。在训练中,将元认知定义为:在数学知识的课堂教学中,学生对其理解与应用数学知识解决数学问题的思维过程的计划、调节、评价。

写作说明:在此界定了本实验最重要的一个关键术语"元认知训练",所有教育研究报告的关键术语都需要在报告中定义。

训练分五个连续单元,每个单元10课时,总计50课时。

第一单元:策略训练。介绍元认知概念,结合例题,教师直接向学生传授知识学习中,如何理解知识的含义,做出学习与解决问题的计划。(有删减,详情请看原文)

第二单元:监控训练。讲授在解题或学习过程中,如何按照计划,调整自己的思维过程,达到目标。(有删减,详情请看原文)

第三单元:反馈训练。讲授如何评价、总结自己的思维过程。(有删减,详情请看原文)

第四单元:贯通训练。(有删减,详情请看原文)

第五单元:内化训练。(有删减,详情请看原文)

写作说明:通过五个单元的设计,介绍了"元认知训练"的具体实施步骤,也就是更进一步地界定了操作性的含义。这部分的描述是比较详尽的,实验过程基本可以复制。

(四)训练效果的评定工具

1. 元认知能力测量表。本研究采用 O'Neil & Abedi 编制的元认知量表。该量表将元认知分成计划、监控、认知策略、自我意识四个方面,每个方面包含5个测题,共20题。对每个题,采用四级记分。就量表的检验而言,量表具有很高的信度(四个分量表的信度 alpha 系数都高于 0.70),同时因素分析的结果表明,四个分量表都只涉及一个因素。该量表主要用于测查状态元认知的,因此在测查时,要紧随一个智力情境,在本次研究中,测查在数学测验之后进行。

2. 卡特尔文化公平智力测量表(也称卡特尔超文化智力测验)。

3. 数学成绩测验。为了保证实验的生态效度,数学成绩全部采用该地区同年级统考成绩为指标。

写作说明:本实验的研究工具主要采用的是已有的国际量表,信度较高,说明之后的实验数据是可信的。教育研究报告一般要求采用信度、效度高的量表,如果是自编量表,也需要给出信、效度检验,但是有些社会基本情况调查表不需要信、效度检验,如调查对某项教改的态度、某种教具的使用情况等。

(五)实验步骤

1. 前测。考察实验对象的初始元认知能力、智力水平与学业成绩,以确定实验组与控制组是否起始状态一致。对实验组与控制组,分别都进行元认知、卡特尔智力测量。对于数学成绩,初中一年级采用小学升初中全市统考成绩。前测表明实验组与控制组被试在三种测量中所得平均分数无差异。

2. 处理。由于实验班与对照班的数学任课老师刚巧是两位从同一所师范院校的同届的毕业生,水平基本相近,因此本次研究就利用各班级的原任课教师主持训练。一方面,在正式对学生进行训练前,主试先对两位教师进行培训,使他们明确实验意图,掌握训练方法。另一方面,在每个单元训练中,主试都与任课教师一起备两节课,主试不定期地听课与抽查作业。全部训练都在正常教学中进行。实验班与对照班学习时间相等、教材相同,差异只是实验班按训练方案进行教学,而对照班仍然按原来的方法上课。

3. 后测。实验结束后,用同样的元认知量表与智力量表进行后测。数学成绩测试则采用全市期末统考成绩。实验结果在微机上运用SPSS 7.50统计软件包对数据进行统计分析。

写作说明：简明介绍了实验的实施步骤,并表述了对于实验中无关变量的处理方式(控制无关变量,尽可能使其影响降至最低),本例中要求在实验前实验组与控制组在初始元认知能力、智力水平与学业成绩上无显著性差异,以确保后测中的变异是由实验本身带来的。定量研究还需要说明处理数据的工具和方法。

三、实验结果与分析

（一）元认知与智力的相关分析

在本研究中,我们考察了元认知水平与智力水平之间的相互关系,结果表明,在前测中,元认知水平与智商间相关系数为0.665。后测中,元认知水平与智商间相关系数为0.722,其中,元认知四个维度自我意识、监控、计划、策略与智商的相关系数分别为0.664、0.702、0.711和0.638,均达到非常显著水平。从中可看出智力与元认知的监控、计划维度的相关高于智商与元认知的自我意识与认知策略两维度。元认知与智商如此高的相关,既让我们看到了将元认知视为智力的合理性,同时也为我们进行元认知训练以促使智力的发展提供了依据。

（二）不同实验处理不同民族条件下初一学生智力发展水平与学业成绩的方差分析

针对75名各民族初一学生,以实验处理（元认知训练）、民族为自变量,以智商、学业成绩为因变量,进行方差分析,结果如下：

1. 初中一年级学生智力发展水平的比较

初中一年级,汉、苗、布依族学生元认知训练对其智力增长的方差分析（见表2）。

表2 元认知训练对学生智力发展影响的方差分析

变异来源	平方和	自由度	均方	F
元认知训练(A)	1 225.75	1	1 225.75	6.15*
元认知训练(B)	1 821.98	2	910.99	4.56*
A×B	1 220.67	2	610.34	3.10
组内	13 782.58	69	199.75	
总变异	18 050.67	74		

以上方差分析的结果可以看到：元认知训练与民族差异两因素主效应显著,而交互作用不显著,这表明,对初一学生而言,元认知训练对各民族都是一样重要的,元认知训练具有跨文化的一致性；不同民族其智力发展水平不同,而且这种差异不受元认知训练影响,在同一地区,不同民族之间,智力发展水平具有民族差异。

写作说明：该实验为多因素析因设计（也叫作全因子实验设计）的方差分析,第一部分证实了"元认知"与"智力"之间的高度相关,表明元认知训练对智力提高是可能的；第二部分的实验结果在第一部分的基础上说明了"元认知训练"对于提高各民族的智力效果都是一样的,对于促进学生成绩方面起着同样的积极作用。不同是智力发展水平存在民族差异。

2. 初一学生学业成绩的比较

不同民族及元认知训练对初一学生在数学成绩方面有无差异影响呢？为此我们进行多因素的方差分析，其结果如表3。

表3 元认知训练对学生数学成绩影响的方差分析

变异来源	平方和	自由度	均方	F
元认知训练(A)	1 124.37	1	1124.37	6.28*
民族差异(B)	1 064.27	2	532.14	2.97
A×B	1 183.26	2	591.63	3.30
组内	11 529.90	69	179.10	
总变异	14 901.78	74		

方差分析结果显示，元认知训练对初一学生的数学成绩有显著影响，表明，训练有助于学业成绩的提高。民族差异与交互作用不限制，表明，在同一地区，初一年级不同民族学生之学业成绩无显著差异。

写作说明：一般在论文第三部分只呈现统计结果及说明统计结果，不讨论原因。

四、讨论

（一）在教师指导下以言语监控进行元认知训练的理论依据与实质

从根本上说，在教师指导下以言语监控进行元认知训练的技术，理论上源于苏联学者列昂节夫的智慧技能形成的活动理论与维果斯基的言语自我指导理论[5]P48-50。根据列昂节夫的理论，智慧技能是一种内部动作方式，这种内部动作由外部动作通过积极的内化而形成的。维果斯基言语自我指导理论中则强调个体对行为的调控，最后整个调控变成自动化过程。我们将这些理论引进本研究的训练过程中，并且考虑到班集体的特点，将训练分成三步：第一步包括第一单元、第二单元、第三单元的训练，主要训练学生在老师的指导下如何发现问题，制定解题计划，在解题过程中对自己的思维过程进行监控，最后评价总结，获得技能；第二步（略）；第三步（略）。因此，通过教师外部指导、学生自我指导和学生自动化的调控三个阶段，学生的元认知水平必然会得以提高。

写作说明：介绍"元认知训练"的相关理论，并指出元认知训练是有效果的，为后面元认知水平与其他因素间的相关分析做铺垫。

另一方面，元认知水平提高后导致个体智力水平的发展可用R.J.斯腾伯格的三重智力理论来解释。根据三重智力理论，元认知是智力的核心组成部分，训练元认知本质上是训练智力。此外我国有些心理学家也认为思维结构包括目标系统、材料系统、操作系统、产品系统和监控系统等五大成分，其中监控系统即元认知处于支配地位，对其他四个系统起控制、协调作用，它的发展水平直接制约着其他方面的发展，反映个体智力水平的高低[6]。进一步的研究还表明元认知是思维的深层次内容，而日常所说的思维之深刻性、敏捷性、评判性、灵活性只是思维的表层因素。这样，选择元认知训练作为突破口，有利于学生智力的培养。

写作说明：介绍国内外"元认知"与"智力"的关系、"元认知"在"智力"中的地位和作用的理论背景。

(二) 元认知训练对民族地区初中学生智力发展的作用

对集体进行元认知训练以促进其思维水平的提高,直接源于克拉克·帕尔孟(Clark Palm,1990)对企业管理人员进行的元认知训练研究[7],在其研究中,他们对8位经理进行5周的训练,结果其思维水平有了显著的提高。但是由于实验时间短,人数少,又不设对比组,实验效果的测评也较主观,因此该研究有待进一步改善。在本研究中我们借鉴了这种思想对民族地区不同民族的初中学生进行训练。从结果看,实验组智力水平都表现出显著的增长($P<0.05$)。这与戴忠恒等人的研究是一致的[8]。在实验过程中,我们曾对不同水平的学生就实验效果进行调查,学生普遍反映,经过训练,碰到问题时,不再感到盲目,而是知道该向哪些方向思考寻找解决的方法。

根据表2的结果,经过元认知训练,不同民族实验组与对照组初中学生智力水平之间都出现显著差异,可以看出,元认知训练具有跨文化的一致性,是开发智力的有效手段。产生这种结果的原因主要在于:

写作说明:第四部分的讨论必须针对第三部分的研究结果展开,分析统计结果的原因。作者阐述了本实验与以往实验的关系,表明该实验结果与以往的研究结果具有一致性。本实验是在不同民族的学生中实施的,结果表明元认知训练对提高不同民族学生的智力水平都是有效的。

1. 理论上,元认知主要包括元认知知识、元认知体验和元认知监控几个部分。元认知知识使个体具有更好的理性,使个体了解如何确定、选择解决方案;元认知体验和元认知监控则使个体的认知活动能按既定方向进行,并且在活动中依具体的内外情景的变化而调整思维活动,最终达到问题的解决。这种监控、调节本质上是各项活动所共有的特征。因此,元认知训练对不同的训练对象都有积极作用。

2. 策略训练与数学教学相结合使初中学生对知识的理解与解题策略水平达到更高的水平。(略)

3. 监控训练使学生提高了调整、监控自己思维过程的能力。(略)

4. 反馈训练丰富了学生的元认知体验,提高了学生对问题解决过程的知觉能力。(略)

5. 贯通训练与内化训练是学生将计划、调整的能力由形式的、外在的要求,转化成统一的、内在的个体能力。(略)

写作说明:从"元认知训练"的多个维度分析了其在提高学生问题解决能力中的作用,解释了表2、表3的实验结果,即元认知训练对提高学生智力和数学成绩具有显著效果。用语简练,层次清晰。

五、小结

1. 本研究进一步验证了元认知与智力之间具有高相关。

2. 元认知训练对民族地区不同民族初中一年级学生智力发展有显著影响,训练促进了民族学生智力发展,训练有跨文化的一致性。

3. 元认知训练对民族地区不同民族的初中一年级学生学业成绩有显著影响,训练促进了学生的学业成绩的提高,训练有跨文化的一致性。

4. 学科教学中结合元认知训练是可行的。

写作说明:小结部分,逻辑清晰、言简意赅地指出本实验区别其他研究的独特之处。结论的推出较为谨慎,说话留有余地。

参考文献

[1] 申继亮.当代儿童青少年心理学的进展[M].杭州:浙江教育出版社,1993.

[2] 林崇德.智力的培养[M].杭州:浙江人民出版社,1996.

[3] 刘玉新.小学儿童合取概念的形成及其与元认知的关系[J].心理科学,1997(1).

[4] 张庆林.高效率教学[M].北京:人民教育出版社,2002.

[5] 莫雷.教育心理学[M].广州:广东高等教育出版社,2002.

[6] 董奇.论元认知[J].北京师范大学学报,1989(1).

[7] 张庆林.元认知的发展与主体教育[M].重庆:西南师范大学出版社,1997.

[8] 戴忠恒.有关开设思维能力训练课程对学生智能水平影响的实验研究[J].心理科学,1993(6).

写作说明:这篇论文的参考文献标注格式基本规范,如果再补充上页码部分,就更完整详尽了。

三、教育经验总结报告表达的格式与规范

教育经验总结报告也是一种报告文体,虽然它的学术性不如一般学术论文的学术性强,也不如教育实验报告那样客观,但它有着强烈的实践性,是对教育实践长期积累的一种总结和反思,它依据的是教育实践提供的客观事实,分析的是教育实践中活生生的教育事实,通过反思与感悟,同样能够帮助人们加深对教育理论的认识,使一些教育经验上升到理论层次,进而揭示教育规律,指导教育实践。

(一)教育经验总结报告的格式

教育经验总结报告的基本结构大体有以下几个部分:

1. 标题

教育经验总结报告的标题与调查研究报告的标题有相似之处。经验总结报告标题的写法,常见的有几种:一是在标题中说明总结的内容,如"××教师教书育人经验总结""根据学生心理特点进行体育教学的几点体会"等。这种标题虽然比较呆板,但一目了然。二是以成功的经验作为标题,如"晓之以理,动之以情——××教师转变后进生思想的经验""给学生一把'开山斧'——谈学生解题能力的培养"等。三是标题中反映工作过程,如"在数学教学中教会学生逻辑思维方法,培养学生逻辑思维能力"等。四是以问题作为题目,如"怎样在语文教学中培养学生的自学能力"等。经验总结报告的标题形式多样,要根据总结的内容,灵活确定。

2. 前言

经验总结报告的前言力求简洁,可有两种写法:一种是前言部分简单介绍基本情况。这种写法多见于全面经验总结,如学校工作的全面总结、班主任工作的全面总结。另一种

是在前言中说明总结课题的背景和目的意义,这种写法多见于专题经验总结报告。

3. 主体(正文)

主体是经验总结报告的重点。工作过程和经验体会是经验总结报告的主体部分。主体有递进式和并列式两种写作方法。

(1) 递进式写作方法。例如,有的总结报告是先谈工作过程,后谈取得的成绩,然后谈经验体会,最后指出存在问题或建议。行文方式是若干段落来表达某一事件或某种思想的发展过程,环环紧扣,步步深入展开。这种写法常用于全面经验总结报告的撰写。

(2) 并列式写作方法。例如,有的经验总结报告将工作过程和经验体会概括成若干分问题来写,各分问题之间是并列关系,并集中说明总题目。每一个分问题中还可以再分为若干要点加以阐述。这种写法,在教育专题经验总结报告中最为常见。

主体部分的内容,一般以总结成功的先进经验为主。先进经验的特征是典型性、效益性、现实性、稳定性和群众性。① 这部分内容除了要充分总结成绩和成功经验外,还要适当总结失败的教训。在行文中,一般有两种处理方式:一种是把问题和建议分散到各个具体的部分去写,在总结某方面的成绩时,也恰当地提出一些问题或建议;另一种是在全面阐述各方面的成绩和经验后,用一段文字集中谈问题或建议。采用何种写作方法,要看具体情况决定。如果每一方面的具体工作都既有成功的经验,又同时存在着明显缺陷,则用前一种方法处理好。因为这种写法,提出的改正措施会更有针对性。如果不是每一个具体问题都有不足,而是某些方面存在突出的问题,其他方面则没有问题,则采用后一种处理方法比较好。后一种写法可使存在的缺点更加集中地表述,有利于互相联系地对存在的问题进行深入分析。当然,有的经验总结报告可以不写问题与建议,特别是那些投稿发表的专题经验总结。

4. 结尾

有的经验总结报告以一段总结性的语言作结;有的则以提出一些问题或建议作结;有的没有一段专门的文字作结,各部分内容写完,文章也就完成了。总之,这一部分的写法,应根据正文部分的行文情况而定,不能千篇一律。

5. 注释与参考文献

注释与参考文献的使用规则与规范,同本章第二节"教育学术论文的表达格式与规范"中注释与参考文献的内容一致,这里不再赘述。

6. 英文翻译

标题、作者及作者单位、摘要及关键词要翻译成英文,放在文章的最后,特别是投稿的经验总结报告,更要有此部分的内容。

(二) 撰写教育经验总结报告应注意的问题

1. 选择的总结对象要有典型性

经验总结应以先进事迹与突出贡献为前提来确定研究对象。首先,要分析所研究的

---

① 李秉德. 教育科学研究方法[M]. 北京:人民教育出版社,1987:101-102.

对象本身提供的主要内容,是否具有广泛的群众基础,是否有公认的实践效果。其次,要以总结先进经验为出发点,认真分析它在教育教学改革中的现实意义,分析它能否起到典型示范作用,以及能否发挥以点带面、推动全面的威力。如果是自我总结,也要选择典型事件和成功的经验或深刻的教训。

2. 点面结合,全程分析

为了全面总结教育的实践过程,需要总结正反两个方面的经验与教训。为此,所选择的对象常常包括好、中、差三种类型,三者的总结范围既有"点"也应有"面",点面结合。同时,必须对研究的对象进行全面了解,全程分析,既分析其内部联系和外部联系,又分析其历史和现状。

3. 以教育实践活动为依据

教育经验来自教育实践,教育实践活动提供了什么事实,就总结什么经验。在总结过程中,要完全尊重客观事实,不能先入为主,掺杂任何主观偏见,更不能夸大事实,随意拔高,弄虚作假。

4. 善于进行理论分析和概括

经验总结以实践为依据,并不是说要对实践提供的材料进行简单的排列组合,必须懂得对教育实践中的感性材料进行分析、综合、抽象、概括,使之上升到理论的高度。这样才能使经验总结源于实践又能指导实践。因此,要在充分占有材料的基础上,采用各种方法对总结内容加以整理、提炼,使之条理化和系统化。然后,认真分析事实本身的普遍意义和社会效果,区分主流和支流,现象和本质,并能从现象入手,揭示具体事实的内在本质联系。这样才能概括出符合客观规律性的结论来。

5. 更新理念

撰写经验总结报告虽然受客观事实的制约,但也总是有一定时代的理念作为指导的,如对同一事实材料,以不同的思想观念去评价,就可能得出不同的结论。在深化教育改革的当今,教育领域不断出现新的问题,需要我们与时俱进,不断更新理念,善于从实践中总结出新的思想、新的经验。

思考与练习

1. 教育科研成果表达的目的与要求是什么?
2. 教育科研成果的表达有哪些类型?
3. 论述一般学术论文的表达格式与规范。
4. 论述教育调查报告的表达格式与规范。
5. 论述教育实验报告的表达格式与规范。

主要参考文献

一、论著

[1] 孙振东.教育研究方法论探索[M].重庆:重庆大学出版社,2008.
[2] 北京市教育科学研究所编.陈鹤琴教育文集(上卷)[M].北京:北京出版社,1983.
[3] 陈时见.教育研究方法[M].北京:高等教育出版社,2007.
[4] 陈向明.教师如何做质的研究[M].北京:教育科学出版社,2001.
[5] 陈向明.质的研究方法与社会科学研究[M].北京:教育科学出版社,2000.
[6] 陈静逊.小学教育科学研究方法(修订版)[M].上海:华东师范大学出版社,1999.
[7] 蔡清田.教育行动研究[M].南京:南京师范大学出版社,2005.
[8] 风笑天.社会学研究方法[M].北京:中国人民大学出版社,2001.
[9] 郭文斌.教育研究方法[M].北京:科学出版社,2012.
[10] 顾书明.中小学教育科研方法[M].徐州:中国矿业大学出版社,2000.
[11] 桂建生.教育科研论文撰写指导[M].长沙:中南大学出版社,2006.
[12] 侯怀银.教育研究方法[M].北京:高等教育出版社,2009.
[13] 侯杰泰,邱炳武,常建芳.心理与教育论文写作:方法、规则与实践技巧[M].北京:中国人民大学出版社,2012.
[14] 胡中锋.教育科学研究方法[M].北京:清华大学出版社,2011.
[15] 黄政杰.课程改革[M].台北:汉文出版社,1999.
[16] 金哲华,俞爱宗.教育科学研究方法[M].北京:科学出版社,2011.
[17] 李方.现代教育研究方法[M].广州:广东高等教育出版社,2010.
[18] 李秉德.教育科学研究方法[M].北京:人民教育出版社,1987.
[19] 刘金波.学前教育研究方法[M].北京:人民教育出版社,2006.
[20] 刘问岫.教育科学研究方法与应用[M].北京:北京大学出版社,1993.
[21] 卢家楣.教育科学研究方法[M].上海:上海教育出版社,2012.
[22] 罗润生.教育科学研究方法[M].北京:教育科学出版社,2013.
[23] 裴娣娜.教育研究方法导论[M].合肥:安徽教育出版社,1995.
[24] 钱在森.教育经验总结的原理和方法[M].上海:上海科技教育出版社,1996.
[25] 宋虎平.行动研究[M].北京:教育科学出版社,2003.
[26] 佟庆伟.教育科研中的量化方法[M].北京:中国科学技术出版社,1997.
[27] 陶保平.学前教育科研方法[M].上海:华东师范大学出版社,1999.
[28] 田学红.教育科学研究方法指导[M].杭州:浙江大学出版社,2006.

[29] 吴亚萍,吴玉如."新基础教育"发展性研究专题论文案例集(下)[C].北京:中国轻工业出版社,2004.
[30] 温忠麟.教育研究方法基础[M].北京:高等教育出版社,2004.
[31] 王重鸣.心理学研究方法[M].北京:人民教育出版社,1990.
[32] 王铁军.中小学教育科学研究与应用[M].南京:南京师范大学出版社,2003.
[33] 王孝玲.教育测量[M].上海:华东师范大学出版社,1989.
[34] 王坚.学前儿童发展与教育科学研究方法[M].北京:人民教育出版社,1997.
[35] 王文科,王智弘.教育研究法[M].台北:五南图书出版公司,1987.
[36] 王坦,张志勇.现代教育科研:原理·方法·案例[M].青岛:青岛海洋大学出版社,1998.
[37] 王策三.教学实验论[M].北京:人民教育出版社,1998.
[38] 杨小微.教育研究方法[M].北京:人民教育出版社,2005.
[39] 杨小微.教育研究的原理与方法[M].上海:华东师范大学出版社,2002.
[40] 袁振国.教育研究方法[M].北京:高等教育出版社,2000.
[41] 卓挺亚,张亿钧,李汪洋.教育科学研究方法[M].海口:南海出版公司,2003.
[42] 郑金洲.学校教育研究方法[M].北京:教育科学出版社,2003.
[43] 郑金洲.行动研究指导[M].北京:教育科学出版社,2004.
[44] 张彦.社会研究方法[M].上海:上海财经大学出版社,2011.
[45] 张红霞.教育科学研究方法[M].北京:教育科学出版社,2009.
[46] 张宝臣,李志军.学前教育科学研究方法[M].上海:复旦大学出版社,2007.
[47] 周德民.社会调查原理与方法[M].长沙:中南大学出版社,2006.
[48] 钟海清.教育研究方法概论[M].桂林:广西师范大学出版社,2011.
[49] 朱德全,李珊泽.教育研究方法[M].重庆:西南师范大学出版社,2006.
[50] [英]德里克·朗特里.英汉双解教育辞典[M].赵宝恒,等译.北京:教育科学出版社,1992.
[51] [美]C. M. Chrlesk.教育研究导论[M].北京:中国轻工业出版社,2003.
[52] [美]弗洛德·J.富勒.调查问卷的设计与评估[M].重庆:重庆大学出版社,2010.
[53] [美]埃文·赛德曼.质性研究中的访谈:教育与社会科学研究者指南[M].周海涛,译.重庆:重庆大学出版社,2009.
[54] [美]罗伯特·K.殷.案例研究方法的应用[M].2版.周海涛,等译.重庆:重庆大学出版社,2004.
[55] [澳]戴维·德沃斯.社会研究中的研究设计[M].郝大海,等译.北京:中国人民大学出版社,2008.
[56] Altricher,Posch & Somekh.行动研究方法导论——教师动手做研究[M].夏林清,等译.台北:远流出版公司,1997.

二、论文

[1] 陈静静.教师实践性知识及其生成机制研究[D].华东师范大学,2009.
[2] 陈发军,熊少严.努力实现中小学教育科研的"本真"价值[J].中国教育学刊,2010(11).
[3] 陈振中.论教育叙事研究的若干理论问题[J].上海教育科研,2005(9).
[4] 陈平,朱敏.小学生学习主动性培养的实验研究[J].教育研究,1995(11).
[5] 程江平.教育实验研究与行动研究的比较[J].教育研究,1996(6).
[6] 段玉斌.文献综述的写作与方法[J].西北医学教育,2008(2).
[7] 戴长和.行动研究概述[J].教育科学研究,1995(1).

[8] 郭海燕.对高校教育科研选题的思考[J].长沙大学学报,2010(9).

[9] 耿国彦.关于教育叙事研究的几点思考[J].当代教育科学,2006(10).

[10] 刘良华.教育叙事研究:是什么与怎么做[J].教育研究,2007(7).

[11] 潘苏东,白芸.作为"质的研究"方法之一的个案研究法的发展[J].全球教育展望,2002(8).

[12] 石中英.行动研究本体论假设的再思考[J].教师教育研究,2004(7).

[13] 王凯.教育科研论文选题的思维策略[J].教育科学研究,2009(2).

[14] 王丽琴.浅谈教育实验中的行动研究[J].教育科学,2000(4).

[15] 谢延炜.教育科研选题十法[J].教学与管理,2005(10).

[16] 徐冰鸥.中小学教师怎样进行课题研究:教育科研方法之个案研究[J].教育理论与实践,2008(5).

[17] 徐碧美.如何开展案例研究[J].教育发展研究,2004(2).

[18] 向祖强.元认知训练对民族地区初一学生智力发展与学业成绩影响的实验研究[J].教育研究与实验,2004(3).

[19] 解腊梅,梁建梅.中小学教师怎样进行课题研究[J].教育理论与实践,2008(10).

[20] 胥兴春,王彩霞.初中生学业拖延的特征及其与学业成绩的关系研究[J].教育科学,2011(2).

[21] 于冬青,柳剑.轶事记录法运用中的问题及运用策略研究[J].幼儿教育(教育科学),2010(5).

[22] 张云鹏.教育科研的选题策略[J].河南教育,2004(2).

[23] 张放平.论教育科研的价值作用与发展思路[J].教育探索,2011(4).

[24] 曾天山.关于教育科研价值的分析[J].教育理论与实践,2004(12).

[25] 曾天山.论教育科研的选题申报[J].教育研究与实验,2008(3).

[26] 郑金洲.行动研究——一种日益受到关注的研究方法[J].上海高教研究,1997(1).

[27] 赵汀阳.知识,命运和幸福[J].哲学研究,2001(8).

[28] 赵明仁,王嘉毅.教育行动研究的类型分析[J].高等教育研究,2009(2).

[29] 赵英汉.抓住机遇 探索实践 积极开展小班化教育实验研究——北京市西城区小学小班化教育实验中期研究报告[J].教育科学研究,2001(3).

[30] [美]马克·霍哲.案例研究方法论[J].张梦中,译.中国行政管理,2002(1).

[31] S.凯米斯.行动研究法[J].张先怡,译.教育科学研究,1994(4).

三、网站

[1] 黄树生.行动研究的理念、操作程序、基本环节与模式[EB/OL].(2012-02-23)[2014-11-2]. http://blog.sina.com.cn/s/blog_762b0e820100y3py.html.

[2] 熊宁宁.《棉花姑娘》教学实录(第一课时)[EB/OL].(2008-04-14)[2014-11-2]. http://www.pep.com.cn/peixun/xktj/xiaoyu/hd/bzmdm/yt/201010/t20101006_923055.htm.

[3] 综述的写作[J/OL].(2011-12-26)[2014-11-2]. http://www.360doc.com/content/11/1226/16/3325844_175120087.shtml.

四、外文

[1] Elliott, J. Action Research: A Frame Work of Self Evaluation[M]. Cambridge, Institute of Education, 1981:1.

[2] Kemmis, S. & Mctaggart, R. The Action Research Planner[M]. Geelong, Victoria: Deakin University Press, 1982:2.